OCTANTE TROIS
PSEAVMES

DE DAVID, MIS EN
rime Françoise:

A sçauoir,
quaranteneuf par Clement Marot, auec le Cantique de Simeon & les dix commandemens:
Et trente quatre par Theodore de Besze.
Auec six Pseaumes traduictz de nouueau par ledit
de Besze.

A GENEVE
DE L'IMPRIMERIE
de Iean Crespin.
M. D. LIIII.

THEODORE DE BESZE
A L'EGLISE DE No-
stre Seigneur.

PEtit troupeau qui en ta petitesse
Vas surmontant du monde la hautesse.
Petit troupeau le mespris de ce monde,
Et seul thresor de la machine ronde:
Tu es celuy auquel gist mon courage,
Pour te donner ce mien petit ouurage.
Petit ie di en ce qui est du mien,
Mais ausurplus si grand qu'il n'y a rien
Assez exquis en tout cest vniuers,
Pour egaler au moindre de ces vers.
Voila pourquoy chose tant excellente
A toy sur tout excellent ie presente.
Et suis trompé, si te la dedier,
N'est à son poinct la chose approprier.
   Arriere Rois & Princes reuestus
D'or & d'argent, & non pas de vertus:
Rois qui seruez d'argument aux flatteurs,
Qui remplissez les papiers des menteurs.
Ce n'est à vous que s'adresse cecy:
Non pas qu'à vous parlé ne soit icy:
Mais vous n'auez aureilles pour entendre,
Encore moins le cœur pour y apprendre.
   Mais c'est à vous & vrais Rois & vrais Princes,
Dignes d'auoir royaumes & prouinces,
Qui defendez sous ombre de voz ailes
La vie (helas) de maints poures fideles.
C'est, d'y ic, à vous auxquels parle & s'adresse
Du grand Dauid la harpe chanteresse.
Puis qu'entre tous Dieu vous fait l'auantage

A. ii.

EPISTRE.

De bien sçavoir entendre son langage,
A vous bergers du Seigneur advoüés,
A vous brebis ces beaux chants sont voüés.
    Vous doncques Rois, oyez parler vn Roy,
Et vous bergers oyez, non pas de moy,
Mais d'vn berger la musette sonner,
Que Dieu voulut luy-mesmes entonner.
Oyez brebis la mu̅ que divine,
Qui sçait donner plaisir & medecine.
Gemissez vous? vous serez consolées:
Auez vous faim? vous en serez soulées:
Endurez vous? on vous soulagera:
Auez vous peur? on vous asseurera.
Bref, il n'y a perte ne desplaisir,
Qu'elle ne tourne en profit & plaisir.
    Las, qu'est-cecy? quand vous tous ie rassemble,
Rois & seigneurs, bergers, brebis ensemble:
Il m'est aduis que mon compte ne troune.
I'en voy les vns aux pates de la loue:
I'en voy les vns qui ont les cœurs faillis,
Autres aussi en leur parc assaillis:
Ie voy vn masque auec sa maigre mine,
Qui fait trembler les lieux ou il chemine:
Ie voy le loup qui trois coronnes porte,
Enuironné des bestes de sa sorte.
Ie voy des loups deguisez en brebis:
D'autres i'en voy qui tournent leurs habits.
Ie voy les feus braslans en lieux diuers:
Ie voy passer de la mer au trauers
Vne grand' trouppe, & vn Roy sur le port,
Qui tend la main pour les tirer à bort.
Que Dieu te doint, ô Roy, qui en enfance
As surmonté des plus grans l'esperance
Croissans tes ans si bien croistre en ses graces,
Qu'apres tous Rois, toy-mesmes tu surpasses.
    Or cependant, parmi ces grans orages,
Troupeaux espars, vnis en noz courages,

-Paisons

EPISTRE

Faisons devoir de chanter les bontés
De ce grand Dieu, qui nous a tous comptez,
Et ne pourra endurer nullement,
Que nous perdions vn cheueu seulement.
Vous enferrez, qui en prisons obscures
Pour verité portez peines tant dures,
Et qui souffrez pour tant iuste querelle
La mort (las) extremement cruelle:
Vous tairez vous en ces afflictions?
Flechirez-vous parmi ces passions?
Voz corps sont pris, mais l'esprit est deliure:
Le corps se meurt, l'esprit commence à viure.
Sus donc amis, chantez moy ces complaintes,
Faictes ouir ces prieres tant sainctes,
Fendans le feu d'vne voix de louanges,
Qui soit tesmoing deuant Dieu & ses Anges
De nostre saincte & vertueuse estude,
Contre le monde & son ingratitude.
Que si la langue on contraint de se taire,
Face le cœur ce qu'elle ne peut faire.
Dont s'ensuyura vn tel allegement,
Qu'en plaine mort aurez contentement.
S'il faut seruir au Seigneur de tesmoings,
Mourons, mourons, louans Dieu pour le moins,
Au departir de ces lieux miserables,
Pour trauerser aux cieux tant desirables.
Que les tyrans soyent de nous martyrer,
Pluftost lassez, que nous de l'endurer.
   Or donc afin que pas vn n'eust excuse
De louer Dieu, Marot auec sa muse
Chanta iadis iusqu'au tiers des Cantiques
Du grand Dauid, qui en sons Hebraiques
Sa harpe fit parler premierement,
Et puis choisit la plume de Clement,
A celle fin que du peuple François
Dieu fust loué & de cœur & de voix.
Las tu es mort sans auoir auancé

Que le seul tiers de l'œuure commencé,
Et, qui pis est, n'ayant laissé au monde,
Docte poete, homme qui te seconde.
Voila pourquoy, quand la mort te rauit,
Auec toy se teut aussi Dauid:
Craignans quasi tous les meilleurs esprits
Mettre la main à ton œuure entrepris.
Qui te fait donc, dira quelcun, si braue,
Que d'entreprendre vn ouurage si graue?
Escoute amy, Ie sçay bien Dieu merci,
Que i'entrepren, & qui ie suis aussi.
Ie sçay tresbien que ma condition
Suit de bien loin ma bonne affection:
Mais toutesfois vn bon cœur trop mieux vaut
Lors mesmement que le pouuoir defaut.
Qu'vn grand pouuoir & volonté trop lasche.
Que si quelcun en me lisant se fasche,
Tant s'en faut-il, qu'il me puisse desplaire,
Que ie voudroye plustost tout au contraire:
Quiconqu'il soit, tant luy estre ennuieux,
Qu'il luy en print desir de faire mieux.

 Sus donc esprits de celeste origine,
Monstrez icy vostre fureur diuine,
Et ceste grace autant peu imitable
Au peuple bas, qu'aux plus grans admirable
Soyent desormais vez plumes adonnées
A louer Dieu qui les vous a données.
C'est trop serui à ses affections,
C'est trop suyui folles inuentions.
On a beau faire & complaintes & cris
Dames mourront, & vous & voz escrits.
Flattez, mentez, faictes du Diable vn Ange,
Voz dieux mourront, vous & vostre louange.
Resueillez vous, amis, de vostre songe,
Et m'embrassez verité pour mensonge:
Ne permettez gentilles creatures,
Voz beaux esprits crouppir en ses ordures.

EPISTRE.

Cercher vous faut ailleurs qu'en ce bas monde
Dignes subiects de vostre grand' faconde.
Mais pour ce faire, il faut premierement
Que reformiez voz cœurs entierement:
Voz plumes lors d'vn bon esprit poussées
Descouuriront voz diuines pensées.
Lors serez vous poetes veritables,
Prisez des bons, aux meschans redoutables.
Sinon, chantez voz faintes poesies:
Dames, amours, complaintes, ialousies.
Quant est de moy, tout petit que ie suis,
Ie veux louer mon Dieu comme ie puis.
Tesmoing sera mainte froide montagne
De ce mien zele, & parmi la campagne
Lac Geneuois, tes riues escumeuses
Bruiront de Dieu les louanges fameuses:
Et du Treshaut le nom parmi les nues
Retentira dans les Alpes cornues.
   En moy, Seigneur, ce bon vouloir as mis
L'effect aussi m'en soit doncques permis,
Que de ceste œuure acheué ie te loue,
Qu'en ton honneur à ton troupeau ie voue.

FIN.

PSEAVME I.
Beatus vir qui non abiit.
PSEAVME I.
CL. MA.

¶ Ce Pseaume chante que ceux sont bien-heureux, qui reiettans les meurs & le conseil des mauuais, s'addonnent à cognoistre & mettre à effect la Loy de Dieu: & mal-heureux ceux qui font au contraire.

Vi au conseil des malins

n'a esté Qui n'est au trac des

pecheurs arresté, Qui des mocqueurs

au banc placé n'a prisé : Mais nuict &

jour la Loy contemple & prise De

PSEAVME I.

l'Eternel, & en est de si reux,

Certainement ce stuy-la est heureux.

Et si sera semblable à l'arbrisseau
 Planté au long d'vn clair courant ruisseau,
 Et qui son fruict en sa saison apporte,
  Duquel aussi la fueille ne chet morte
 Si qu'vn tel homme,& tout ce qu'il fera
 Tousiours heureux & prospere sera.
Ia les peruers n'auront telles vertus,
 Ainçois seront semblables aux festus,
 Et à la poudre au gré du vent chassée:
  Parquoy sera leur cause renuersée
 En iugement,& tous ces reprouuez
 Au reng des bons ne seront point trouuez.
Car l'Eternel les iustes cognoit bien:
 Et est soigneux & d'eux & de leur bien:
 Pourtant auront felicité qui dure.
  Et pour autant qu'il n'a ne soin ne cure
Des mal-viuans, le chemin qu'ils tiendront,
Eux & leurs faicts en ruine viendront.

Quare fremuerunt gentes.

PSEAVME. II. CL. MA.

¶ Icy voit-on commēt Dauid & son royaume sont vray figure & indubitable prophetie de Iesus Christ & de son regne.

PSEAVME II.

Pourquoy font bruit, & s'assem-
blent les gens ? Quelle folie à
murmurer les meine? Pourquoy sont
tant les peuples diligens, A mettre
sus une entreprise vaine? Ban-
dez se sont les grans Rois de la ter-

PSEAVME II.

re, Et les primats ont bien tant

presumé, De conspirer & vouloir

fai re guerre Tous contre Dieu

& son Roy bien aimé.

Disans entr'eux, Desrompons & brisons
  Tous les liens, dont lier nous pretendent:
Au loin de nous iettons & mesprisons
  Le ioug, lequel mettre sur nous s'attendent.
    Mais cestuy-là qui les hauts cieux habite,
Ne s'en fera que rire de là haut.
  Le Tout-puissant de leur façon despite
Se moquera: car d'eux il ne luy chaut.
Lors s'il luy plaist, parler à eux viendra
  En son courroux, plus qu'autre espouantable:
Et tous ensemble estonnez les rendra
  En sa fureur terrible & redoutable.

Rois

Rois, dira-il, dont vient ceste entreprise?
De mon vray Roy i'ay faict election:
Ie l'ay sacré, sa coronne il a prise
Sur mon tressainct & haut mont de Sion.
Et ie qui suis le Roy qui luy ay pleu,
Raconteray sa sentence donnée.
C'est qu'il m'a dict, Tu es mon Fils eleu,
Engendré t'ay ceste heureuse iournée.
Demande-moy, & pour ton heritage
Subiects à toy tous peuples ie rendray:
Et ton Empire aura cest auantage,
Que iusqu'aux bors du monde l'estendray.
Verge de fer en ta main porteras,
Pour les donter & les tenir en serre:
Et, s'il te plaist, menu les briseras,
Aussi aysé comme vn vaisseau de terre.
Maintenant donc, ô vous & Rois & Princes,
Plus entendus & sages deuenez:
Iuges aussi de terres & prouinces,
Instruction à ceste heure prenez.
Du Seigneur Dieu seruiteurs rendez-vous:
Craignez son ire, & luy veuillez complaire:
Et d'estre à luy vous resiouissez tous,
Ayans tousiours crainte de luy desplaire.
Faites hommage au Fils qu'il vous enuoye,
Que courroucé ne soit amerement:
Afin aussi que de vie & de voye
Ne perissiez trop malheureusement.
Car tout à coup son courroux rigoreux
S'embrasera qu'on ne s'en donra garde:
O combien lors ceux-la seront heureux,
Qui se seront mis en sa sauuegarde!

Domine, quid multiplicati sunt.
PSEAVME III. CL. MA.

¶ Dauid assailly d'vne grosse armée, s'estonne du commencement: puis prend vne si grande fiance en Dieu qu'apres l'auoir imploré il s'asseure de la victoire.

PSEAVME III.

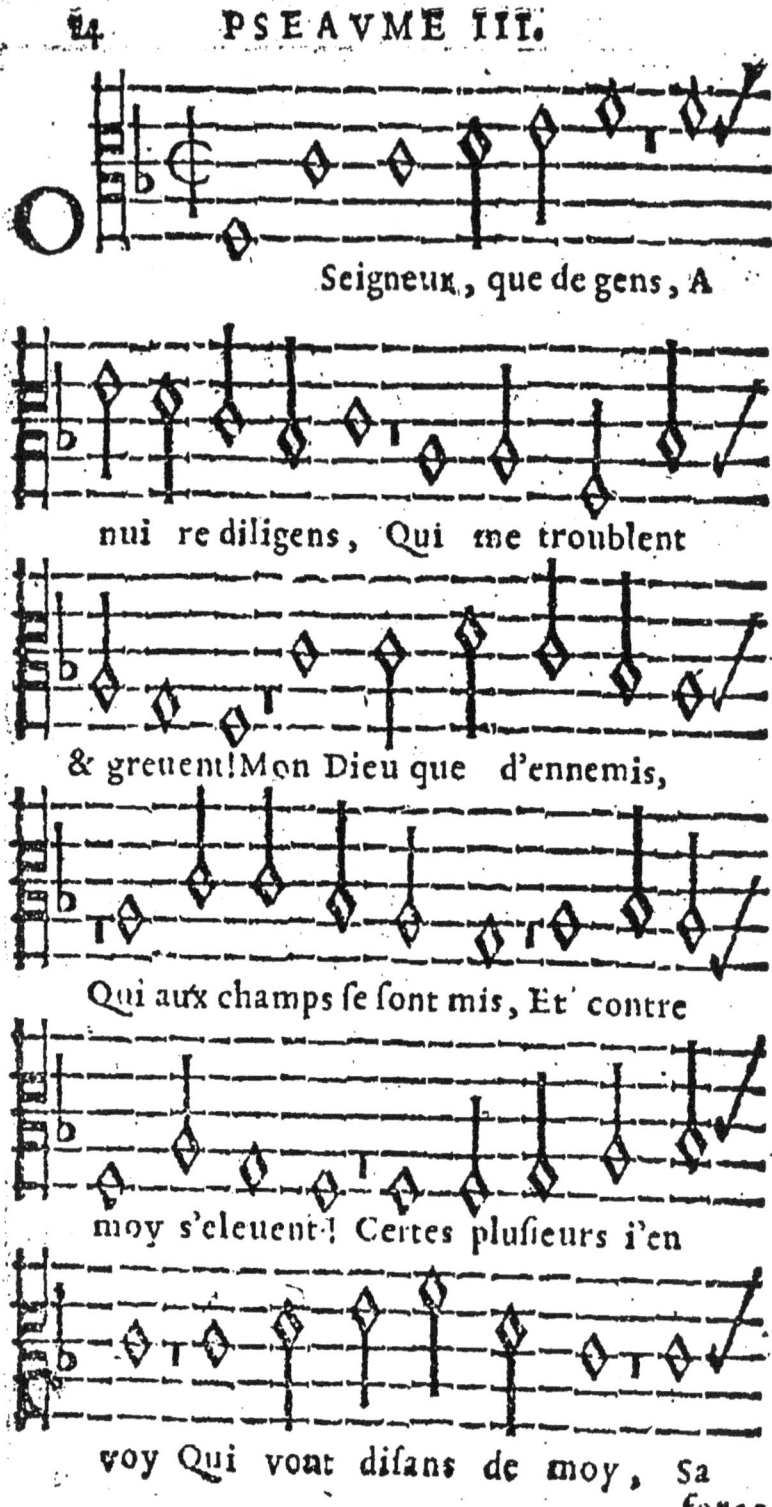

Seigneur, que de gens, A
nui re diligens, Qui me troublent
& grevent! Mon Dieu que d'ennemis,
Qui aux champs se sont mis, Et contre
moy s'eleuent! Certes plusieurs i'en
voy Qui vont disans de moy, Sa
force

PSEAVME III.

force est a bo li e: Plus ne trouue

en son Dieu Secours en aucun lieu,

Mais c'est à eux fol li e.

Car tu es mon tresseur
Bouclier & defenseur,
Et ma gloire esprouuée.
C'est toy, à bref parler,
Qui fais que puis aller
Haut la teste leuée.

I'ay crié de ma voix
Au Seigneur maintesfois,
Luy faisant ma complainte,
Et ne m'a repoussé,
Mais tousiours exaucé
De sa montagne saincte.

Dont coucher m'en iray,
En seurté dormiray
Sans crainte de mesgarde:
Puis me reueilleray,
Et sans peur veilleray,
Ayant Dieu pour ma garde.

PSEAVME IIII.

Cent mille hommes de front
Craindre ne me feront,
Encor qu'ils l'entreprissent:
Et que pour m'estonner,
Clorre & enuironner
De tous costez me vinsent.
Vien donc, declaire toy
Pour moy, mon Dieu, mon Roy,
Qui de buffes renuerses
Mes ennemis mordens,
Et qui leurs romps les dens
En leurs bouches peruerses.
C'est de toy, Dieu treshaut,
De qui attendre faut
Vray secours & defense:
Car sur ton peuple estens
Tousiours en lieu & temps,
Ta grand' beneficence.

Quum inuocarem, exaudiuit me.

PSEAVME IIII. CL. MA.

¶ En la conspiratiõ d'Absalom il inuoque Dieu, reprẽd les princes d'Israel conspirans cõtre luy, les appelle à repentance: & conclud qu'il se treuue bien de se fier en Dieu.

Qvand ie t'inuoque, he las, e-
scoute, O Dieu de ma cause & rai-

PSEAVME IIII.

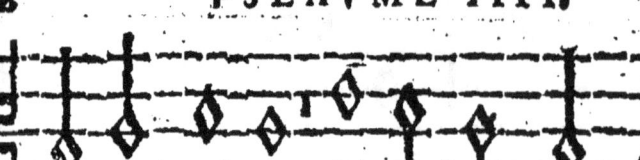

si on plei nes, Aimerez-vous &

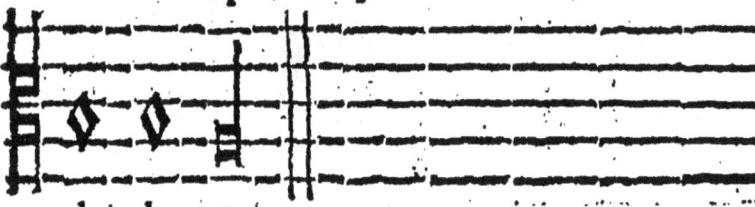

chercherez.

Sachez, puis qu'il le conuient dire,
  Que Dieu pour son Roy gracieux
  Entre tous m'a voulu elire:
  Et si à luy crie & souspire,
  Il m'entendra de ses haux cieux.
    Tremblez donques de telle chose,
  Sans plus contre son veuil pecher.
  Pensez en vous ce que propose
  Dessus voz licts en chambre close,
  Et cessez de plus me fascher.
Puis offrez iuste sacrifice
  De cœur contrit bien humblement,
  Pour repentance d'vn tel vice,
  Mettant au Seigneur Dieu propice
  Voz fiances entierement.
    Plusieurs gens disent, Qui sera-ce
  Qui nous fera voir force biens?
  O Seigneur par ta saincte grace
  Veuilles la clarté de ta face
  Eleuer sur moy & les miens.
Car plus de ioye m'est donnée
  Par ce moyen, ô Dieu treshaut,
  Que n'ont ceux qui ont grande année
  De froment & bonne vinée,
  D'huile & tout ce qui leur faut.

PSEAVME V.

Si qu'en paix & en seurté bonne
Coucheray & reposeray:
Car, Seigneur, ta bonté l'ordonne,
Et elle seule espoir me donne,
Que seur & seul regnant seray.

Verba mea auribus percipe.

PSEAVME V. CL. MA.

¶ David en exil ayant beaucoup souffert, & s'attendant
souffrir davantage par les flatteurs qui estoyet autour
de Saul, dresse sa priere à Dieu: puis se console quand
il pense que le Seigneur a tousiours les mauuais en
haine, & qu'il favorise les bons.

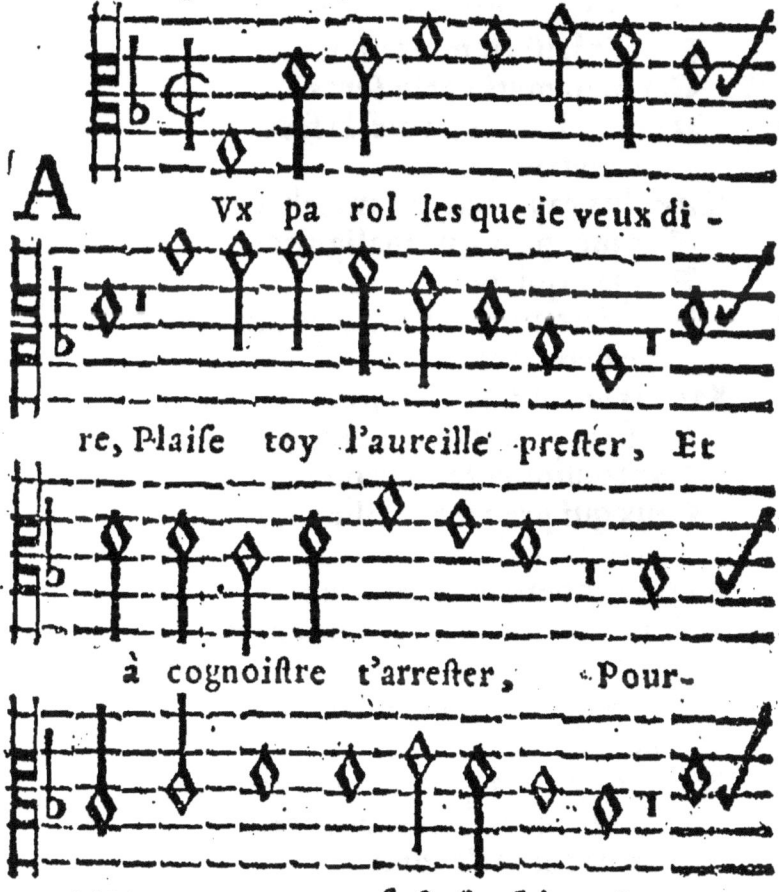

A Vx pa rol les que ie veux di -

re, Plaise toy l'aureille prester, Et

à cognoistre t'arrester, Pour-

quoy mon cœur pense & souspire, Sou-

B. iij

PSEAVME V.

uerain Sire.

Entens à la voix tresardente
  De ma clameur, mon Dieu, mon Roy,
  Veu que tant seulement à toy
  Ma supplication presente
    l'offre & presente.
Matin deuant que iour il face,
  S'il te plaist tu m'exauceras:
  Car bien matin prié seras
  De moy leuant au ciel la face,
    Attendant grace.
Tu es le vray Dieu qui meschance
  N'aymes point, ne malignité:
  Et auec qui, en verité,
  Malfaicteurs n'auront accointance,
    Ne demourance.
Iamais le fol & temeraire
  N'ose apparoir deuant tes yeux:
  Car tousiours te sont odieux
  Ceux qui prenent plaisir à faire
    Mauuais affaire.
Ta fureur perd & extermine
  Finalement tous les menteurs:
  Quant aux meurtriers & decepteurs,
  Celuy qui terre & ciel domine
    Les abomine.
Mais moy en la grand'bonté mainte,
  Laquelle m'as faict sauourer,
  Iray encores t'adorer
  En ton temple, en ta maison saincte,
    Dessous ta crainte.
Mon Dieu, guide moy & conuoye

PSEAVME VI.

Par ta bonté, que ne ſoye mis
  Sous la main de mes ennemis:
    Et dreſſe deuant moy ta voye,
      Que ne fouruoye.
Leur bouche rien de vray n'ameine:
  Leur cœur eſt feinct, faux & couuert:
    Leur goſier vn ſepulchre ouuert:
      De flaterie fauſſe & vaine
        Leur langue eſt pleine.
O Dieu, monſtre leur qu'ils meprenent:
  Ce qu'ils penſent faire, deſſais.
    Chaſſe-les pour leurs grans meffaicts:
      Car c'eſt contre toy qu'ils ſe prenent,
        Tant entreprenent.
Et que tous ceux ſe reſiouiſſent
  Qui en toy ont eſpoir & foy:
    Ioye auront ſans fin deſſous toy,
      Auec ceux qui ton nom cheriſſent,
        Et te beniſſent.
Car de bien faire tu es large
  A l'homme iuſte, ô vray Sauueur,
    Et le couures de ta faueur
      Tout ainſi comme d'vne targe
        Eſpeſſe & large.

Domine, ne in furore tuo arguas me.

PSEAVME VI. CL. MA.

¶ Dauid malade à l'extremité a horreur de la mort, deſire auant que mourir glorifier encores le nom de Dieu: puis tout à coup ſe reſiouit de ſa conualeſcence & de la honte de ceux qui s'attendoyent à ſa mort.

E veuilles pas, ô Si-

Ains, Seigneur, viens estendre
  Sur moy ta pitié tendre:
  Car malade me sens.
    Santé doncques me donne:
  Car mon grand mal estonne
  Tous mes os & mes sens.
Et mon esprit se trouble
  Grandement & au double,
  En extreme souci.
    O Seigneur plein de grace,
  Iusques à quand sera-ce
  Que me l'airras ainsi?

Helas,

PSEAVME VI.

Helas, Sire, retourne,
D'entour de moy destourne
Ce merueilleux esmoy.
Certes grand' est ma faute:
Mais par ta bonté haute
De mourir garde moy.
Car en la mort cruelle
Il n'est de toy nouuelle,
Memoire ne renom.
Qui penses-tu qui die,
Qui loue & psalmodie
En la fosse ton nom?
Toute nuict tant trauaille,
Que lict, chalit & paille
En pleurs ie fay noyer:
Et en eau goutte à goutte
S'en va ma couche toute,
Par si fort larmoyer.
Mon œil pleurant sans cesse,
De despit & destresse
En vn grand trouble est mis:
Il est enuieilly d'ire,
De voir entour moy rire
Mes plus grans ennemis.
Sus, sus, arriere iniques,
Deslogez tyranniques
De moy tous à la fois:
Car le Dieu debonnaire
De ma plainte ordinaire
A bien ouy la voix.
Le Seigneur en arriere
N'a point mis ma priere,
Exaucé m'a des cieux.
Receu a ma demande,
Et ce que luy demande
Accordé m'a, & mieux.
Doncques honteux deuiennent,
Et pour vaincus se tiennent

B. iiii.

24 PSEAVME VII.

Mes aduersaires tous.
    Que chacun d'eux s'eslongne
Subit en grand'vergongne,
Puis que Dieu m'est si doux.

Domine Deus meus, in te speraui.

PSEAV. VII.   CL. MA.

¶ Il prie d'estre preserué de la grãde persecution de Saul: met en auant son innocence : requiert le royaume à luy promis, & confusion à ses aduersaires. Finalement il chante qu'ils periront de leurs propres glaiues: & en loüe Dieu.

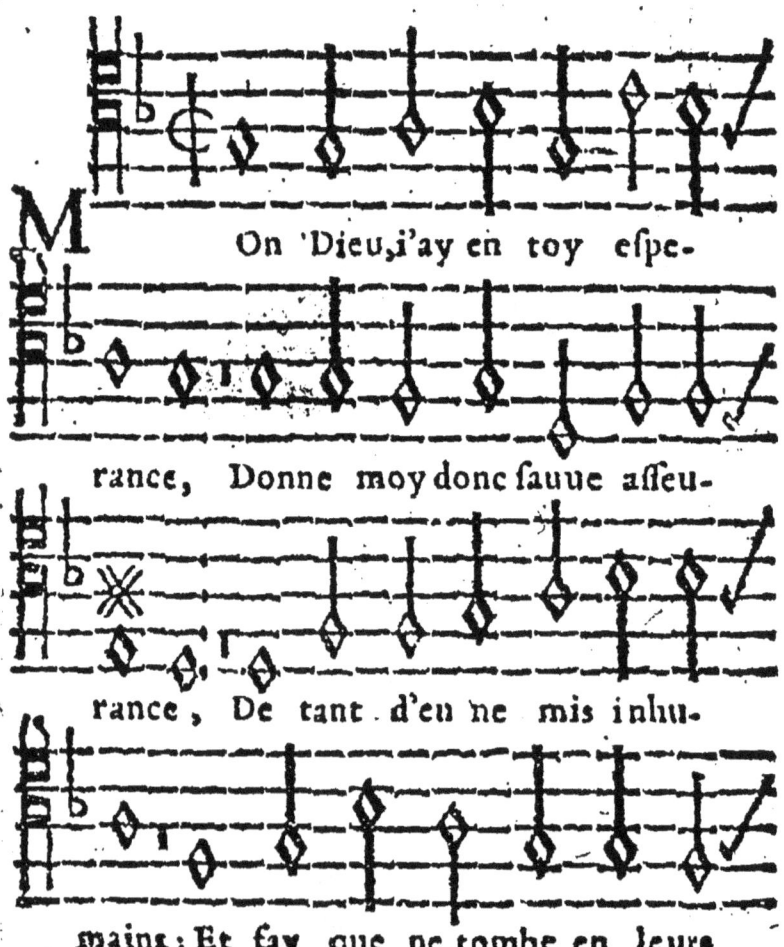

Mon Dieu, j'ay en toy esperance, Donne moy donc sauue asseurance, De tant d'en ne mis inhumains: Et fay que ne tombe en leurs

PSEAVME VII.

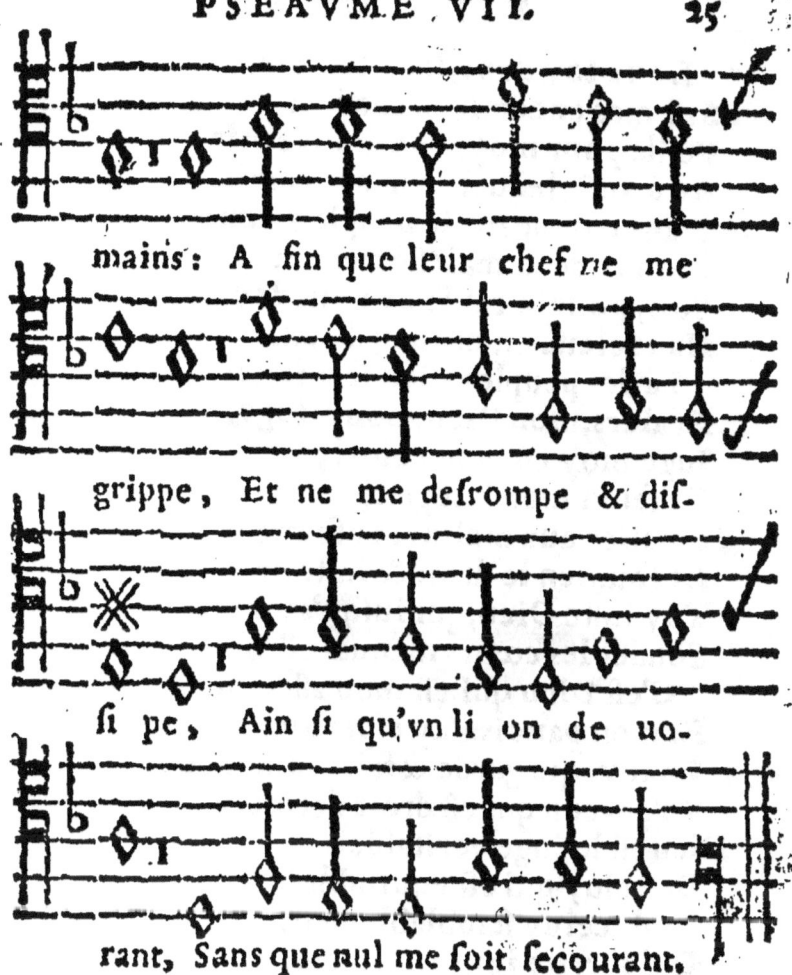

mains: A fin que leur chef ne me
grippe, Et ne me desrompe & dis-
si pe, Ain si qu'vn lion de uo-
rant, Sans que nul me soit secourant.

Mon Dieu, sur qui ie me repose,
  Si i'ay commis ce qu'il propose,
Si de luy faire ay proietté
De ma main tour de laschetè:
  Si mal pour mal i'ay voulu faire
A cest ingrat: mais au contraire,
Si faict ne luy ay tour d'ami,
Quoy qu'a tort me soit ennemi:
Ie veux qu'il me poursuyue en guerre,
  Qu'il m'attaigne & porte par terre,
Soit de ma vie ruineur,
Et mette à neant mon honneur.

PSEAVME VII.

Leue toy donc, leue toy Sire,
Sur mes ennemis en ton ire:
Veille pour moy, que ie soye mis
Au droict, lequel tu m'as promis.
A grans troupeaux le peuple vienne
Autour, de la maiesté tienne:
Sois, pour la cause de nous deux,
Haut eleué au millieu d'eux.
  Là des peuples Dieu sera iuge:
Et alors, mon Dieu, mon refuge,
Iuge moy en mon equité,
Et selon mon integrité.
La malice aux malins consomme,
Et soustien le droit & iuste homme,
Toy iuste Dieu, qui iusqu'au fons
Sondes les cœurs mauuais & bons.
  C'est Dieu qui est mon asseurance,
Et mon pauois: i'ay esperance
En luy, qui garde & faict vainqueur
Vn chacun qui est droit de cœur.
Dieu est le iuge veritable
De celuy qui est equitable,
Et de celuy semblablement
Qui l'irrite iournellement.
  Si l'homme qui tasche à me nuire
Ne se veut changer & reduire,
Dieu viendra son glaiue aguiser,
Et bander son arc pour viser.
Desia le grand Dieu des alarmes
Luy prepare mortelles armes:
Il fait dards propres & seruans
A poursuyure mes poursuyuans.
  Et l'autre engendre chose vaine,
Ne conçoit que trauail & peine,
Pour enfanter (quoy qu'il en soit)
Le rebours de ce qu'il pensoit.
A cauer vne grande fosse
Il met sollicitude grosse:

PSEAVME. VIII.

Mais en la fosse qu'il fera
Luy-mesmes il tresbuchera.
  Le mal qu'il me forge & appreste
Retournera dessus sa teste:
Bref, ie voy le mal qu'il commet
Luy descendre sur le sommet.
Dont louange au Seigneur ie donne,
  Pour sa iustice droicte & bonne:
  Et tant que terre hanteray
Le nom du Treshaut chanteray.

Domine Dominus noster.

PSEAVME VIII. CL. MA.

¶ *Auec grande admiration Dauid celebre icy la merueilleuse puissance du Createur de toutes choses, & la grande bonté dont il a daigné vser enuers l'homme, l'ayant faict tel qu'il est.*

O   Nostre Dieu & Sei- gneur
a- mi- a- ble, Combien ton nom est
grand & ad- mi- ra- ble Par tout ce

PSEAVME VIII.

val ter re stre, spa ci eux, Qui ta puissance e le ue sur les cieux.

En tout se voit ta grand' vertu parfaicte:
  Iusqu'à la bouche aux enfans qu'on allaicte:
  Et rens par la confus & abbatu
  Tout ennemi qui nie ta vertu.
Mais quand ie voy & contemple en courage
  Tes cieux, qui sont de tes doigts haut ouurage,
  Estoilles, Lune, & signes differens,
  Que tu as faicts, & assis en leurs rengs:
Adonc ie dy à par moy (ainsi comme
  Tout esbahi) Et qu'est-ce que de l'homme?
  D'auoir daigné de luy te souuenir:
  Et de vouloir en ton soing le tenir?
Tu l'as faict tel, que plus il ne luy reste
  Fors estre Dieu: car tu l'as (quant au reste)
  Abondamment de gloire enuironné,
  Rempli de biens & d'honneur coronné.
Regner le fais sur les œuures tant belles
  De tes deux mains, comme seigneur d'icelles,
  Tu as, de vray, sans quelque exception,
  Mis sous ses pieds tout en subiection.
Brebis & bœufs, & leur peaux & leurs laines,
  Tous les troupeaux des hauts monts & des plai-
  En general, toutes bestes cerchans   nes,)
  A pasturer par les bois & les champs:

PSEAVME IX.

Oiseaux de l'air qui volent & qui chantent,
Poissons de mer, ceux qui nagent & hantent
Par les sentiers de mer, grans & petis,
Tu les as tous à l'homme assubiettis.
O nostre Dieu & Seigneur amiable,
Comme à bon droict est grand & admirable
L'excellent bruit de ton nom precieux.
Par tout ce val terrestre spacieux!

Confitebor tibi, Domine, in toto corde.
PSEAVME IX.
CL. MA.

¶ C'est vn chant triomphal, par lequel Dauid rend graces à Dieu de certaine bataille qu'il gaigna, en laquelle mourut son principal ennemy (aucuns estiment que ce fust Goliath) apres il magnifie la iustice de Dieu, qui venge les siens en temps & lieu.

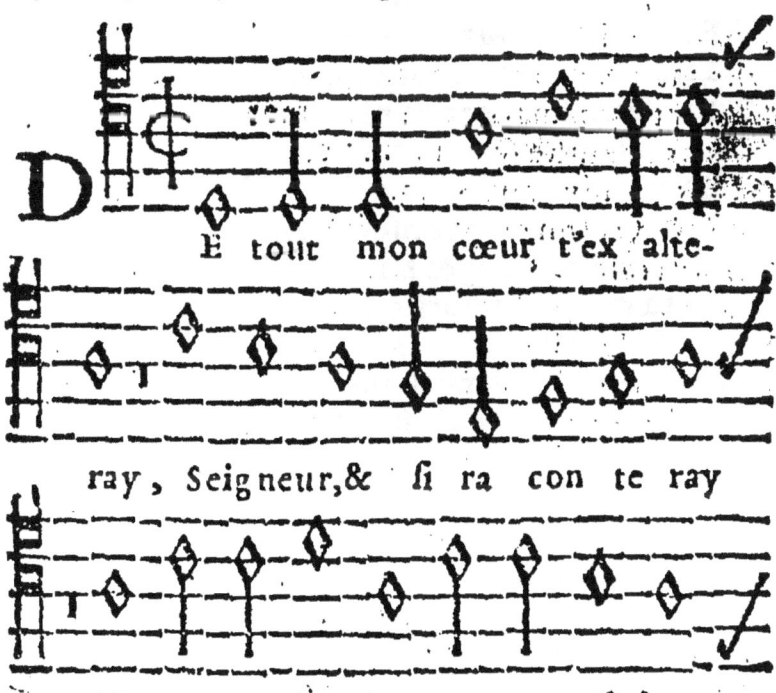

DE tout mon cœur t'ex alte-
ray, Seigneur, & si ra con te ray
Toutes tes œuures non pareilles,

PSEAVME IX.

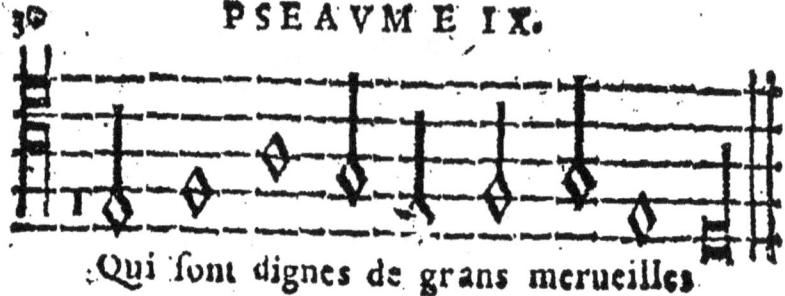

Qui sont dignes de grans merueilles.

En toy ie me veux resiouir,
 D'autre soulas ne veux iouir:
 O Treshaut, ie veux en cantique
 Celebrer ton nom autentique.
Pource que par ta grand' vertu
 Mon ennemi s'enfuit bastu,
 Desconfit de corps & courage,
 Au seul regard de ton visage.
Car tu m'as esté si humain:
 Que tu as pris ma cause en main,
 Et t'es assis pour mon refuge
 En chaire comme iuste iuge.
Tu as desfaict mes ennemis,
 Le meschant en ruine mis:
 Pour tout iamais leur renommée
 Tu as esteincte & consommée.
Or ça ennemy caut & fin,
 As-tu mis ton emprise à fin?
 As-tu rasé noz cités belles?
 Leur nom est-il mort auec elles?
Non, non, le Dieu qui est là haut
 En regne qui iamais ne faut,
 Son throne a dressé tout propice,
 Pour faire raison & iustice,
Là iugera-il iustement
 La terre ronde entierement,
 Pesant les causes en droicture
 De toute humaine creature.
Et Dieu la retraite sera
 Du poure qu'on pourchassera,

PSEAVME IX.

Voire sa retraite opportune
Au plus dur temps de sa fortune.
Dont ceux qui ton nom congnoistront,
Leur asseurance en toy mettront:
Car,Seigneur,qui à toy s'adonne,
Ta bonté point ne l'abandonne.
Chantez en exultation
Au Dieu qui habite en Sion:
Noncez à gens de toutes guises
Ses œures grandes & exquises.
Car du sang des iustes s'enquiert,
Luy en souuient,& le requiert:
Iamais la clameur il n'oublie
De l'affligé,qui le supplie.
Seigneur Dieu(ce disoy-ie en moy)
Voy par pitié,que i'ay d'esmoy
Par mes ennemis remplis d'ire,
Et du pas de mort me retire:
A fin qu'au milieu de l'enclos
De Sion,i'annonce ton los,
En demenant resiouissance,
D'estre recous par ta puissance.
Incontinent les malheureux
Sont cheus au piege faict par eux,
Leur pied mesme s'est venu prendre,
Au filé qu'ils ont osé tendre.
Ainsi est cogneu l'Immortel,
D'auoir faict vn iugement tel,
Que l'inique a senti l'outrage
Et le mal de son propre ouurage.
Croyez que tousiours les meschans
S'en iront à bas trebuschans,
Et toutes ces gens insensées,
Qui n'ont point Dieu en leurs pensées.
Mais l'homme poure humilié,
Ne sera iamais oublié:
Iamais de l'humble estant en peine,
L'esperance ne sera vaine.

PSEAVME X.

Vien, Seigneur, monstre ton effort,
  Que l'homme ne soit le plus fort:
  Ton pouuoir les gens venir face
  En iugement deuant ta face.
Seigneur Dieu, qui immortel es,
  Tressaillir de crainte fay-les:
  Donne leur à cognoistre comme
  Nulli d'entr'eux n'est rien, fors qu'homme.

Domine, vt quid recessisti.
PSEAVME X. CL. MA.

¶ Ce Pseaume est vne prière contre les peruers, nuisans & malicieux hommes, qui par dol & par force oppressent les bons & les plus foibles: & y sont descrits l'orgueil & les moyës dõt enuers eux vsët les mal-viuãs.

Ou vient ce la, Seigneur, ie
ta supply, Que loin de nous te tiens les
yeux couuers? Te caches-tu pour
nous mettre en oubli: Mesmes au

PSEAVME X.

temps qui est dur & divers? Par leur
orgueil sont ardens les peruers A
tourmenter l'humble qui peu se pri-
se. Fay que sur eux tombe leur entreprise,
Car le malin se vante & se fait seur,
Qu'en ses desirs n'aura aucun defaut:
Ne prisant rien que l'auare amasseur,
Et mesprisant l'Eternel de là haut.
 Tant est-il fier, que de Dieu ne luy chaut:
Mais tout cela qu'il pense en sa memoire,
C'est, Dieu n'est point, & si ne le veut croire.
Tout ce qu'il fait tend à mal sans cesser:
De sa pensée est loin ton iugement:
Tant est enflé, qu'il cuide renuerser
Ses ennemis à souffler seulement.
 En son cœur dit, D'esbranler nullement
Garde ie n'ay: car ie scay qu'en nulle aage
Ne peut tomber sur moy aucun dommage.

C.

D'vn parler feint, plein de deception,
　Le faux pariure est tousiours embouché:
　Dessous sa langue, auec oppression,
　Desir de nuire est tousiours embusché.
　　Semble au brigand, qui sur les champs caché,
　L'innocent tue en cauerne secrette,
　Et de qui l'œil poures passans aguiette.
Aussi l'inique yse du tour secret
　Du lion caut en sa taniere (helas)
　Pour attrapper l'homme simple & pouret,
　　L'engloutir, quand l'a pris en ses laqs.
　Il fait le doux, le marmiteux, le las:
　Mais sous cela, par sa force peruerse
　Grand' quantité de poures gens renuerse.
Et dict encor en son cœur vicieux,
　Que Dieu ne veut la souuenance auoir
　De tout cela, & qu'il couure ses yeux,
　A celle fin de iamais n'en rien voir.
　　Leue-toy donc, Seigneur, pour y pouruoir,
　Hausse ta main dessus, ie te supplie,
　Et ceux qui sont persecutez n'oublie.
Pourquoy irrite, & contemne en ses faicts
　L'homme meschant le Dieu doux & humain?
　En son cœur dit qu'enqueste tu n'en fais:
　Mais tu vois bien son meffaict inhumain.
　　En voyant tout, prens les causes en main:
　Voila pourquoy s'appuye le debile
　Sur toy, qui es le support du pupille.
Brise la force, & le bras plein d'exces
　Du malfaicteur inique & reprouué:
　Fais de ses maux l'enqueste & le proces,
　Plus n'en sera par toy vn seul trouué.
　　Lors à iamais Roy de tous approuué
　Regnera Dieu, & de sa terre saincte
　Sera la race aux iniques esteincte.
O Seigneur donc, s'il te plaist, tu orras
　Ton poure peuple en ceste aspre saison:
　Et bon courage & espoir luy donras,

Prestant

PSEAVME XI.

Prestant l'aureille à son humble oraison:
Qui est de faire aux plus petis raison,
Droict aux foulez: si que l'homme de terre,
Ne vienne plus leur faire peur ne guerre.

In Domino confido.
PSEAVME XI. CL. MA.

¶ Il se complaint de ceux qu le chassoyent de toute la terre d'Israel: puis chante sa confiance en Dieu, & le iugement d'iceluy sur les bons & sur les mauuais.

Veu que du tout en Dieu mō cœur s'appuye: Ie m'esbahy comment de vostre mōt, Plustost qu'oiseau dites que ie m'enfuye. Vray est que l'arc les malins ten du

C. ij.

PSEAVME XI.

m'ont, Et sur la corde ont assis leurs sagettes, Pour contre ceux qui de cœur iustes sont

Les decocher iusques en leurs cachettes.

Mais on verra bien tost à neant mise
  L'intention de tels malicieux.
    Quell' faute aussi à le iuste commise?
      Sachez que Dieu a son palais au cieux,
Dessus son throne est l'eternel Monarque.
  Là haut assis il voit tout de ses yeux:
Et son regard les humains note & marque.
Tout il esprouue, & le iuste il approuue:
  Mais son cœur hait qui aime extorsion,
Et l'homme en qui violence se trouue.
    Pleuuoir fera feu de punition
Sur les malins, souffre chaut, flamme ardente,
  Vent foudroyant, voila la portion
De leur breuuage, & leur paye euidente.
Car il est iuste, & pource aime iustice:
  Tournant tousiours, par douce affection,
Vers l'homme droit son œil doux & propice.

Saluum me fac, Domine.
PSEAVME XII.   CL. MA.
Il parle contre les flatteurs de la cour de Saül, qui

PSEAVME XII.   37

par flatteries, dissimulations & arrogances estoyēt molestes à chacun: & prie Dieu y donner ordre.

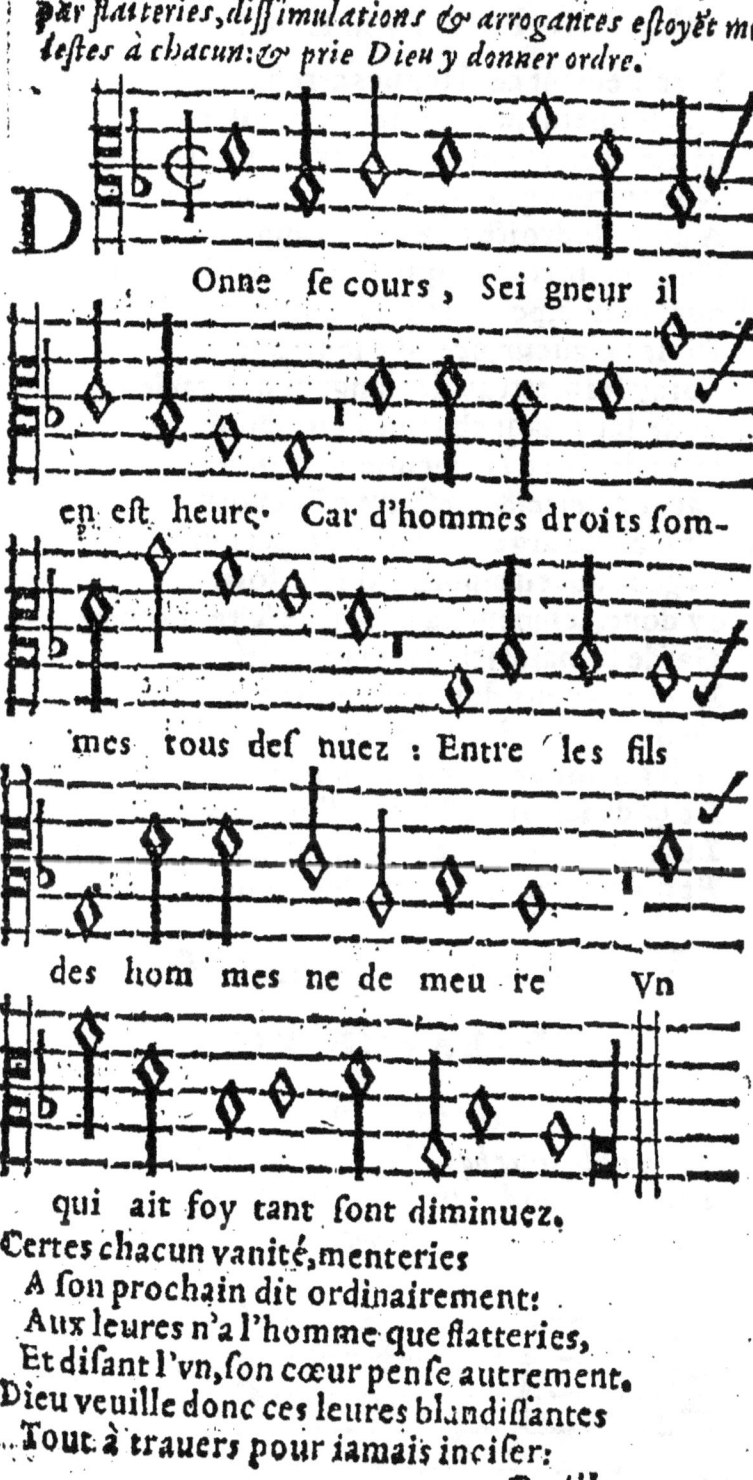

Donne secours, Seigneur il en est heure. Car d'hommes droits sommes tous desnuez : Entre les fils des hommes ne demeure Vn qui ait foy tant sont diminuez.

Certes chacun vanité, menteries
  A son prochain dit ordinairement:
  Aux leures n'a l'homme que flatteries,
  Et disant l'vn, son cœur pense autrement.
Dieu veuille donc ces leures blandissantes
  Tout à trauers pour iamais inciser:

C. iij.

Pareillement ces langues arrogantes,
  Qui brauement ne font que deuiser.
Qui mefmement entr'eux ces propos tiennent,
  Nous ferons grans par noz langues fur tous:
  A nous de droict, noz leures appartiennent:
  Flattons, mentons: qui eft maiftre fur nous?
Pour l'affligé, pour les petis qui crient,
  Dit le Seigneur, ores me leueray:
  Loing les mettray des langues qui varient,
  Et de leurs laqs chacun d'eux fauueray.
Certes de Dieu la parolle fe treuue
  Parolle nette: & trefpure eft fa voix:
  Ce n'eft qu'argent affiné à l'efpreuue,
  Argent au feu efpuré par fept fois.
Toy donc, Seigneur, ta promeffe & tes hommes
  Garde & maintien par ta gratuité:
  Et de ces gens, dont tant moleftez fommes,
  Deliure nous à perpetuité.
Car les malins à grand troupes cheminent
  De çà de là: tout eft plein d'inhumains:
  Lors que d'iceux les plus mefchans dominent,
  Et qu'efleuez font entre les humains.

Vfquequo Domine obliuifceris.

PSEAVME XIII.

CL. MA.

¶ Apres plufieurs batailles perdues, il fe complaint de ce que Dieu tarde tant à le fecourir : puis le prie luy donner la ioye de victoire obtenue.

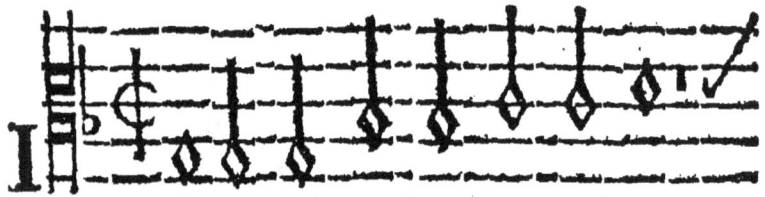

Vfques à quand as e fta bly
                        Seigneur

PSEAVME XIII.

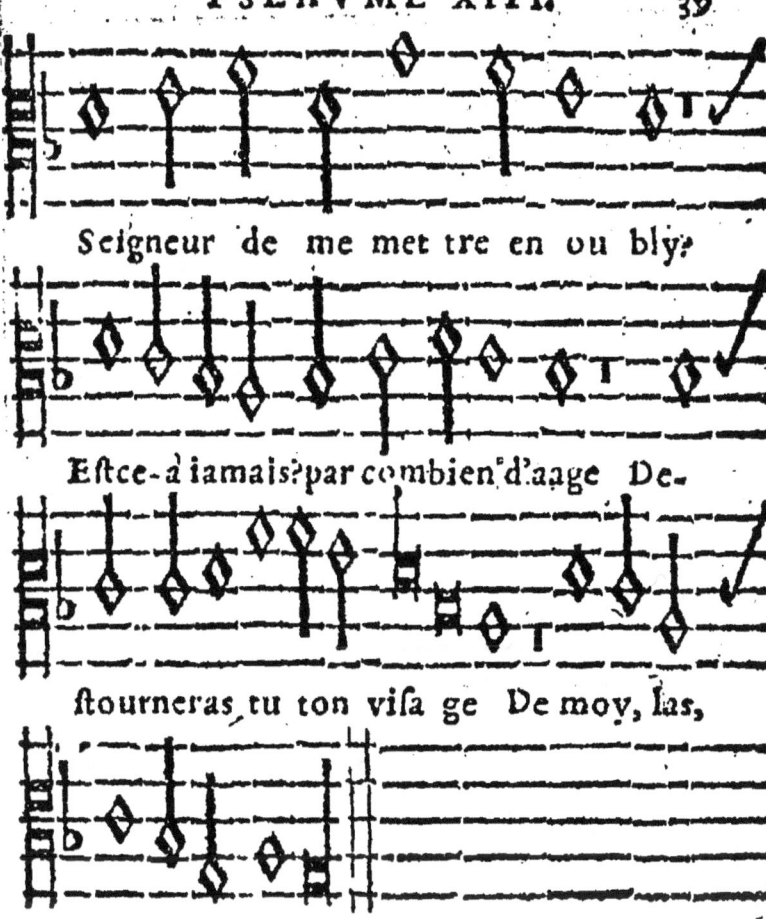

Seigneur de me mettre en oubly?
Estce à iamais? par combien d'aage De-
stourneras tu ton visage De moy, las,
d'angoisse remply?
Iusques à quand sera mon cœur
Veillant, conseillant, pratiqueur,
Et plein de soucy ordinaire?
Iusques à quand mon aduersaire
Sera-il dessus moy vainqueur?
Regarde moy mon Dieu puissant:
Respons à mon cœur gemissant,
Et mes yeux troublez illumine,
Que mortel dormir ne domine
Dessus moy quasi perissant.
Que celuy qui guerre me fait
Ne die point, ie l'ay desfaict:
Et que tous ceux qui tant me troublent
Le plaisir qu'ils ont ne redoublent,
Par me voir trebuscher de faict.

PSEAVME XIIII.

En toy gist tout l'espoir de moy:
Par ton secours fay que l'esmoy
De mon cœur en plaisir se change.
Lors à Dieu chanteray louange:
Car de chanter i'auray dequoy.

Dixit insipiens in corde suo.

PSEAVME XIIII.   CL. MA.

¶ Il dit que tout est plein d'infideles & ethniques: descrit leur entendement corrompu: souhaite & predit leur ruine & la deliurance du peuple de Dieu par eux deuoré.

LE fol malin en son cœur dit & croit

Que Dieu n'est point: & corrōpt & renuerse

Ses mœurs sa vie : horribles faict exerce. Pas

vn tout seul ne fait rien bon ne droit, Ny

PSEAVME XIIII.

ne voudroit
Dieu du haut ciel a regardé icy
  Sur les humains auec diligence,
  S'il en verroit quelcun d'intelligence,
  Qui d'inuoquer la diuine mercy
    Fust en soucy.
Mais tout bien veu, a trouué que chacun
  A foruoyé, tenant chemins damnables.
  Ensemble tous sont faicts abominables:
  Et n'est celuy qui face bien aucun,
    Non iusqu'à vn
N'ont-ils nul sens tous ces pernicieux,
  Qui font tout mal, & iamais ne se changent?
  Qui comme pain mon poure peuple mangent:
  Et d'inuoquer ne sont point soucieux
    Le Dieu des cieux?
Certainement tous esbahis seront,
  Que sur les champ ils trembleront de crainte:
  Car l'Eternel par sa faueur tressaincte,
  Tiendra pour ceux qui droits se trouueront,
    Et l'aimeront.
Ha malheureux, vous vous estudiez
  A vous moquer de l'intention bonne,
  Que l'Immortel au poure affligé donne:
  Pource qu'ils sont sur luy tous appuyez,
    Et en riez.
O qui & quand de Sion sortira
  Pour Israel secours en sa souffrance?
  Quand Dieu mettra son peuple à deliurance
  De ioye adonc Israel iouira,
    Iacob rira.

Domine quis habitabit.
PSEAVME XV. CL. MA

PSEAVME XV.

¶ *Ce Pseaume chante de quelles mœurs doiuent estre or-*
nez les vrais citoyens des cieux.

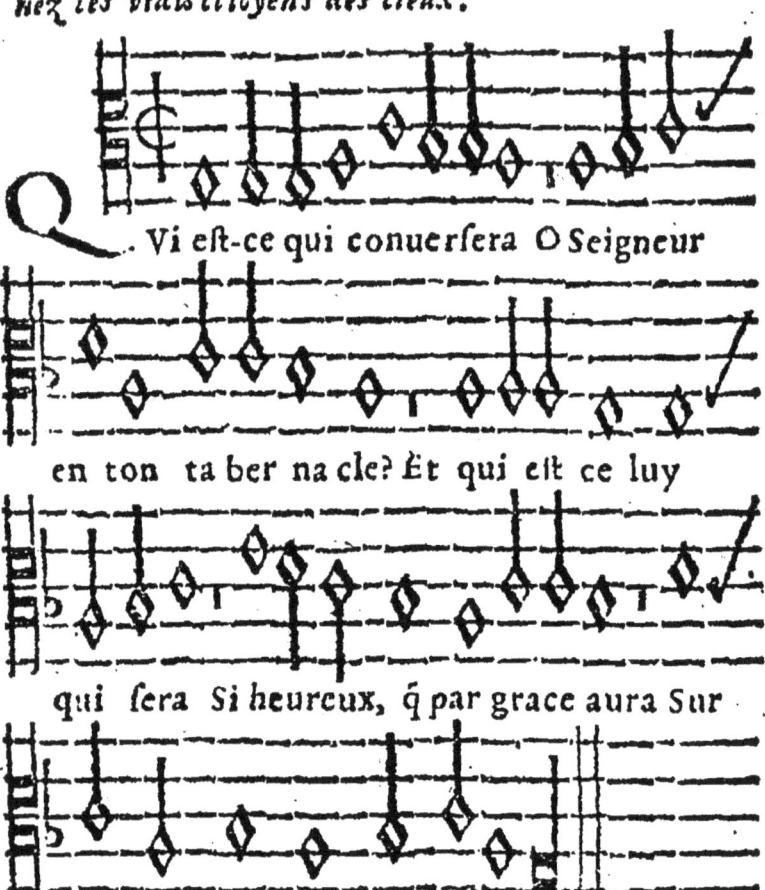

Qvi est-ce qui conuersera O Seigneur
en ton tabernacle? Et qui est ce luy
qui sera si heureux, q̃ par grace aura Sur
ton sainct mont seur habitacle?
Ce sera celuy droitement
  Qui va rondement en besongne,
  Qui ne fait rien que iustement,
  Et dont la bouche apertement
  Verité en son cœur tesmoigne.
Qui par sa langue point ne fait
  Rapport qui los d'autruy efface;
  Qui à son prochain ne meffait;
  Qui aussi ne souffre de faict
  Qu'opprobre à son voisin on face.
Ce sera l'homme contemnant
  Les vicieux, aussi qui prise

PSEAVME XVI. 43

Ceux qui craignent le Dieu regnant:
Ce sera l'homme bien tenant
(Fust-ce à son dam) la foy promise.
Qui à vsure n'entendra:
Et qui si bien iustice exerce,
Que le droict d'autruy ne vendra.
Qui charier ainsi voudra,
Craindre ne faut que iamais verse.

Conserua me, Domine.

PSEAVME XVI. TH. DE BES.

¶ Dauid demande secours à Dieu, alleguant sa foy & non point ses œuures: lesquelles il confesse n'estre rien quant à Dieu. Puis proteste qu'il a en horreur toute idolatrie, & prend Dieu pour son tout, estant si asseuré de son oraison exaucée, qu'il en rend graces à Dieu: & s'asseure non seulement de le louer icy bas: mais aussi d'vne plus grande felicité apres la mort, en vertu de la resurrection du Messias: laquelle il predit expressément, comme il est exposé aux chap. 2. & 13. des Actes. Pseaume contenant vn vray patron de prieres, pour les fideles languissans en ceste vie.

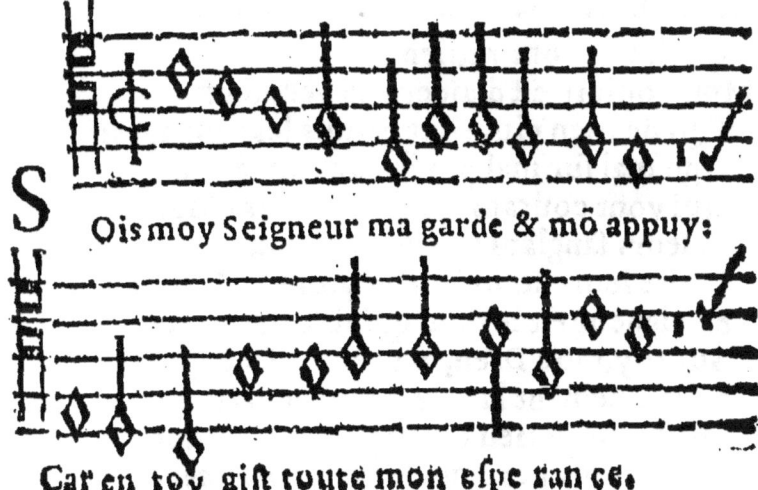

S Ois moy Seigneur ma garde & mõ appuy:

Car en toy gist toute mon espe ran ce.

44   PSEAVME XVI.

Sus donc aussi, ô mõ ame, dy luy, Seigneur, tu

as sur moy toute puissance: Et touteffois

point n'y a d'œuure miene, Dõt iusqu'à toy

quelque profit reuiene.
Mon vouloir est d'aider aux vertueux,
  Qui de bien viure ont acquis les louanges:
  Que mal sur mal puisse aduenir à ceux
  Qui vont courans apres ces dieux estranges.
  A leurs sanglans sacrifices ne touche:
  Voire leurs noms ie n'ay point en la bouche.
Le Seigneur est le fond qui m'entretient:
  Sur toy, mon Dieu, ma rente est assignée:
  Certainement la part qui m'appartient,
  En plus beau lieu n'eust peu m'estre donnée.
  Bref, le plus beau qui fust en l'heritage,
  Est de bon heur escheu en mon partage.
Loué soit Dieu, par qui si sagement

PSEAVME XVII.

Ie fus inſtruict à prendre ceſte adreſſe:
Car qui plus eſt, ie n'ay nul penſement
Qui toute nuict ne m'enſeigne & redreſſe.
Sans ceſſe donc à mon Dieu ie regarde:
Auſſi eſt-il à ma dextre & me garde.
Voila pourquoy mon cœur eſt ſi ioyeux,
Mon ame en rit, & mon corps s'en aſſeure:
Sachant pour vray, que dans le tombeau creux
Ne ſouffriras qu'eſtant mort ie demeure
Et ne voudrois aucunement permettre
Que pourriture en ton ſainct ſe vint mettre.
Pluſtoſt Seigneur me mettras au ſentier,
Qui me conduiſe à vie plus heureuſe:
Car à vray dire on n'a plaiſir entier,
Qu'en regardant ta face glorieuſe:
Et dans ta main eſt & ſera ſans ceſſe
Le comble vray de ioye & de lieſſe.

Exaudi Domine iuſtitiam.

PSEAVME XVII. TH. BES.

¶ *Dauid perſecuté prie Dieu, faiſant comparaiſon de la cruauté de ſes ennemis auec ſon innocence. Toutesfois il recognoit que ceſte affliction eſt conduite par la volonté de Dieu, qui ſe ſert de telles gens pour l'exercer. Parquoy en lieu de ſe deſcõforter, il s'eſtime beaucoup plus heureux que ſes ennemis, pour l'aſſeurance qu'il a de iouir quelque iour de la preſence de ſon Dieu. Pſeaume propre pour ceux qui ſouffrent le mal pour le bien.*

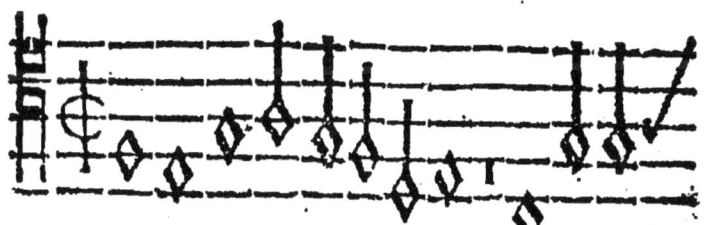

S Eigneur, entens à mõ bõ droict, Entés, he

PSEAVME XVII.

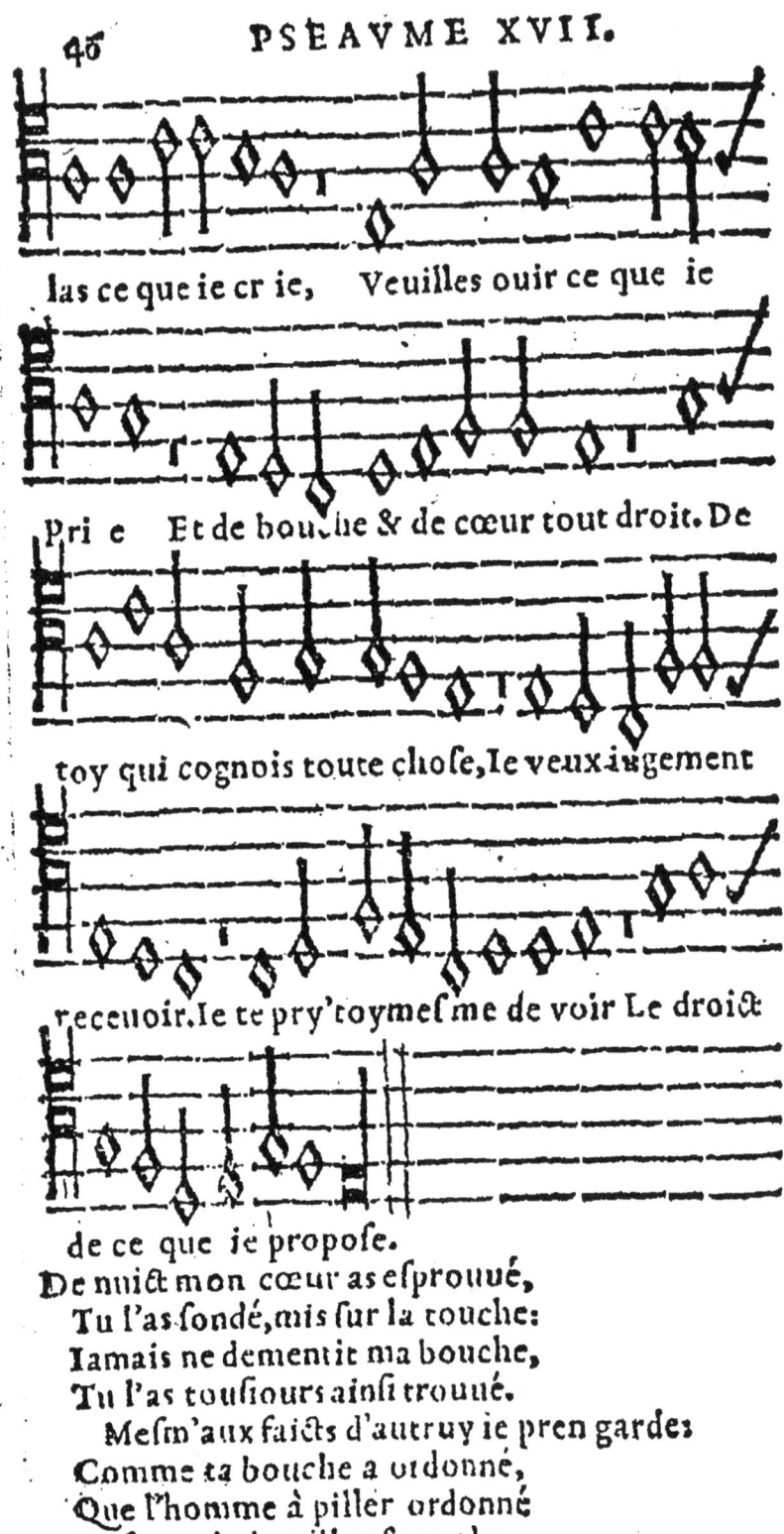

las ce que ie crie,   Veuilles ouir ce que ie

Prie   Et de bouche & de cœur tout droit. De

toy qui cognois toute chose, Ie veux iugement

receuoir. Ie te pry'toymesme de voir Le droict

de ce que ie propose.
De nuict mon cœur as esprouué,
 Tu l'as fondé, mis sur la touche:
 Iamais ne dementit ma bouche,
 Tu l'as tousiours ainsi trouué.
  Mesm'aux faicts d'autruy ie pren garde:
 Comme ta bouche a ordonné,
 Que l'homme à piller ordonné
 Desormais de piller se garde.

PSEAVME XVII.

Plaise toy d'asseurer mes pas
 En tes sentiers, ou ie chemine.
  Fais tant que point ie ne decline,
  Et que mon pied ne glisse pas.
   L'aureille m'as souuent tendue,
 Quand t'ay requis à mon meschef:
 Ie te suppli que derechef
 Mon oraison soit entendue.
Rens admirable ta bonté,
 O Dieu qui es la soustenance
 De ceux qui ont en toy fiance,
  Contre ceux qui t'ont resisté.
   Veuilles sous l'ombre de ton aile
 Me cacher bien & seurement:
 Et tenir ausi cherement
 Qu'ont tient de son œil la prunelle:
A fin que ie puisse eschapper
 De ceux qui tant de maux me donnent,
 Des ennemis qui m'enuironnent,
 A fin de ma vie attraper.
   Ils sont si gras que plus n'en peuuent.
 Fiers en propos & orgueilleux:
 Suyuent mes pas, visent des yeux,
 Pour me prendre aux rets s'ils me treuuent.
Sur tout, l'vn d'entr'eux le plus fier,
 Semble vn lion qui est en queste,
 Vn lionceau guettant la beste
 Au plus couuert de son hallier.
   Marche au deuant, mets-le par terre.
 Arrache mon ame au meschant,
 Qui te sert de glaiue trenchant,
 Seigneur, pour me faire la guerre.
A ceux qui te seruent de bras,
 Dont le cœur icy bas se fonde,
 Qui semblent estre mis au monde
 Seulement pour deuenir gras,
   De tes biens leur farcis la pance,
 Leurs fils se soulent apres eux,

48 PSEAVME XVIII.

Et si demeure à leurs nepueux
De quoy manger à suffisance.
Mais ta face vn iour ie verray,
Auecques ma vie innocente:
Et de ta maiesté presente,
M'esueillant ie me souleray.

Diligam te, Domine.

PSEAV. XVIII. CL. MA.

¶ Hymne tresexcellẽt, lequel Dauid chanta au Seigneur Dieu apres qu'il eut rendu paisible & victorieux sur Saul, & sur tous autres ennemis, prophetisant de Iesus Christ en la conclusion du Pseaume.

IE t'aymeray en toute obeissance

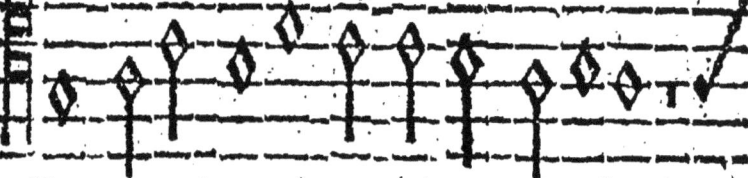
Tant que viuray, ô mon Dieu ma puissance.

Dieu c'est mõ roc, mõ repart haut & seur: C'est

ma rançon, C'est mon fort defenseur.

PSEAVME XVIII.

*Les couplets ensuyuans sont de huit vers
& commencent icy.*

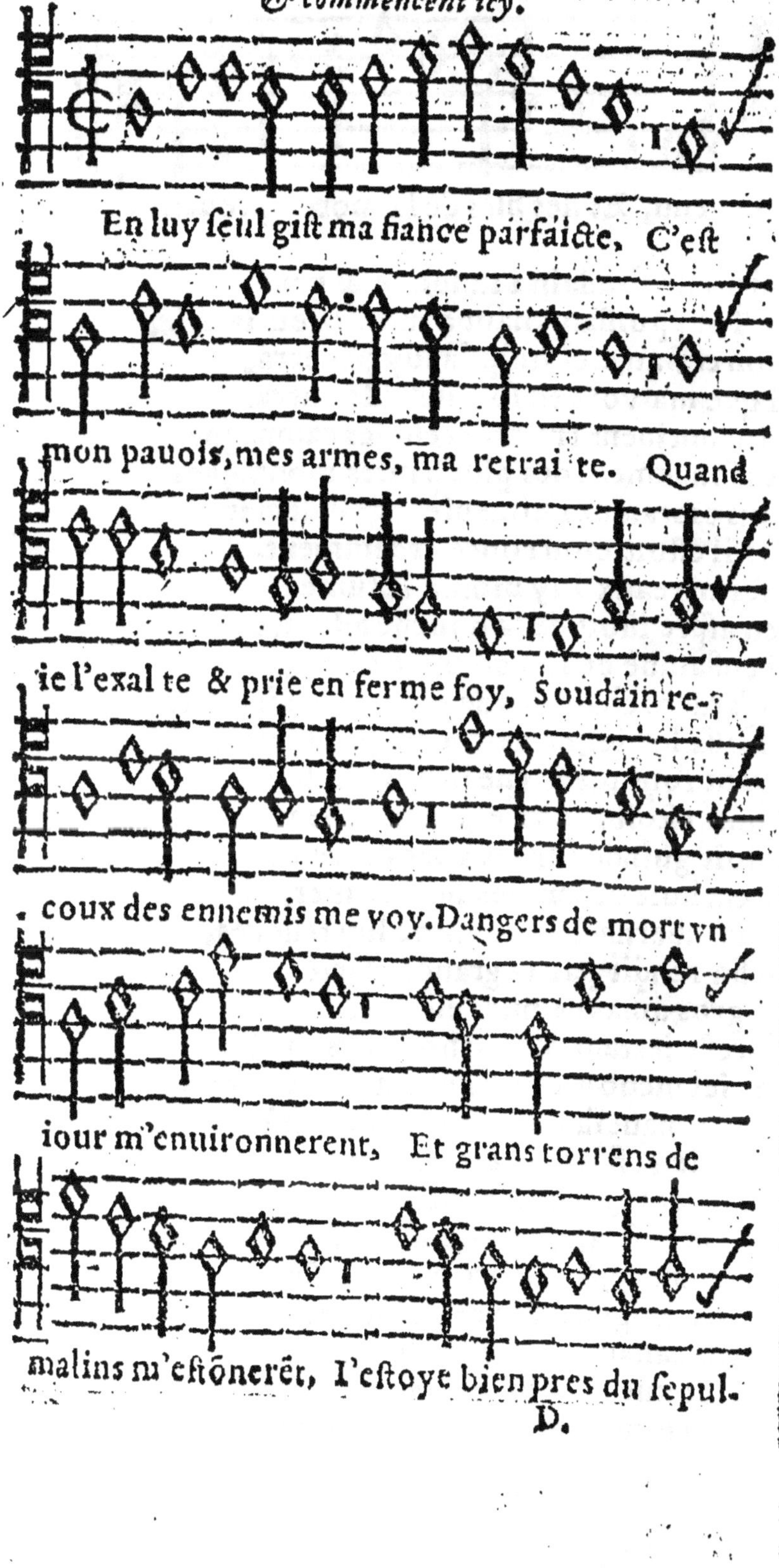

En luy seul gist ma fiance parfaicte. C'est

mon pauois, mes armes, ma retraite. Quand

ie l'exalte & prie en ferme foy, Soudain re-

coux des ennemis me voy. Dangers de mort vn

iour m'enuironnerent, Et grans torrens de

malins m'eston̄erēt, I'estoye bien pres du sepul-

D.

PSEAVME XVIII.

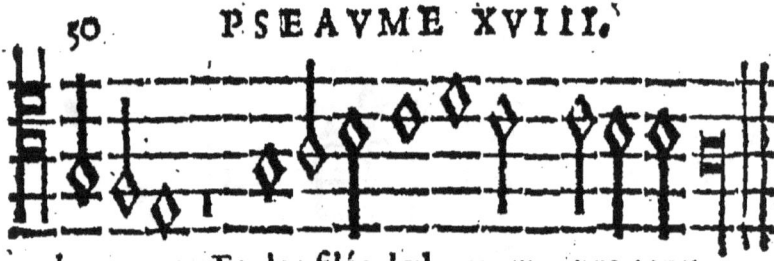

chre venu, Et des filés de la mort preuenu.

Ainsi pressé, soudain i'inuoque & prie,
  Le Tout puissant, haut à mon Dieu ie crie.
  Mon cry au ciel iusqu'à luy penetra,
  Si que ma voix en son aureille entra.
    Incontinent tremblerent les campagnes,
  Les fondemens des plus hautes montagnes
  Tous esbranlez s'esmeurent grandement:
  Car il estoit courroucé ardemment.
En ses nareaux luy monta la fumée,
  Feu aspre issoit de sa bouche allumée.
  Si enflambé en son courage estoit,
  Qu'ardens charbons de toutes pars iettoit.
    Baissa le ciel, de descendre print cure,
  Ayant sous pieds vne brouée obscure.
  Monté estoit sur vn esprit mouuent,
  Voloit guindé sur les ailes du vent:
Et se cachoit dedans les noires nues,
  Pour tabernacle autour de luy tendues.
  En fin rendit par sa grande clarté
  Ce gros amas de nues escarté.
    Gresle iettant & charbons vifs en terre,
  Au ciel menoit l'Eternel grand tonnerre.
  L'Altitonant sa voix grosse hors mist,
  Et gresle & feu sus la terre transmist.
Lança ses dars, rompit toutes leurs bandes:
  Doubla l'esclair, leur donna frayeurs grandes.
  A ta menace, & du fort vent poussé
  Par toy, Seigneur, en ce point courroucé,
  Furent canaux denuez de leur onde,
  Et descouuers les fondemens du monde.
Sa main d'enhaut icy bas me tendit,

PSEAVME XVIII.

Et hors des eaux sain & sauf me rendit.
Me recourut des puissans & haussaires,
  Et plus que moy renforcez aduersaires.
  A mes dangers il preuent & preuint,
  Quand il fut temps, secours de Dieu me vint.
    Me mit au large, & si fit entreprise
De me garder: car il me fauorise.
  Or ma rendu selon mon equite,
  Et de mes mains selon la purité.
Car du Seigneur i'auoye suyui la voye,
  Ne reuolté mon cœur de luy n'auoye.
  Ains tousiours eu deuant l'œil tous ses dicts,
  Sans reietter vn seul de ses edicts.
    Si qu'enuers luy entier en tout affaire
Me suis monstré, me gardant de mal faire.
  Or ma rendu selon mon equité,
  Et de mes mains selon la purité.
Certes, Seigneur, qui sçais telles mes œuures,
  Au bon tresbon, pur au pur te desceuures.
  Tu es entier à qui entier sera,
  Et defaillant à qui failli aura.
    Les humbles viure en ta garde tu laisses,
Et les sourcils des braues tu rabaisses.
  Aussi, mon Dieu, ma lanterne allumas,
  Et esclairé en tenebres tu m'as.
Par toy donnay à trauers la bataille,
  Mon Dieu deuant, ie sautay la muraille.
  C'est l'Eternel qui entier est trouué,
  Son parler est comme au feu esprouué.
    C'est vn bouclier de forte resistance
Pour tous ceux-là qui ont en luy fiance.
  Mais qui est Dieu, sinon le Supernel?
  Ou qui est fort, si ce n'est l'Eternel?
De hardiesse, & force il m'enuironne,
  Et seure voye à mes emprises donne.
  Mes pieds à ceux des cheureux fait egaux,
  Pour monter lieux difficiles & hauts.
    Ma main par luy aux armes est apprise,

D. ii.

Si que du bras vn arc d'acier ie brise.
De ton secours l'escu m'as apporté,
Et m'a ta dextre au besoin supporté.
Ta grand' bonté, ou mon espoir mettoye,
M'a faict plus grand encor' que ie n'estoye.
Preparer vins mon chemin sous mes pas,
Dont mes talons glissans ne furent pas.
 Car ennemis sceu poursuyure & atteindre,
Et ne reuins sans du tout les estaindre.
Durer n'ont peu, tant bien les ay secoux:
Ains à mes pieds tresbucherent de coups.
Circui m'as de belliqueuse force,
Ployant sous moy qui m'enuahir s'efforce.
Tu me monstras le dos des ennemis,
Et mes haineux i'ay en ruine mis.
 Ils ont crié, n'ont eu secours quelconques,
Mesmes à Dieu, & ne les ouit onques.
Comme la poudre au vent les ay rendus,
Et comme fange en la place estendus.
Deliuré m'as du mutin populaire,
Et t'a pleu chef des nations me faire.
Voire le peuple, à moy peuple incogneu,
Sous mon renom obeir m'est venu.
 Maints estrangers, par seruile contrainte
M'ont faict honneur d'obeissance feinte:
Maints estrangers redoutans mes efforts,
Espouantez ont tremblé en leurs forts.
Viue mon Dieu, à mon Sauueur soit gloire:
Exalté soit le Dieu de ma victoire,
Qui m'a donné pouuoir de me venger,
Et qui sous moy les peuples fait renger.
 Me garentit qu'ennemis ne me greuent:
M'esleue haut sur tous ceux qui s'esleuent,
Encontre moy, me deliurant à plein
De l'homme ayant le cœur d'outrage plein.
Pourtant mon Dieu, parmi les gens estranges
Te beniray en chantant tes louanges,
Ce Dieu, ie di, qui magnifiquement

Sauua son Roy, & qui vniquement
Dauid son oinct traicte en grande clemence,
Traictant de mesme à iamais sa semence.

Cæli enarrant gloriam Dei.

PSEAVME XIX.   CL. MA.

¶ Il veut monstrer par le merueilleux ouurage des cieux,
combien Dieu est puissāt: loue & exalte la Loy diuine:
& en fin prie le Seigneur qu'il le preserue de peché, a-
fin de luy estre aggreable.

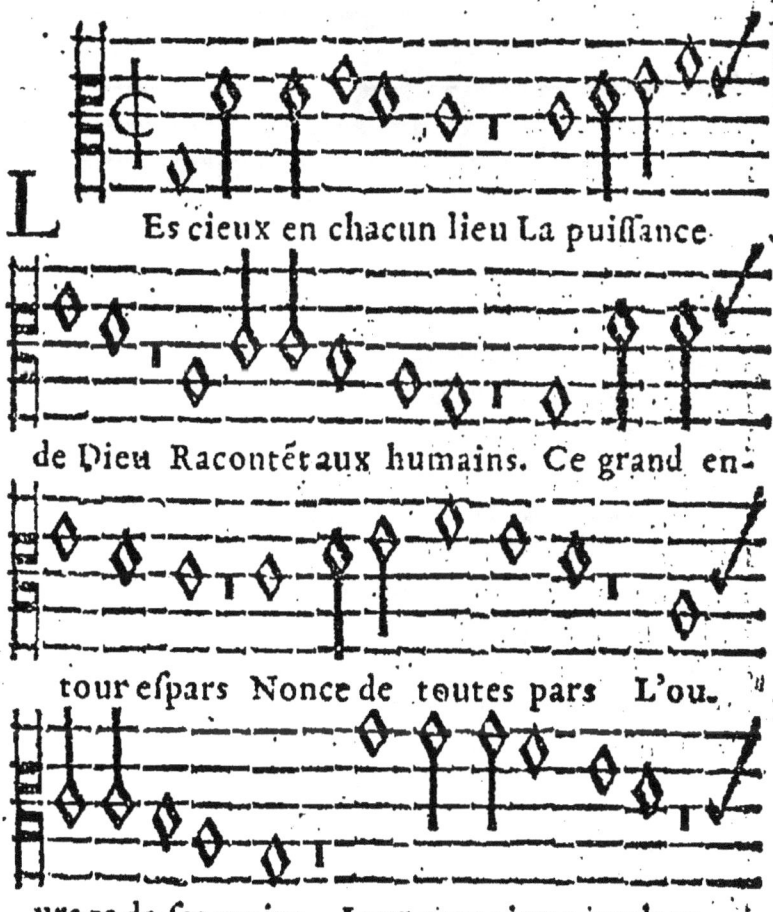

L Es cieux en chacun lieu La puissance

de Dieu Racontét aux humains. Ce grand en-

tour espars Nonce de toutes pars L'ou-

urage de ses mains. Iour apres iour coulant

D. iii.

PSEAVME XIX.

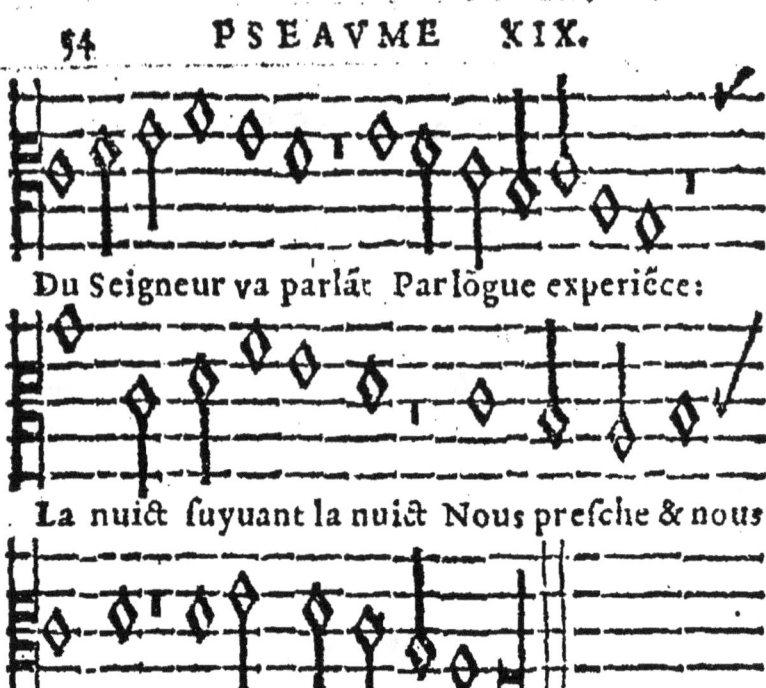

Du Seigneur va parlāt Par lōgue experiēce:

La nuict suyuant la nuict Nous presche & nous

instruit De sa grand' sapience.

Et n'y a nation,
  Langue, prolation,
   Tant soit d'estranges lieux,
   Qui n'oye bien le son,
   La maniere & façon
   Du langage des cieux.
      Leur tour par tout s'estend,
   Et leur propos s'entend
   Iusques au bout du monde.
   Dieu en eux a posé
   Palais bien composé
   Au Soleil cler & monde:
Dont il sort ainsi beau,
   Comme vn espoux nouueau
   De son paré pourpris:
   Semble vn grand Prince à voir,
   S'esgayant pour auoir
   D'vne course le pris.
      D'vn bout des cieux il part,

PSEAVME XIX.

Et atteint l'autre part
En vn iour, tant est viste.
Outreplus, n'y a rien
En ce val terrien,
Qui sa chaleur euite.
La tresentiere Loy
De Dieu souuerain Roy
Vient l'ame restaurant.
Son tesmoignage seur
Sapience en douceur
Monstre à l'humble ignorant.
D'iceluy Roy des rois
Les mandemens sont droits,
Et ioye au cœur asignent:
Les commandemens saincts
De Dieu sont purs & saincts,
Et les yeux illuminent.
L'obeissance à luy
Est vn tressainct appuy
A perpetuité.
Dieu ne fait iugement
Qui veritablement
Ne soit plein d'equité.
Ces choses sont encor
Plus desirables qu'or:
Fust-ce fin or de touche.
Et en vn cœur sans fiel
Sont plus douces que miel,
Ne pain de miel en bouche.
Qui seruir te voudra,
Par ces poincts apprendra
A ne se fouruoyer:
Et en les obseruant,
En aura le seruant
Grand & riche loyer.
Mais ou se trouuera
Qui ses fautes scaura
Nombrer, penser, ne dire?

D .iiii.

56 PSEAVME XX.

Las de tant de pechez,
　Qui me font tous cachez,
　Purge moy, trescher Sire.
Aussi des grans forfaicts
　Temerairement faicts
　Soit ton serf relasché:
Qu'ils ne regnent en moy,
　Si seray hors d'esmoy,
　Et net de grand peché.

Ma bouche prononcer,
　Ne mon cœur rien penser
　Ne puisse, qui ne plaise
A toy mon defendeur,
　Sauueur & amendeur
　De ma vie mauuaise.

Exaudiat te Dominus.

PSEAV. XX. TH. BES.

¶ Le peuple voyant son Roy aller en vne guerre fort dãgereuse, inuoque Dieu: puis le remercie comme desia asseuré de la victoire. Pseaume propre pour l'Eglise maintenãt assaillie de tous costez par les princes infideles.

L E Seigneur ta pri ere enten de En ta ne cessi té. Le Dieu de Iacob te defende

PSEAVME XX. 57

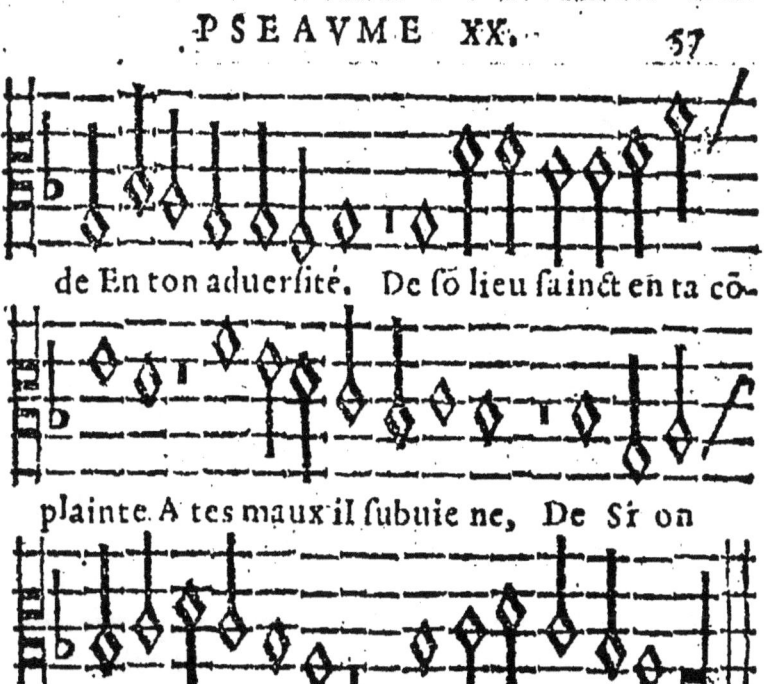

de En ton aduersité. De sō lieu sainct en ta cō-

plainte. A tes maux il subuie ne, De Si on

sa mōtagne saincte Ta querelle il soustiene.

De tes offertes & seruices
  Se veuille souuenir:
Et faire tous tes sacrifices
  En cendre deuenir.
    Te donne issue en ton affaire,
Telle que tu demandes:
Veuille tes emprises parfaire,
  Et petites & grandes.
Dieu veuille accomplir tes prieres,
  A fin que tout ioyeux
Vn iour nous dressions noz bannieres
  En son nom glorieux,
Disans, Dieu de sa saincte place
  A son Roy amiable
A respondu, luy faisant grace
  Par sa main secourable.
Noz ennemis auoyent fiance
  En leurs chars & cheuaux:
Et nous inuoquions la puissance
  Du Seigneur en noz maux.

58 PSEAVME XXI.

 Aufsi eſt-elle renuerſée
 Leur puiſſance tant fiere:
 Et noſtre force eſt redreſſée,
 Plus que iamais entiere.
Seigneur, plaiſe toy de defendre
 Et maintenir le Roy:
 Veuilles nôz requeſtes entendre,
 Quand nous crions à toy.

Domine, in virtute tua.

PSEAVME XXI. TH. BE.

¶ *David en la perſonne du peuple, rend graces des grãs biens que Dieu luy a faicts, les racontant par le menu: & ſemble auoir faict ce Pſeaume eſtant à la pourſuite de ſes ennemis deſia deſfaicts en partie. Combien qu'aucuns l'expoſent comme d'vne victoire deſia entierement obtenue, dont il eſt parlé 2. Samuel 10. Pſeaume conioinct auec le precedent.*

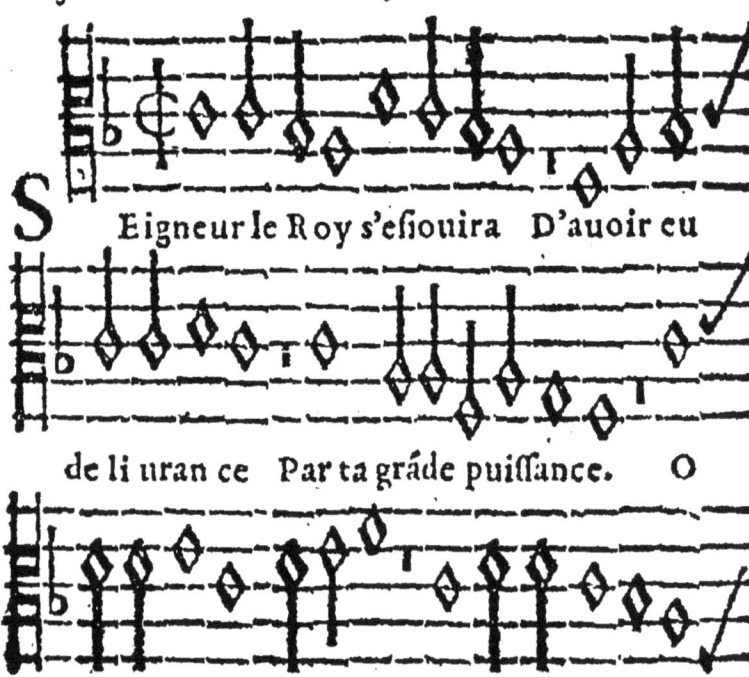

S Eigneur le Roy s'eſiouira D'auoir eu
de li uran ce Par ta grãde puiſſance. O
combien ioyeux il ſera D'ainſi ſoudain ſe voir
Recoux

PSEAVME XXI.

Recoux par ton pouuoir.

L'issue de tout son souhait
 Telle qu'a demandée
 Tu luy as accordée.
  Et de sa bouche quoy qu'il ait
 Seulement prononcé,
 Toufiours l'as exaucé.
Mesme auant qu'en estre requis,
 Tes biens luy viens espandre,
 Sans sa priere attendre.
  Vn diademe fort exquis
 De fin or composé,
 Sur son chef as posé.
Il te demandoit seulement
 Que luy fisses la grace
 De viure quelque espace:
  Et la dessus bien longuement
 Viure tu luy permets,
 Voire viure à iamais.
Par le moyen de ta bonté,
 On voit par tout semée
 Sa bonne renommée.
  Car tu luy as tousiours esté
 Et de gloire & d'honneur
 Tresliberal donneur.
Tu l'as faict tel, qu'à l'aduenir
 Il seruira d'exemple,
 Ou ta grace on contemple.
  Tu l'as faict ioyeux deuenir,
 Iettant sur luy tes yeux
 D'vn regard gracieux.
Car le Roy met, en cest assaut,

Pour sa pleine asseurance
En Dieu son esperance.
Il attend secours du Treshaut,
Dont se peut asseurer
De ferme demeurer.
Ta main suffit bien pour frapper,
Voire du tout deffaire,
Quiconque t'est contraire.
Ta main scaura bien attraper
Ceux qui ton los & pris
Auront mis à mespris.
Ton courroux les embrasera,
Ainsi qu'vne fournaise
Toute rouge de braise.
Ton ire les engloutira:
En tes feux allumez
Tost seront consumez.
Raclez seront entierement
De ceste terre basse,
Eux & toute leur race.
Il ne sera aucunement
Rien dit ne recité
De leur posterité.
Pour autant qu'ils ont entrepris,
O Roy, pour te mesfaire,
Chose meschante à faire.
Contre toy le conseil ont pris:
Mais leur pouuoir n'est pas
Pour faire vn si grand cas.
Car quand viendront tes enuieux,
Eux & leur race toute
Soudain mettras en route.
Et pour les ferir droit aux yeux
Ton traict sera couché,
Et sur eux decoché.
Or donc leue toy, Seigneur,
Et de monstrer t'esforce,

PSEAVME XXII.

La grandeur de ta force.
  A celle fin qu'en ton honneur
Tousiours allions chantant,
Et tes faicts racontant.

   Deus meus, respice in me: quare.

PSEAVME XXII. CL. MA.

¶ *Prophetie de Iesus Christ, en laquelle Dauid chante d'entrée sa basse & honteuse deiection, puis l'exaltation & l'estendue de son royaume, iusques aux fins de la terre, & la perpetuelle durée d'iceluy.*

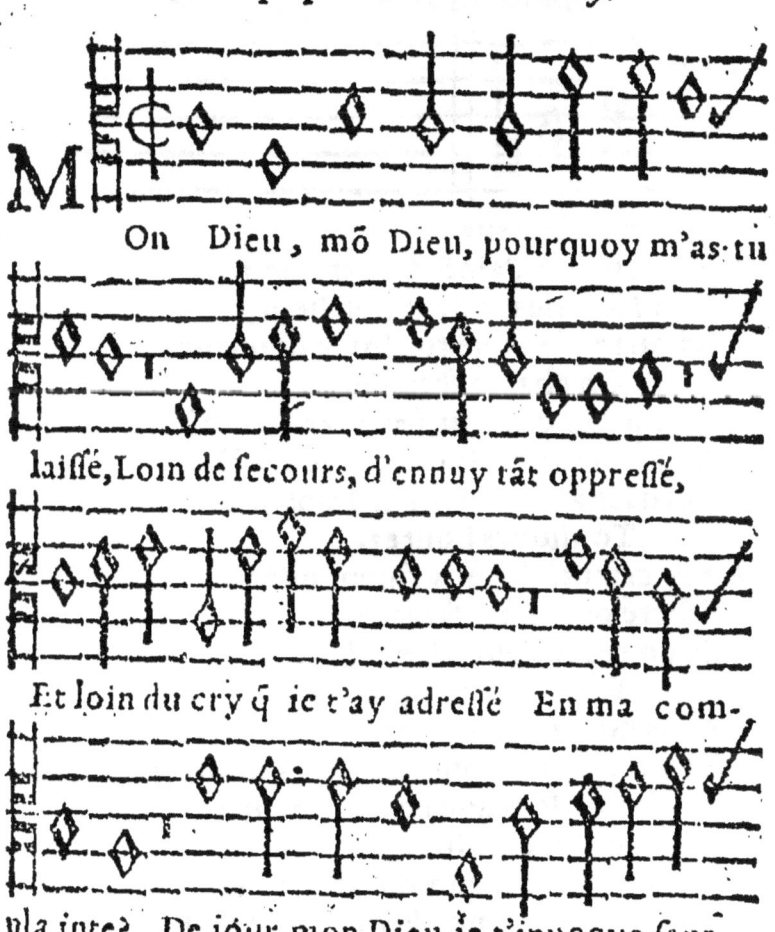

M-On Dieu, mõ Dieu, pourquoy m'as tu laissé, Loin de secours, d'ennuy tãt oppressé, Et loin du cry q̃ ie t'ay adressé En ma complainte? De iour, mon Dieu, ie t'inuoque sans

PSEAVME XXII.

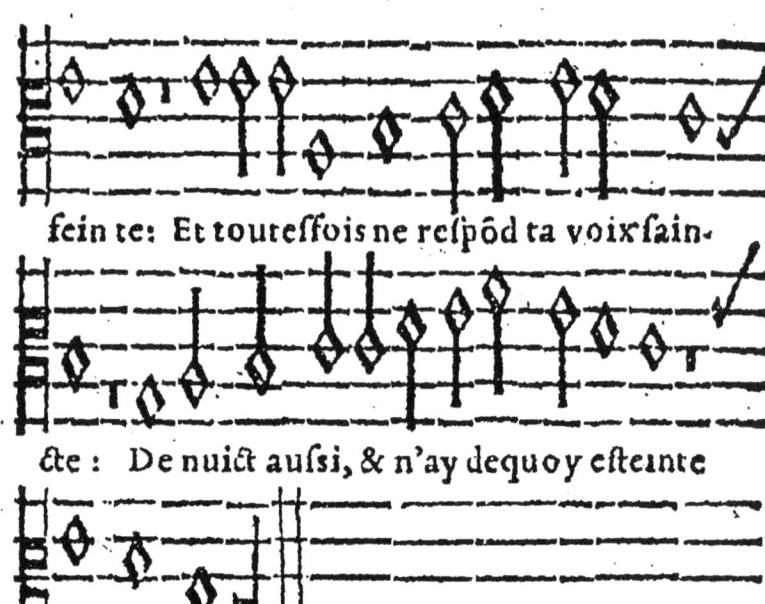

feinte: Et touteffois ne refpód ta voix fain-
cte : De nuict aufsi, & n'ay dequoy efteinte
Soit ma clameur
Helas, tu es le Sainct & la tremeur,
 Et d'Ifrael le refident bon heur,
  Là ou ta pleu que ton los & honneur
   On chante & prife.
  Noz peres ont leur fiance en toy mife,
  Leur confiance ils ont fur toy afsife:
  Et tu les as de captifs en franchife
   Toufiours boutez.
A toy crians, d'ennuy furent oftez:
 Efperé ont en tes fainctes bontez,
 Et on receu, fans eftre reboutez,
  Ta grace prompte.
 Mais moy ie fuis vn ver qui rien ne monte,
 Et non plus homme, ains des hommes la honte
 Et plus ne fers que de fable & de conte
  Au peuple bas.
Chacun qui voit comme ainfi tu m'abbas,
 De moy fe moque, & y prend fes esbas:
 Me font la moué, & puis haut & puis bas
  Hochent la tefte.

Puis

PSEAVME XXI.

Puis vont difant,Il s'appuye & s'arreste
Du tout fur Dieu,& luy fait fa requeste:
Donc qu'il le fauue,& que fecours luy preste
    S'il l'aime tant.
Si m'as tu mis hors du ventre pourtant:
  Caufes d'efpoir tu me fus apportant
  Dés que i'eftoy' les mamelles tetant
    De ma nourrice.
  Et qui plus eft,fortant de la matrice
  Me recueillit ta fainéte main tutrice:
  Et te monftras eftre mon Dieu propice
    Dés que fu né.
Ne te tien donc de moy fi deftourné:
  Car le peril m'a de pres adiourné:
  Et n'eft aucun par qui me foit donné
    Secours ne grace.
  Maint gros taureau m'enuironne & menace,
  Les gros taureaux de Bafan terre graffe,
  Pour m'affieger m'ont fuyui à la trace,
    En me preffant.
Et tout ainfi qu'vn lion rauiffant,
  Apres la proye en fureur rugiffant,
  Ils ont ouuert deffus moy languiffant,
    Leur gueule gloute.
  Las,ma vertu comme eau s'efcoule toute,
  N'ay os qui n'ait la ioinéture diffoute,
  Et comme cire en moy fond goutte à goutte
    Mon cœur faſché.
D'humeur ie fuis comme tuile affeché:
  Mon palais eft à ma langue attaché:
  Tu m'as faict preft d'eftre au tombeau couché,
    Reduict en cendre.
  Car circui m'ont les chiens pour me prendre:
  La fauffe trouppe eft venue m'offendre,
  Venue elle eft me tranfpercer & fendre
    Mes pieds & mains.
Conter ie puis mes os du plus au moins:
  Ce que voyans les cruels inhumains,

PSEAVME XXII.

Tous resiouis me iettent regars maints
    Auec risée.
Ia ma despouille entre eux'ont diuisée:
Entre eux desia ma robbe deposée.
Ils ont au sort hasardeux exposée,
    A qui l'aura.
Seigneur, ta main donc ne s'eslongnera:
    Ains par pitié secours me donnera:
Et s'il te plaist, elle se hastera,
    Mon Dieu ma force.
Sauue de glaiue & de mortelle estorce
Mon ame, helas, que de perdre on s'efforce:
Deliure la, que du chien ne soit morse,
    Chien enragé.
Du leonin gosier encouragé
    Deliure moy, respons à l'affligé,
Qui est par grans licornes assiegé,
    Des cornes d'elles.
Si conteray à mes freres fideles
Ton nom treshaut: tes vertus immortelles
Diray parmi les assemblées belles,
    Parlant ainsi,
Vous craignans Dieu, confessez-le sans si
    Fils de Iacob, exaltez sa mercy:
Crains-le tousiours, toy d'Israel aussi
    La race entiere.
Car rebouté n'a l'humble en sa priere,
Ne destourné de luy sa face arriere:
S'il a crié, sa bonté singuliere
    L'a exaucé.
Ainsi ton los par moy sera haussé
    En grande troupe: & mon voeu ia dressé
Rendray deuant le bon peuple amassé,
    Qui te craint, Sire.
Là mangeront les poures à suffire.
Beneira Dieu, qui Dieu craint & desire,
O vous ceux-là, sans fin, ie le puis dire,
    Voz coeurs viuront.

PSEAVME XXIII.

Cela pensant, tous se conuertiront
  Les bouts du monde, & à Dieu seruiront:
Bref, toutes gens, leurs genoux fleschiront
      En ta presence.
Car ils scauront qu'à la diuine essence
  Seule appartient regne & magnificence:
Dont sus les gens seras par excellence
      Roy conquerant.
Gras & repeus te viendront adorant:
  Voire le maigre en la fosse courant,
Et dont la vie est hors de restorant,
      Te donra gloire.
Puis leurs enfans à te seruir & croire
  S'enclineront:& en tout territoire
De fils en fils il sera faict memoire,
      Du Tout-puissant.
Tousiours viendra quelcun d'entre eux issant,
  Lequel au peuple à l'aduenir naissant,
Ira par tout ta bonté annonçant
      Sur moy notoire.

Dominus regit me, & nihil mihi.
PSEAVME. XXIII. CL. MA.

Il chāte les biens & la felicité qu'il a: & d'vne merueilleuse fiance se promet que Dieu, duquel ce bien luy vient, le traictera tousiours de mesme.

MOn Dieu me paist sous sa puissance haute: C'est mon berger, de rien ie n'auray

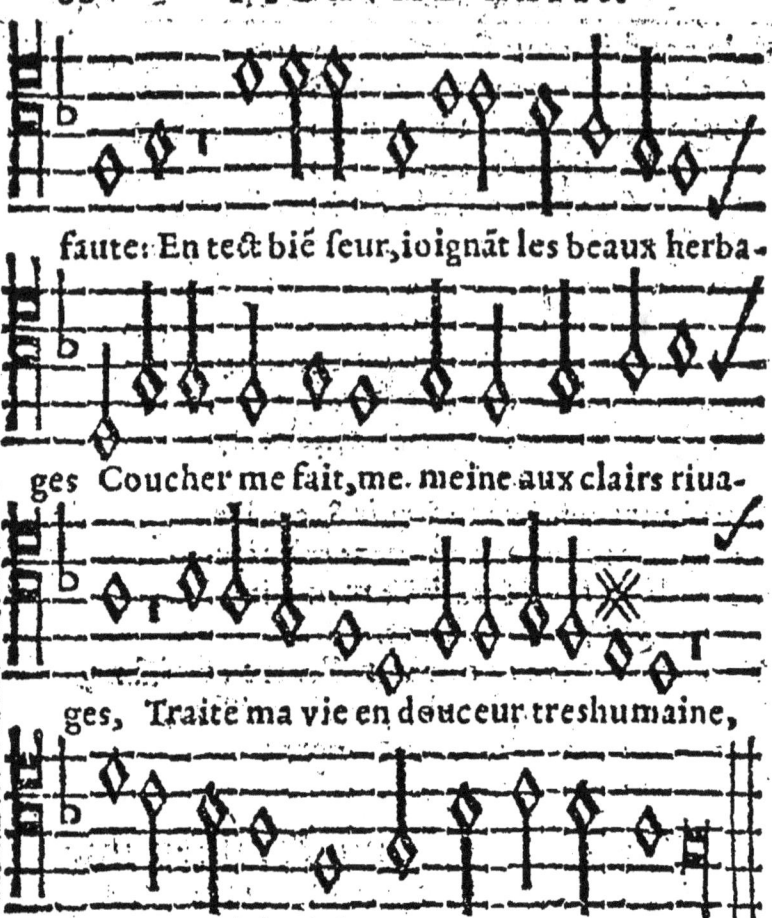

faute: En tect bié seur, ioignāt les beaux herba-
ges Coucher me fait, me meine aux clairs riua-
ges, Traite ma vie en douceur treshumaine,
Et pour son nō par droits sētiers me meine.

Si seurement, que quand au val viendroye:
D'ombre de mort, rien de mal ne craindroye:
Car auec moy tu es à chacune heure:
Puis ta houllette & conduite m'asseure.
Tu enrichis de viures necessaires
Ma table aux yeux de tous mes aduersaires.
Tu oings mon chef d'huiles & senteurs bonnes,
Et iusqu'aux bords pleine tasse me donnes.
Voire & feras que ceste faueur tienne,
Tant que viuray, compagnie me tienne:
Si que tousiours de faire ay esperance
En la maison du Seigneur demourance.

Domini est terra, & plenitudo eius.

PSEAV.

PSEAVME XXIIII.
CL. MA.

¶ David fit ce Pseaume pour dire quand on amèneroit l'Arche, ou habitoit la divinité, dedans le temple que Salomon devoit faire.

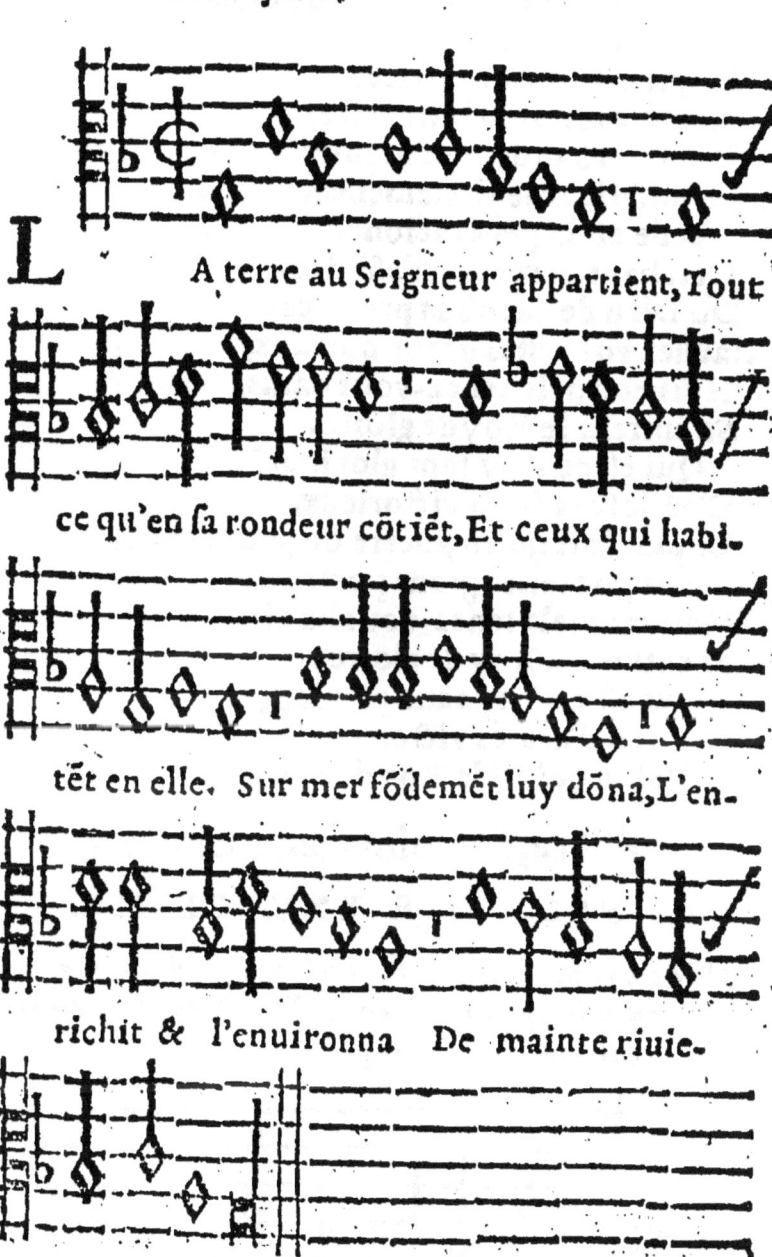

LA terre au Seigneur appartient, Tout ce qu'en sa rondeur côtiët, Et ceux qui habi-tët en elle. Sur mer fõdemët luy dõna, L'en-richit & l'enuironna De mainte riuie-re tresbelle.

E. iij.

Mais sa montagne est vn sainct lieu,
  Qui viendra donc au mont de Dieu?
  Qui est-ce qui là tiendra place?
    L'homme de mains & cœur laué,
  En vanité non eleué,
  Et qui n'a iuré en fallace.
L'homme tel Dieu le beneira:
  Dieu son Sauueur le munira
  De misericorde & clemence.
    Telle est la generation
  Cerchant, cerchant d'affection
  Du Dieu de Iacob la presence.
Haussez voz testes grans portaux,
  Huis eternels tenez-vous hauts,
  Si entrera le Roy de gloire.
    Qui est ce Roy tant glorieux?
  C'est le fort Dieu victorieux,
  Le plus fort qu'en guerre on peut croire.
Haussez voz testes grans portaux,
  Huis eternels tenez-vous hauts,
  Si entrera le Roy de gloire.
    Qui est ce Roy tant glorieux?
  Le Dieu d'armes victorieux,
  C'est luy qui est le Roy de gloire.

Ad te, Domine, leuaui animam.

PSEAVME XXV. CL. MA.

¶ Icy l'homme pressé de ses pechez, & de la malice de ses ennemis, prie le Seigneur Dieu pour soy, & generalement pour tout le peuple.

A Toy, mõ Dieu, mon cœur mõte, En soy

PSEAVME XXV.   69

toy mō espoir ay mis: Fay q̃ ie ne tōbe à

honte,   Au gré de mes ennemis. Honte

n'auront voiremēt Ceux qui deſſus toy s'ap

puyent: Mais bien ceux qui durement, Et

ſans cauſe les ennuyent.
Le chemin que tu nous dreſſes
  Fay moy cognoiſtre, Seigneur:
De tes ſentes & addreſſes
  Veuilles moy eſtre enſeigneur.
    A chemine moy au cours
De ta verité patente,
Comme Dieu de mon ſecours,
Qu'i'ay chacun iour attente.
          E. iii.

De tes bontez te recorde,
  Mets en memoire, & estens
Ceste grand' misericorde,
Dont vsé as de tout temps.
  Oublie la mauuaistié
De l'orde ieunesse miene:
De moy selon ta pitié
Par ta bonté te souuiene.
Dieu est bon & veritable,
  L'a esté, & le sera:
Parquoy en voye equitable
Les pecheurs radressera.
  Les humbles fera venir
A vie iuste & decente:
Aux humbles fera tenir
L'Eternel sa droite sente.
Bonté, seurté, souuenance,
  Ce sont de Dieu les sentiers,
A ceux qui sa conuenance
Gardent bien & volontiers.
  Helas, Seigneur tout parfaict,
Pour l'amour de ton nom mesme,
Pardonne moy mon forfaict:
Car c'est vn forfaict extreme.
Quel homme, c'est à vray dire,
  Qui en Dieu son desir a!
Du chemin qu'il doit elire
L'Eternel l'aduertira.
  A repos parmi ses biens
Viura son cœur en grand'aage:
Puis auront les enfans siens,
La terre pour heritage.
Dieu fait son secret paroistre
  A ceux qui l'ont en honneur,
Et leur monstre & fait cognoistre
De son contract la teneur.
  Quant à moy, yeux & esprits
En tout temps à Dieu ie tourne:

PSEAVME XXV.

Car mes pieds, quand ils sont pris,
Du filé tire & destourne.
Iette donc sur moy ta veuë,
Pren de moy compassion:
Personne suis despourueue,
Seule & en afflction.

Ia mon cœur sens empirer,
Et augmenter ses destresses:
Las, veuille moy retirer
De ces miennes grans oppresses.
Tourne à mon torment ta face,
Voy ma peine & mon soucy:
Et tous mes pechez efface,
Qui sont cause de cecy.

Voy mes ennemis, qui sont
Non seulement grosse bande:
Mais qui sur moy certes ont
Haine furieuse & grande.
Preserue de leur embusche
Ma vie, & deliure moy,
Qu'à honte ie ne trebusche,
Puis que i'ay espoir en toy.

Que ma simple integrité
(Comme à l'vn des tiens) me serue:
Et de toute aduersité
Israel tire & conserue.

Iudica me, Domine.

PSEAV. XXVI. TH. BES.

¶ Il proteste de sa bonne conscience enuers ses ennemis, & se voue du tout au seruice de Dieu: auquel il prie de le vouloir garder & mettre à part, preuoyant la rigoureuse punition que Dieu fera des meschans. Pseaume propre pour ceux qui sont affligez entre les idolatres.

E. iiii.

PSEAVME XXVI

Seigneur, garde mon droict: Car i'ay en cest endroict, Cheminé droit & rōdemēt. I'ay en Dieu esperance, Qui me donne asseurance, Que choir ne pourray nullement.

Seigneur, essaye moy.
 Ie requier que de toy
Sondé ie soye & esprouué.
 Mes reins & mes pensées
Dans le feu soyent lancées,
Pour voir quel ie seray trouué.
Pour autant que l'œil mien
 Tousiours fiché ie tien
Sur ta pitié & grand' bonté.
 Ma vie ie conforme
Au plus pres de la forme
Que nous enioint ta verité.
Vn tas de mensongers,
 Inconstans, & legers

      Gardé

PSEAVME XXVI.

Gardé me suis de frequenter:
Et tout homme qui vse
De cautelle & de ruse,
N'ay voulu,ny ne veux hanter.
Le complot des peruers,
Et leur cœur de trauers
Mon cœur a tousiours detesté.
Meschantes compagnies
I'ay tellement hayes,
Que ne m'en suis point accointé.
Mes mains nettes tiendray,
A tout bien les duiray:
Puis apres quand ie seray tel,
Seigneur,à tes seruices,
Et diuins sacrifices
Entendray pres de ton autel.
A fin que ton honneur,
Et ta gloire,Seigneur,
A pleine voix i'aille chantant,
Et toutes tes merueilles
Grandes & nompareilles,
Par tout on m'oye racontant.
Le sainct & sacré lieu,
Ou tu te tiens,mon Dieu,
M'est precieux iusques au bout.
Ce diuin tabernacle,
De ta gloire habitacle,
I'estime & prise dessus tout.
Or donc ne me compren,
Et point ne me repren,
Quand des meschans te vengeras:
Soit mon ame innocente,
De ta fureur exempte,
Quand les meurtriers tu iugeras.
Car les traistres qu'ils sont,
En leur main tousiours ont
Quelque fausse accusation.
Bref, ils ne sçauroyent estre,

74 PSEAVME XXVII.

   Qu'ils n'ayent pleine dextre
   Des presens de corruption.
Mais ie veux aller droit,
   D'vn cœur entier & droit,
   En rondeur & toute equité.
     Fay moy misericorde,
   O mon Dieu, & m'accorde
   Que par toy ie soye rachetté.
Or me voy-ie remis,
   Et mes pieds affermis
   Au chemin vni & entier:
     Dont ta gloire immortelle,
   En la trouppe fidele
   De chanter ie feray mestier.

Dominus illuminatio mea.

PSEAVME XXVII. TH. BES.

¶ *David delivré de quelque grand danger, s'asseure merueilleusement de la bonté de Dieu: auquel il fait priere, declairant son extreme necessité, auec asseurance d'estre exaucé. Pseaume propre aux poures fideles, que Dieu a arrachez aux persecuteurs, & qui se sont retirez en l'assemblée du Seigneur.*

L E Seigneur est la clarté qui m'adresse,
3 Le Seigneur est l'appuy qui me redresse:

2 Et mon salut: que doy-ie redouter?
4 Ou est celuy qui peut m'espouanter? Quand

PSEAVME XXVII. 75

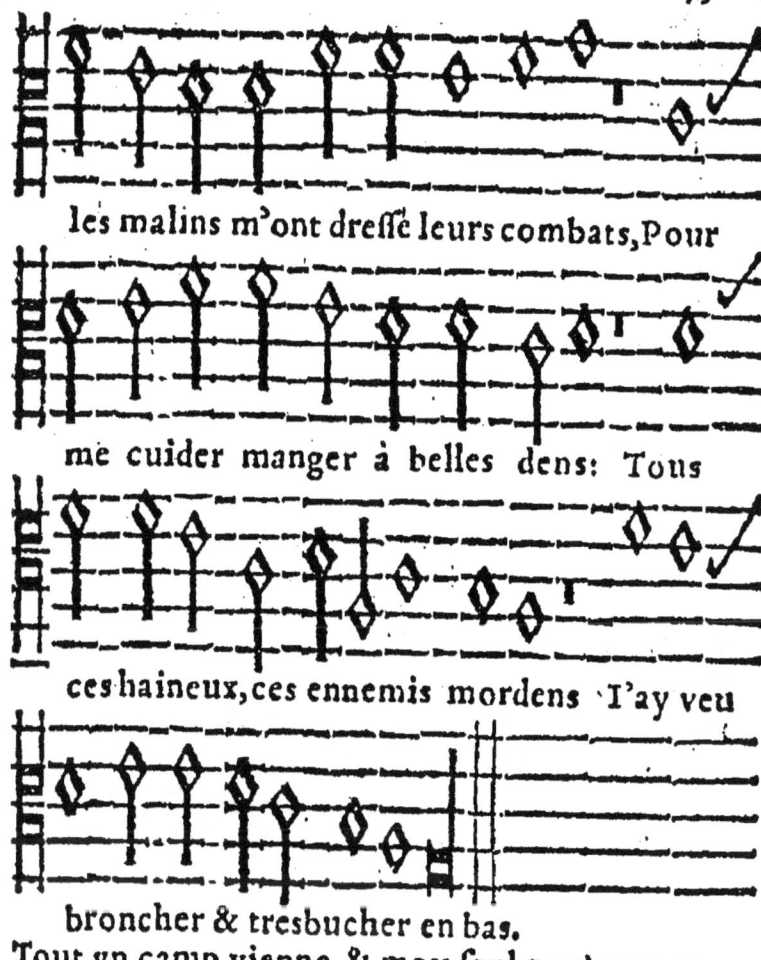

les malins m'ont dressé leurs combats, Pour

me cuider manger à belles dens: Tous

ces haineux, ces ennemis mordens I'ay veu

broncher & tresbucher en bas.

Tout vn camp vienne, & moy seul enuironnez
  Iamais pourtant mon cœur n'en tremblera.
  Vienne assaillir qui voudra ma personne,
  Dessus cela mon cœur s'asseurera.

  A mon Seigneur i'ay requis vn seul poinct,
Et veux encor' luy requerir tousiours,
  Que si long temps que dureront mes iours,
  De sa maison ie ne m'eslongne point:
A celle fin que ie voye & contemple
  De son palais l'excellente beauté,
  Et que ie puisse, estant dedans son temple,
  Le visiter d'vn & d'autre costé.

  Car au dur temps, quand ie seray pressé,
Caché seray en sa tente à l'escart,

En quelque coing & plus secrette part,
Puis de rechef au plus haut redressé.
Aller me fait desia sans nulle crainte,
Haussant la teste entre tous mes haineux:
Parquoy aussi dedans sa maison saincte
Chanter, corner, sacrifier luy veux.
 Quand ie viendray, ô Seigneur, te prier,
Soit ma requeste entendue de toy:
Quand au besoing tu m'orras escrier,
Ie te supply' qu'ayes pitié de moy.
I'ay dedans moy apperceu mon courage,
Comme en ton nom m'aduertissant ainsi,
Employe-toy à cercher mon visage:
Tu vois, Seigneur, que ie le cerche aussi.
 De moy, helas, ta face ne soit loing:
Ton serf ne chasse en fureur, ô mon Dieu:
Tu m'as esté fauorable en maint lieu:
Dieu mon Sauueur, ne me laisse au besoing.
Laissé ie suis & de pere & de mere:
Mais le Seigneur m'auoue & me reçoit.
Ie suis pressé: parquoy, ô Dieu, mon Pere,
Enseigne moy ton chemin bon & droit.
 Aguetté suis, & sur moy se sont mis
Maints faux tesmoings, qui en leurs bouches n'ót
Sinon l'outrage & le tort qu'ils me font.
Las, ne permets qu'à leur plaisir soy' mis.
Certainement n'eust esté l'asseurance,
Qu'icy bas mesme, auant que voir la mort,
Des biens de Dieu i'auray la iouissance,
Sous vn tel fais pieça ie fusse mort.
 Or donc atten tousiours patiemment.
Le Seigneur Dieu: souftien iusques au bout:
Asseure toy pour resister à tout,
En attendant de Dieu l'aduenement.

Ad te, Domine, clamabo.
PSEAVME XXVIII. TH. BE.
¶ *Le Prophete extremement marri de voir deshonnoré*
Dieu

PSEAVME XXVIII.   77

Dieu par les meschans, demande d'en estre develop-
pé, & s'escrie contre eux. Puis s'asseure que Dieu l'a
ouy: auquel il recommande tous les fideles.

O Dieu, qui es ma forteresse, C'est
à toy que mon cry s'adresse: Ne veuille à mon besoin te taire. Autrement ie ne
sçay que faire, Sinon à ceux-là m'egal
ler, Qu'on veut au tombeau deualler

Veuilles ouir ce que ie crie,
  Quand à mains iointes ie te prie,
  Venant à ton sainct lieu me rendre.

Mon Dieu, ne veuilles me comprendre,
Parmy tant de meschans, qui n'ont
Aucun plaisir qu'au mal qu'ils font.
En la bouche ils n'ont que concorde:
Mais leur cœur à tout mal s'accorde.
Paye-les suyuant leurs merites,
Et leurs intentions maudictes:
Selon le train qu'ils ont mené,
Salaire aussi leur soit donné.

D'autant qu'ils n'ont en leurs courages
Consideré ses hauts ouurages,
N'y tasché d'auoir cognoissance
Des hauts effects de sa puissance.
En lieu de les vouloir hausser,
Dieu les fera tous renuerser.

Loué soit Dieu, qui ma priere
N'a point voulu mettre en arriere.
Dieu est ma force & ma rondelle,
Espoir n'ay ny secours que d'elle:
Dont mon cœur se resiouira,
Ma bouche son los chantera.

A mes gens toute force il donne,
Sauuant de son Roy la coronne.
Sauue ton peuple, & en tout aage
Fay du bien à ton heritage.
Veuilles-le repaistre, Seigneur,
Et sans fin croistre son honneur.

Afferte Domino.

PSEAVME XXIX. TH. BE.

¶ *Cantique excellẽt, auquel Dauid descrit la maiesté de Dieu par les foudres & tempestes, qui estonnent toutes creatures, combien que cependant il soit doux & gracieux aux siens. Pseaume propre à l'inuoquer quãd il nous admoneste par tels estonnemens.*

Vouloir

PSEAVME XXIX. 79

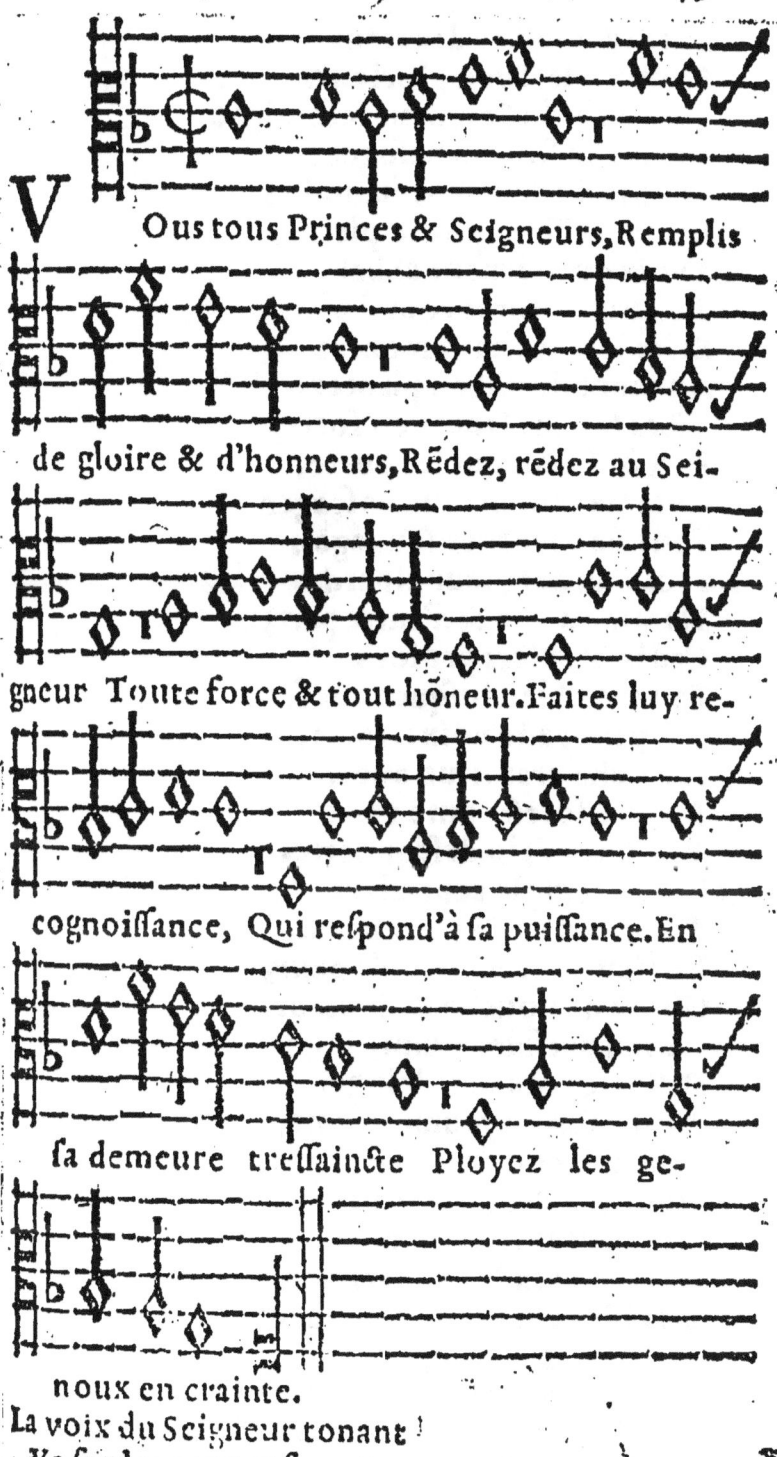

V Ous tous Princes & Seigneurs, Remplis de gloire & d'honneurs, Rēdez, rédez au Seigneur Toute force & tout hōneur. Faites luy recognoissance, Qui respond'à sa puissance. En sa demeure tressaincte Ployez les genoux en crainte.

La voix du Seigneur tonant
Va sur les eaux resonant:

Parmy les nues des cieux
S'entend le Dieu glorieux.
 La voix du Seigneur tesmoigne
De quelle sorte il besogne:
La voix du Seigneur hautaine
De hautesse est toute pleine.
La voix du Seigneur abbat
 Les grans cedres tout à plat,
Brise les plus haut montez
Au mont du Liban plantez:
 Les faisant sauter en sorte,
Eux & Liban qui les porte,
Comme sautent aux boscages
Fans de Licornes sauuages.
La voix du Seigneur espard
 Flamme d'vne & d'autre part,
Cadés & desers profons
Fait trembler iusques aux fons.
 Oyant ceste voix si forte,
La biche craintiue auorte:
Mainte forest toute verte
En est soudain descouuerte.
Mais au temple cependant
 Chacun à Dieu va rendant,
En lieu de trembler de peur,
Gloire de bouche & de cœur.
 Dieu preside comme iuge
Dessus les eaux du deluge:
Et n'a son royaume ferme
Iamais aucun iour ne terme.
Parquoy le Seigneur tout fort,
 Des siens sera le support:
Puis en paix les nourrira
Des biens qu'il leur donnera.

Exaltabo te, Domine.
PSEAVME XXX. TH. BE.

Il rend graces à Dieu, qui l'a retiré du pas de la mort,
admonestant

PSEAVME XXX.

admonestant tous fideles de faire le semblable: & cognoistre par son exemple, de combien Dieu est plus doux que rigoreux aux siens. Puis retourne à le prier, & promet de chanter sa louange à iamais. Pseaume propre pour louer Dieu apres la persecution.

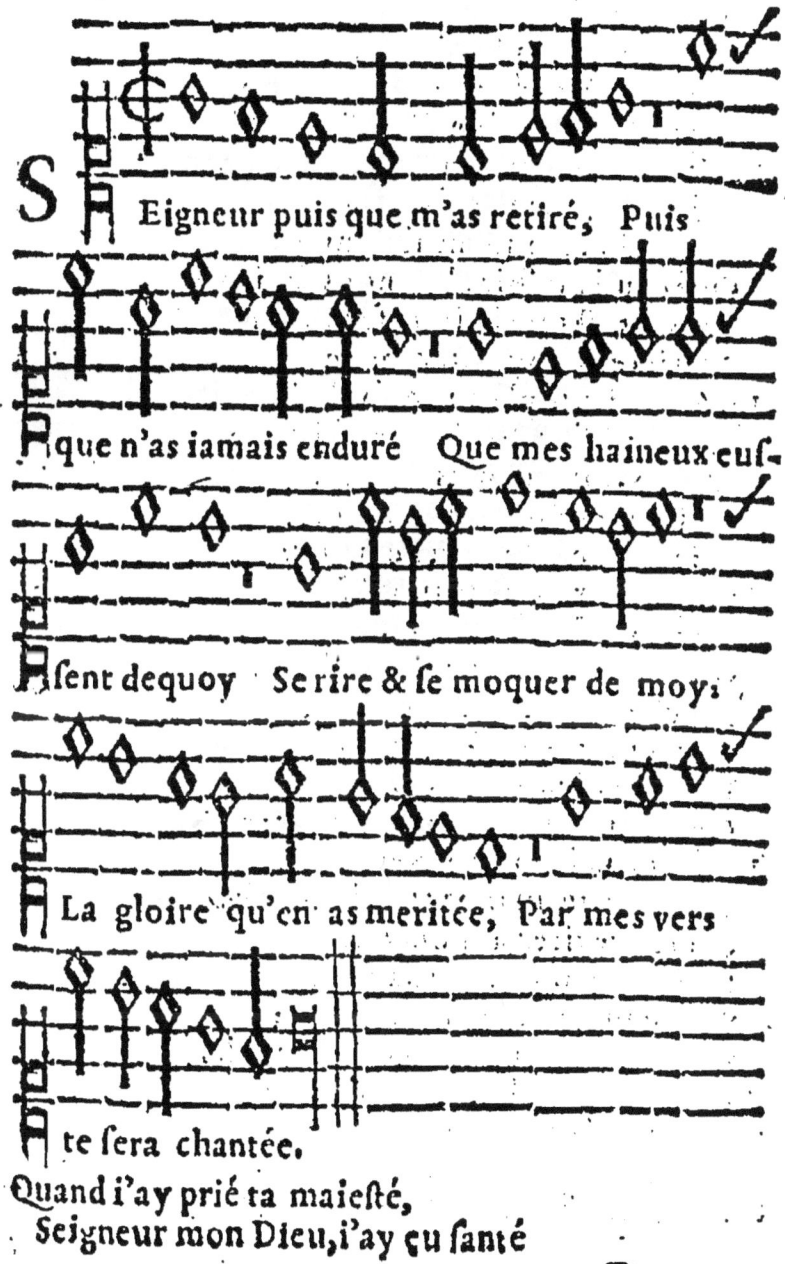

Seigneur puis que m'as retiré, Puis
que n'as iamais enduré Que mes haineux eussent dequoy Se rire & se moquer de moy:
La gloire qu'en as meritée, Par mes vers
te sera chantée.
Quand i'ay prié ta maiesté,
Seigneur mon Dieu, i'ay eu santé

I'estoye aux enfers deuallé:
Seigneur,quand tu m'as rappellé.
Ma vie presques enterrée
Tu as du tombeau retirée.
Vous qui sa bonté cognoissez,
Chantez sa gloire,& accroissez
Son renom plein de saincteté:
Car iamais il n'est irrité,
Qu'en moins d'vne petite espace
Toute sa fureur ne se passe.
Mais son vouloir benin & doux
Demeure à vie dessus nous.
Voila dont souuent il aduient
Que deuil au soir chez nous se tient,
Puis,si tost que le iour se monstre,
Matiere de ioye on rencontre.
Lors que i'auoy' tout à souhait,
I'alloy' disant,Voila,c'est faict:
Ie suis pour iamais asseuré:
Ta bonté m'auoit remparé,
Seigneur,ma forteresse haute:
Si que de rien ie n'auoy' faute.
Mais ton visage estant tourné,
Soudain mon cœur s'est estonné.
Alors au Seigneur i'ay crié,
Alors i'ay le Seigneur prié,
Disant,Si ie suis mis en terre,
Qu'y peux-tu gaigner n'y acquerre?
Estans mis en poudre,Seigneur,
Pourray-ie auancer ton honneur,
Ou tes veritez annoncer?
Plaise-toy ma voix exaucer,
Seigneur,ta bonté me regarde:
Seigneur Dieu,sois ma sauuegarde.
Alors mon deuil tu conuertis
En pure ioye,& me vestis
En lieu d'vn sac, de plaisir vray:
Dont sans fin ton los chanteray.

Par tout publiant ta puissance,
Seigneur Dieu de ma deliurance.
In te, Domine, speraui.
PSEAV. XXXI. TH. BES.

¶ Dauid enuironné de Saul au desert de Maon, comme il est escrit 1. Sam. 23. peint au vif les torments des fideles, balancez au milieu des afflictions, comme d'vne tormente de mer. Parquoy au commencement il iette quatre ou cinq grans cris, monstrant l'extreme danger ou il est, & son piteux estat. Puis il s'escrie de rechef cōtre ses ennemis. Enfin il s'asseure du tout sur la bonté de Dieu, admonestant aussi tous fideles de l'ensuyure. Pseaume excellent en quelque grande afflictiō.

I'Ay mis en toy mō esperāce: Garde moy

donc, Seigneur, D'eternel deshōneur. Ottroye

moy ma deliurance, Par ta grād' bōté haute,

Qui iamais ne fit faute.

F. ii.

Ten l'aureille à moy miserable,
 Et pour me secourir
 Vien soudain accourir.
  Monstre-toy mon roc imprenable,
 Et ma place tresseure,
 Ou ma vie s'asseure.
Tu es ma tour & forteresse,
 Pour l'honneur haut de toy
 Conduy & meine-moy.
  Et de ces filés qu'on me dresse,
 Garde qu'on ne m'offense:
 Car tu es ma defense.
Mon ame en tes bras ie vien rendre:
 Car tu m'as racheté,
 O Dieu de verité.
  Au seul Seigneur ie veux m'attendre,
 Ie hay sorcelerie,
 Et toute menterie.
Vn iour auec toute liesse
 Par moy sera chanté
 Le los de ta bonté.
  Quand sur mon ame, en sa destresse,
 Auras ietté la veuë,
 Et l'auras apperceuë:
N'ayant permis que ie tombasse
 En la cruelle main
 De ce faux inhumain.
  Ainçois me faisant faire place,
 Quand i'ay veu par surprise
 Ma iambe quasi prise.
Fay que ta pitié me conforte,
 O mon Dieu: car ie suis
 Tout accablé d'ennuis.
  I'en ay la veuë toute morte:
 Mon ventre s'en retire,
 Mon ame en est martyre.
Douleurs ont miné ma personne:
 En mes souspirs cuisans

PSEAVME XXXI.

J'ay passé tous mes ans,
 De trauaux qu'à tort on me donne,
Mes forces me delaissent,
Mes poures os s'abaissent.
Entre tous ceux-la qui me hayent,
 Mes voisins i'apperçoy
 Auoir honte de moy.
  Il semble que mes amis ayent
Horreur de ma rencontre,
Quand dehors ie me monstre.
Ie suis hors de leur souuenance,
 Ainsi qu'vn trespassé:
 Ie suis vn pot cassé.
  Ie m'enten blasmer à outrance:
Ma personne est de crainte
De toute pars estreinte.
Car tout leur conseil delibere,
 Et fait tout son effort
 De me mettre à la mort.
  Mais, Seigneur Dieu, en toy i'espere,
Mon cœur dit en soy-mesme,
Tu es mon Dieu supreme.
Ta main tient le cours de ma vie:
 Fay que des ennemis
 En la main ne soy' mis.
  Garenty-moy contre l'enuye
De ceste fausse bande,
Qui à mort me demande.
Dessus ton seruant fay reluire
 Ta face: & ta bonté
 Me mette à sauueté.
  O Dieu, ne veuilles m'esconduire,
A fin qu'on ne se mocque.
D'autant que ie t'inuoque.
Honte ces meschans endommage,
 Au tombeau soyent enclos,
 Et leur faux gosier clos.
  Car au iuste ils ont dit outrage,

F. iij.

Voire auec mocquerie
Et grand' gaudisserie.
O combien est grand à merueilles
Le bien qu'as preparé
A qui t'a reueré!
Combien de graces nompareilles
Publiquement tu donnes
Aux fideles personnes!
Deuant toy en ton habitacle
Maintenir tu les veux
Contre tous orgueilleux.
Tu les tiens en ton tabernacle
Arriere de tous blasmes
De ces langues infames.
Louange au Seigneur soit donnée,
Lequel m'est entre tous
Si benin & si doux:
Et m'a telle garde ordonnée,
Qu'il n'est place en la terre
Plus seure en temps de guerre.
I'alloy' disant durant ma fuite,
C'est faict, tu m'as laissé,
Et loing de toy chassé:
Mais tu n'as ma voix esconduite,
Lors qu'en destresse grande
Ie t'ay fait ma demande.
Aimez Dieu, tous ses debonnaires.
Dieu qui garde les bons,
Rend le double aux felons.
Soustenez contre voz contraires:
Car luy seul fortifie
Quiconque en luy se fie.

Beati quorum remissæ sunt.

PSEAVME XXXII.
CL. MA.

David

PSEAVME XXXII.

¶ *David puni par maladie pour son peché, chante que heureux sont ceux qui par leur coulpe ne tōbent point en l'inconuenient ou il est. Confesse son peché: Dieu luy pardonne: enhorte les mauuais à bien viure, & les bons à se resiouir.*

O Bienheureux celuy dont les com-
mises Transgressions sont par graces remi-
ses: Duquel aussi les iniques pechez De-
uāt son Dieu sont couuers & cachez! O
combien plein de bon heur te repute L'hom-

F. iiii.

88 PSEAVME XXXII.

me à qui Dieu son peché point n'impute, Et

en lesprit duquel n'habite point D'hypocri-

sie & de fraude vn seul poinct.

Durant mon mal, soit que vinse à me taire,
  Las de crier, soit que me prinse à braire,
  Et à gemir tout le iour sans cesser,
  Mes os n'ont faict que fondre & s'abbaisser.
    Car iour & nuict ta main dure ay sentie,
  Par mon peché sur moy appesantie:
  Si que l'humeur de moy ainsi traicté,
  Sembloit du tout secheresse d'esté.
Mais mon peché ie tay declairé, Sire,
  Caché ne l'ay, & n'ay sceu si tost dire,
  Il faut à Dieu confesser mon messaict,
  Que ta bonté vray pardon ne m'ait faict.
    Pour ceste cause, à heure propre & bonne
  Te requerra toute saincte personne:
  Et quand de maux vn deluge courroit,
  D'icelle adonc approcher ne pourroit.
C'est toy qui es mon fort & ma retraite,
  C'est toy qui fais qu'ennuy mal ne me traicte:

C'est

PSEAVME XXXIII.

C'est toy par qui à tous coups m'est liuré
De quoy chanter, par me voir deliuré.
   Vien ça chacun, ie te veux faire entendre,
Et te monstrer la voye ou tu dois tendre,
En ayant l'œil droit dessus toy planté,
Pour t'adresser comme experimenté.
Ne sois semblable au cheual & la mule,
Qui n'ont en eux intelligence nulle.
Pour les garder de mordre, tu refrains
Leurs dens & gueule auecques mors & frains.
   L'homme endurcy sera donté de mesmes,
Par maux sans nombre & par douleurs extremes:
Mais qui en Dieu son espoir asserra,
Enuironné de mercy se verra.
Or ayez donc de plaisir iouissance,
Et tous en Dieu prenez resiouissance,
Iustes humains: menez ioye orendroit
Chacun de vous, qui auez le cœur droit.

Exultate iusti in Domino.

PSEAV. XXXIII. CL. MA.

¶ C'est vn bel hymne, auquel le Prophete inuité d'estre
à celebrer le Tout-puissant: puis chante que tout est
plein de sa bonté: recite ses merueilles, admoneste les
princes de ne se fier en leurs forces, & que Dieu assiste
à ceux qui le requierent: puis inuoque sa bonté.

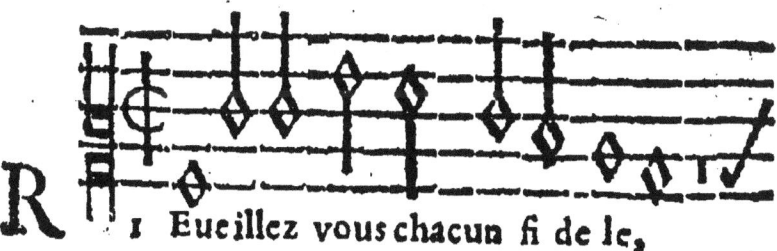

R 1 Eueillez vous chacun fi de le,
    3 Louange est tresseante & belle

PSEAVME XXXIII.

2 Menez en Dieu ioye orendroit.
4 En la bouche de l'homme droit.

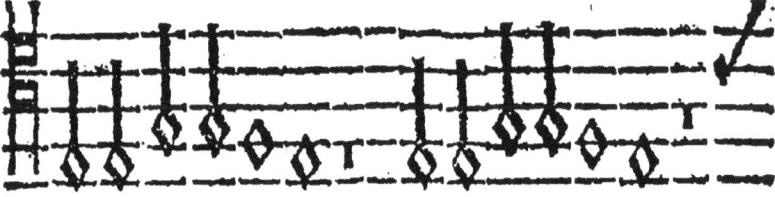

Sur la douce harpe Pendue en escharpe,

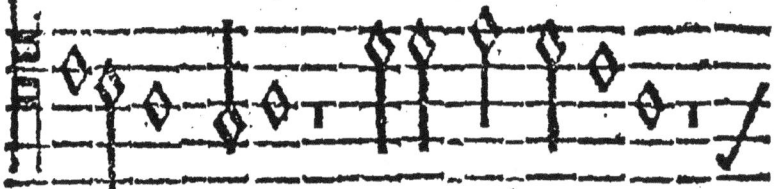

Le Seigneur louez. De lucs, d'espinettes,

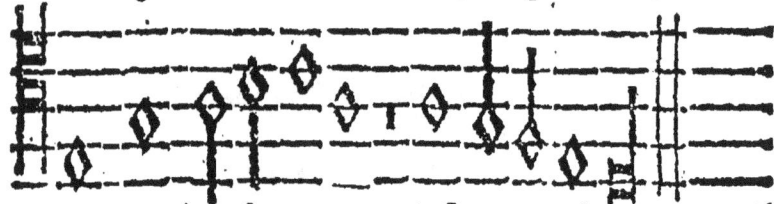

Sainctes chansonnettes A son nom iouez.

Chantez de luy par melodie
  Nouueaux vers, nouuelle chanson:
Et que bien on la psalmodie
A haute voix & plaisant son.
  Car ce que Dieu mande:
  Qu'il dit & commande,
Est iuste & parfaict:
  Tout ce qu'il propose,
  Qu'il fait & dispose,

PSEAVME XXXIII.

A fiance est faict.
Il aime d'amour souueraine
  Que droict regne,& iustice ait lieu.
  Quand tout est dit,la terre est pleine
  De la grande bonté de Dieu.
    Dieu par sa parolle
  Forma chacun pole,
  Et ciel precieux:
  Du vent de sa bouche
  Fit ce qui attouche
  Et orne les cieux.
Il a les grans eaux amassées
  En la mer,comme en vn vaisseau.
  Aux abysmes les a mussées,
  Comme vn thresor en vn monceau.
    Que la terre toute
  Ce grand Dieu redoute,
  Qui feit tout de rien:
  Qu'il n'y ait personne
  Qui ne s'en estonne
  Au val terrien.
Car toute chose qu'il a dicte
  A esté faicte promptement,
  L'obeissance aussi subite
  A esté que le mandement.
    Le conseil,l'emprise
  Des gens il debrise
  Et met à l'enuers:
  Vaines & cassées
  Il rend les pensées
  Des peuples diuers.
Mais la diuine prouidence
  Son conseil sçait perpetuer:
  Ce que son cœur vne fois pense
  Dure à iamais sans se muer.
    O gent bien-heurée,
  Qui toute asseurée
  Pour son Dieu le tient!

PSEAVME XXXIII.

Heureux le lignage
Que Dieu en partage
Choisit & retient!
Le Seigneur eternel regarde
Icy bas du plus haut des cieux:
Dessus les humains il prend garde,
Et les voit tous deuant ses yeux,
De son throne stable,
Paisible, equitable,
Ses clairs yeux aussi
Iusqu'au fons visitent
Tous ceux qui habitent
En ce monde icy.
Car luy seul sans autruy puissance,
Forma leurs cœurs, tels qu'ils les ont:
C'est luy seul qui a cognoissance
Quelles toutes leurs œuures sont.
Nombre de gendarmes
En assaux, n'allarmes,
Ne sauuent le Roy:
Bras ny halebarde
L'homme fort ne garde
De mortel desroy.
Celuy se trompe, qui cuide estre
Sauué par cheual bon & fort.
Ce n'est point par sa force adextre
Que l'homme eschappe vn dur effort.
Mais l'œil de Dieu veille
Sur ceux à merueille,
Qui de volonté
Craintifs le reuerent,
Qui aussi esperent
En sa grand' bonté:
Afin que leur vie il deliure
Quand la mort les menacera:
Et qu'il leur donne de quoy viure
Au temps que famine sera.
Que donques nostre ame

L'Eternel

PSEAVME XXXIIII. 93

L'Eternel reclame,
S'attendant à luy.
Il est nostre adresse,
Nostre forteresse,
Pauois & appuy.
Et par luy grand' resiouissance
Dedans noz cœurs tousiours aurons:
Pourueu qu'en la haute puissance
De son nom sainct nous esperons.
Or ta bonté grande
Dessus nous s'espande,
Nostre Dieu & Roy:
Tout ainsi qu'entente,
Espoir & attente
Nous auons en toy.

.Benedicam Dominum in omni tēpore.

PSEAV. XXXIIII. TH. BES.

¶ *Dauid eschappé d'Achis, suyuant ce qui est escrit 1. Samu. 21. composa ce Pseaume, contenant autant de sentences que de versets, pour monstrer le soin que Dieu a des siens: & se propose comme souuerain exemple de la bonté d'iceluy. Pseaume de singuliere consolation.*

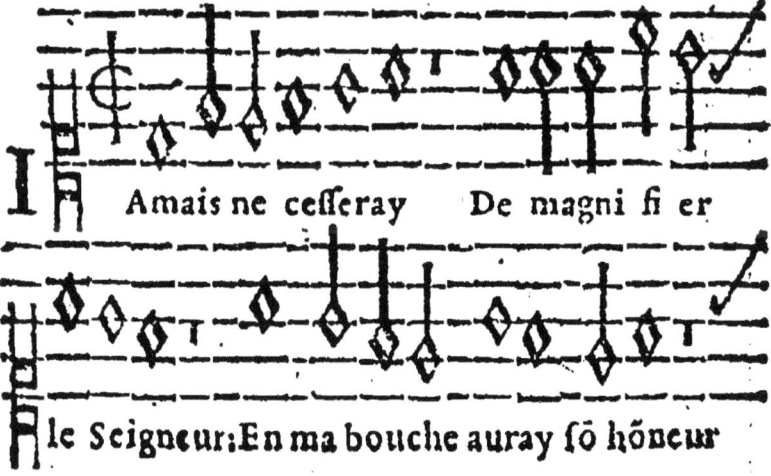

Amais ne cesseray   De magni fi er

le Seigneur: En ma bouche auray sō hōneur

PSEAVME XXXIIII.

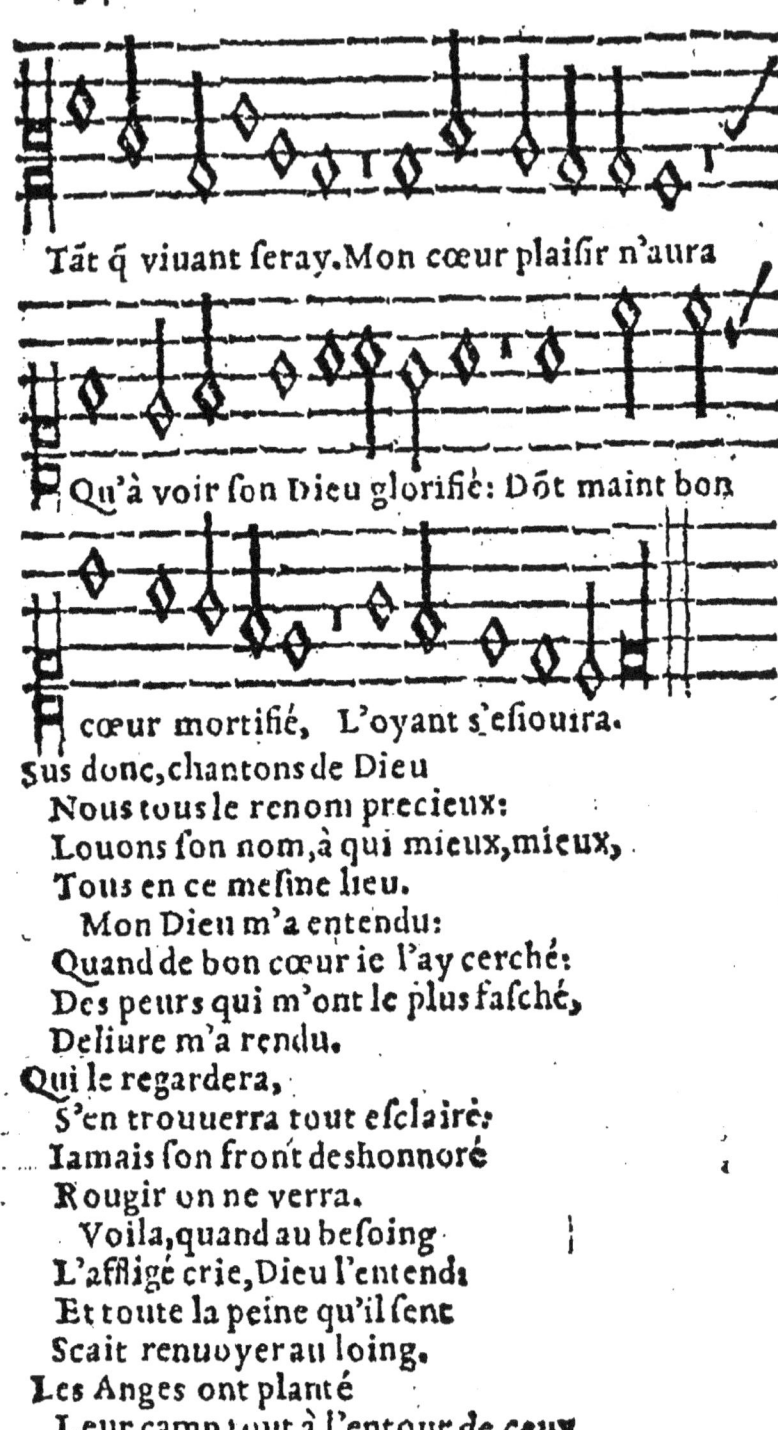

Tãt q̃ viuant seray. Mon cœur plaisir n'aura

Qu'à voir son Dieu glorifié: Dõt maint bon

cœur mortifié, L'oyant s'esiouira.

Sus donc, chantons de Dieu
   Nous tous le renom precieux:
   Louons son nom, à qui mieux, mieux,
   Tous en ce mesme lieu.
     Mon Dieu m'a entendu:
   Quand de bon cœur ie l'ay cerché:
   Des peurs qui m'ont le plus fasché,
   Deliure m'a rendu.
Qui le regardera,
   S'en trouuerra tout esclairé:
   Iamais son front deshonnoré
   Rougir on ne verra.
     Voila, quand au besoing
   L'affligé crie, Dieu l'entend:
   Et toute la peine qu'il sent
   Scait renuoyer au loing.
Les Anges ont planté
   Leur camp tout à l'entour de ceux
   Qui craignent Dieu, veillans pour eux,

PSEAVME XXXIIII.

Et pour leur seureté.
   Goustez donc d'iceluy,
Et cognoissez la grand' douceur.
O combien est heureux & seur
Qui s'appuye sur luy!
Craignez le Dieu treshaut
  Vous dont le cœur est pur & sainct:
  Car à tout homme qui le craint
Iamais rien ne deffaut.
   Le lion affamé
  Bien souuent ne trouuerra riens:
  Mais ceux-là sont remplis de biens
Qui ont Dieu reclamé.
Sus enfans bien-heureux,
  Venez m'escouter en ce lieu:
  Car le moyen de craindre Dieu
Apprendre ie vous veux.
   Qui est cil d'entre vous,
  Qui veut long temps estre dispos?
  Qui veut longuement en repos
Passer le temps tout doux?
Garde que blasme aucun
  De ta langue on n'oye sortir:
  Garde tes leures de mentir
Pour deceuoir quelcun.
   Fuy le mal, fay le bien,
  Cerche la paix, & la poursuy:
  Car Dieu voit & entend celuy
Qui est homme de bien.
Vray est que tous les faicts
  Des meschans il n'ignore pas:
  Mais c'est pour esteindre icy bas
Leur memoire à iamais.
   Les iustes en leurs maux
  Crient au Seigneur, qui les oit,
  Et tost en seureté les reçoit,
Guairis de leurs trauaux.
Prés des cœurs desolez

Le Seigneur volontiers se tient,
A ceux volontiers il subuient
Qui sont les plus foulez.
   Quiconques ira droit,
Subiet à mille maux sera:
Mais le Seigneur l'en tirera,
Quelque mal que ce soit.
De Dieu sont garentis
Tous ses os, voire tellement,
Qu'on n'en peut casser seulement
Vn seul des plus petis.
   Mais tousiours le meschant
Est ruiné par son forfaict:
Et quiconque aux iustes mesfait,
Va tousiours trebuschant.
L'Eternel sauuera
Tout bon cœur qui le va seruant:
Quiconque espere au Dieu viuant,
Iamais ne perira.

Iudica, Domine, nocentes.

PSEAV. XXXV. TH. BES.

David cognoissant la reprobation de ses ennemis, qui le persecutoyent à grand tort, & resistoyent continuellement & à leur escient à la volonté de Dieu, les maudit, & prie Dieu de l'en deliurer, afin que Dieu en soit glorifié. Pseaume plein de foy & de l'amour de Dieu, duquel il se faut garder d'abuser par conuoitise de vengeance.

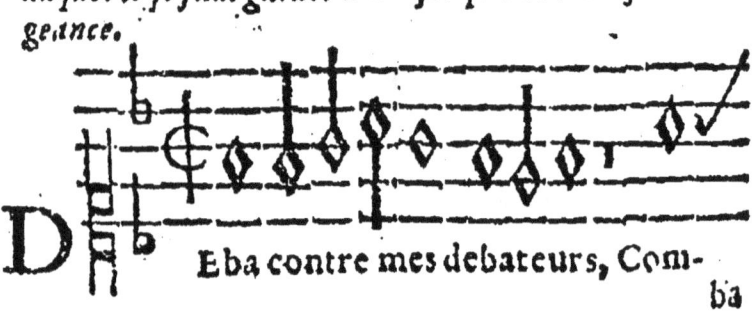

Eba contre mes debateurs, Com-
ba

PSEAVME XXXV.

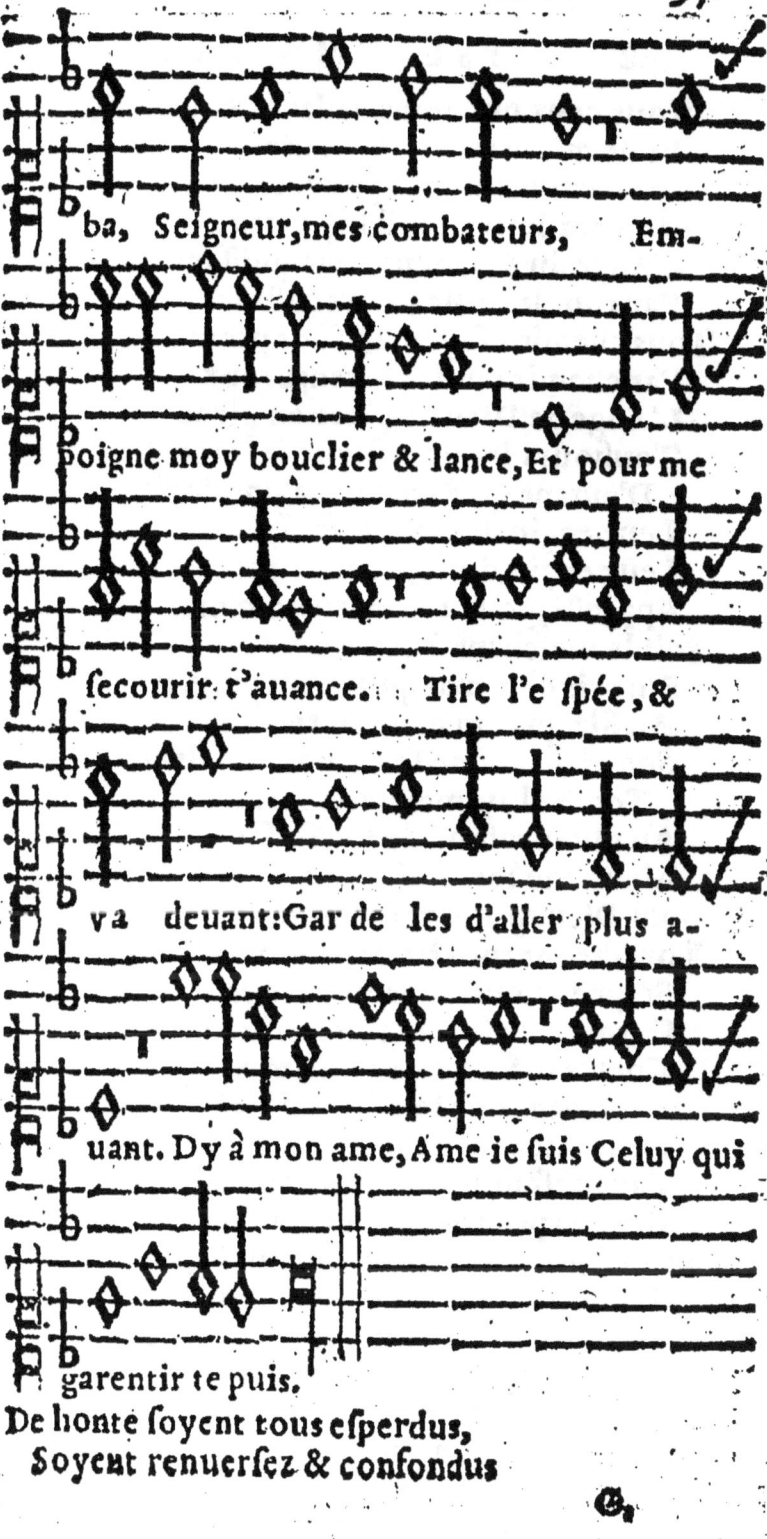

ba, Seigneur, mes combateurs, Em-
poigne moy bouclier & lance, Et pour me
secourir t'auance. Tire l'e spée, &
va deuant: Garde les d'aller plus a-
uant. Dy à mon ame, Ame ie suis Celuy qui
garentir te puis.

De honte soyent tous esperdus,
Soyent renuersez & confondus

PSEAVME XXXV.

Tous ceux qui pourchaſſent ma vie,
Et de m'outrager ont enuie:
Soyent comme la poudre, qui eſt
Du vent iettée, ou il luy plaiſt:
L'Ange du Seigneur tout-puiſſant
Par tout les aille pourchaſſant.
Tous chemins ſoyent gliſſans pour eux:
Par chemins noirs & tenebreux
L'Ange de Dieu de place en place
Touſiours les pourſuyue & les chaſſe:
D'autant qu'à tort ils m'ont dreſſé
Leur engin dedans vn foſſé:
Leur engin, dy-ie, ils ont à tort
Appreſté, pour me mettre à mort.
Soit le meſchant à deſpourueu
Surpris d'vn mal qu'il n'ait preueu:
Au filé qu'il m'a voulu tendre,
Son pied meſme ſe vienne prendre:
Tombe luy-meſme, & ſoit froiſſé
Au plus profond de ſon foſſé:
Mon ame lors s'eſiouira
En Dieu, qui gardée l'aura.
Lors diront tous les os de moy,
Seigneur qui eſt pareil à toy?
Gardant du foible l'impuiſſance
Contre le fort & ſa puiſſance.
Gardant que le poure affligé
Des meſchans ne ſoit outragé.
Faux teſmoings ont ſur moy ſailly,
De faux propos m'ont aſſailly:
Le mal pour le bien m'ont rendu,
D'auoir ma vie ont pretendu:
Toutesfois en leur temps contraire
I'ay iuſnay, i'ay porté la haire.
Pour eux en mon ſein i'ay verſé
Mainte priere à chef baiſſé.
Bref, en tel point ie me ſuis mis,
Que pour mes freres & amis,
I'alloye courbé, comme feroit

PSEAVME XXXV.

Cil qui sa mere pleureroit.
Mais eux,cognoissans mon martyre,
Se sont assemblez pour en rire.
 Les plus maraux,à mon desceu,
M'ont machiné ce qu'ils ont peu.
A pleine gorge ils m'ont blasmé,
Et tant qu'ils ont peu diffamé.
Contre moy ont grincé les dens
 Vn tas de flattereaux mordens,
Auec ces plaisans venerables,
Qui vont suyuans les bonnes tables.
 Seigneur,que veux-tu plus tarder?
Plaise toy mon ame garder,
Mon ame vnique,aux maux qu'elle a,
Et des lions deliura-la.
Alors i'iray te benissant
 Au milieu du peuple puissant:
Lors en la grand troupe amassée
Sera ta grandeur annoncée.
 Fay que de rire n'ait dequoy
Quiconque à tort en veut à moy.
Et ne permets ces enuieux
A tort me guigner de leurs yeux.
Car de noise ils parlent tousiours,
 Et rien ne pensent tous les iours,
Sinon comme il sera possible
De deceuoir l'homme paisible.
 Pour mieux se mocquer,ces peruers
Ont sur moy leurs gosiers ouuers,
Chacun d'eux a crié sur moy,
Ha,ha,le meschant,ie le voy.
Seigneur,tu les as veus aussi,
 Ne laisse point passer cecy.
Seigneur, de loing ne m'abandonne,
Ains pour iuger ma cause bonne,
 Mon Dieu,mon Seigneur, leue-toy.
Mon Dieu,mon Seigneur,iuge moy
Par ta iuste bonté,afin
Qu'ils n'en soyent ioyeux à la fin,

PSEAVME XXXVI.

Et qu'ils n'aillent difans entr'eux,
 Sus, sus, bon cœur, soyons ioyeux,
Mangé l'auons. Tels personnages
Prenans plaisir à mes dommages,
 Soyent tous confus & diffamez:
Ceux qui sur moy sont animez,
Ayent pour tout leur parement
Honte & vergongne seulement.
Mais tout plaisir puisse aduenir
A qui veut mon droict soustenir:
Chante tousiours d'esiouissance,
Beneite soit la grand' puissance
 De toy, ô Seigneur Dieu, qui fais
Viure ton seruiteur en paix.
Tes bontez ma langue dira,
Et chacun iour te chantera.

Dixit iniustus vt delinquat.

PSEAVME XXXVI.   CL. MA.

¶ Il s'esmerueille de la grande bonté de Dieu, laquelle est si espandue par tout, que mesme les mauuais s'en sentent: puis chante que les eleus la sentent singulierement sur tous, comme par benediction: & prie Dieu la continuer plus longuement à ceux qui le cognoissent, & les garder de la violence des mauuais, desquels il predit aussi la ruine.

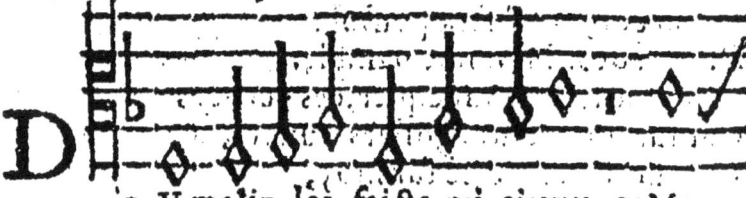

1 V malin les faicts vi cieux, 2 Me
4 Car tant se plaist en son erreur, 5 Que

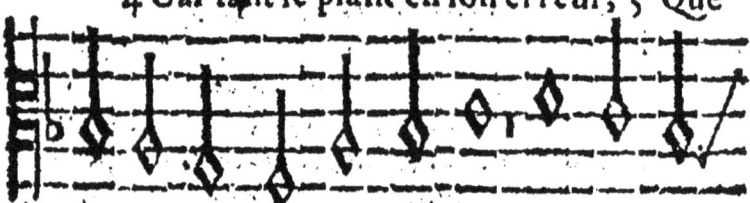

disent que deuant ses yeux 3 N'a point de
l'auoir en haine & horreur, 6 C'est bien for-

PSEAVME XXXVI. 101

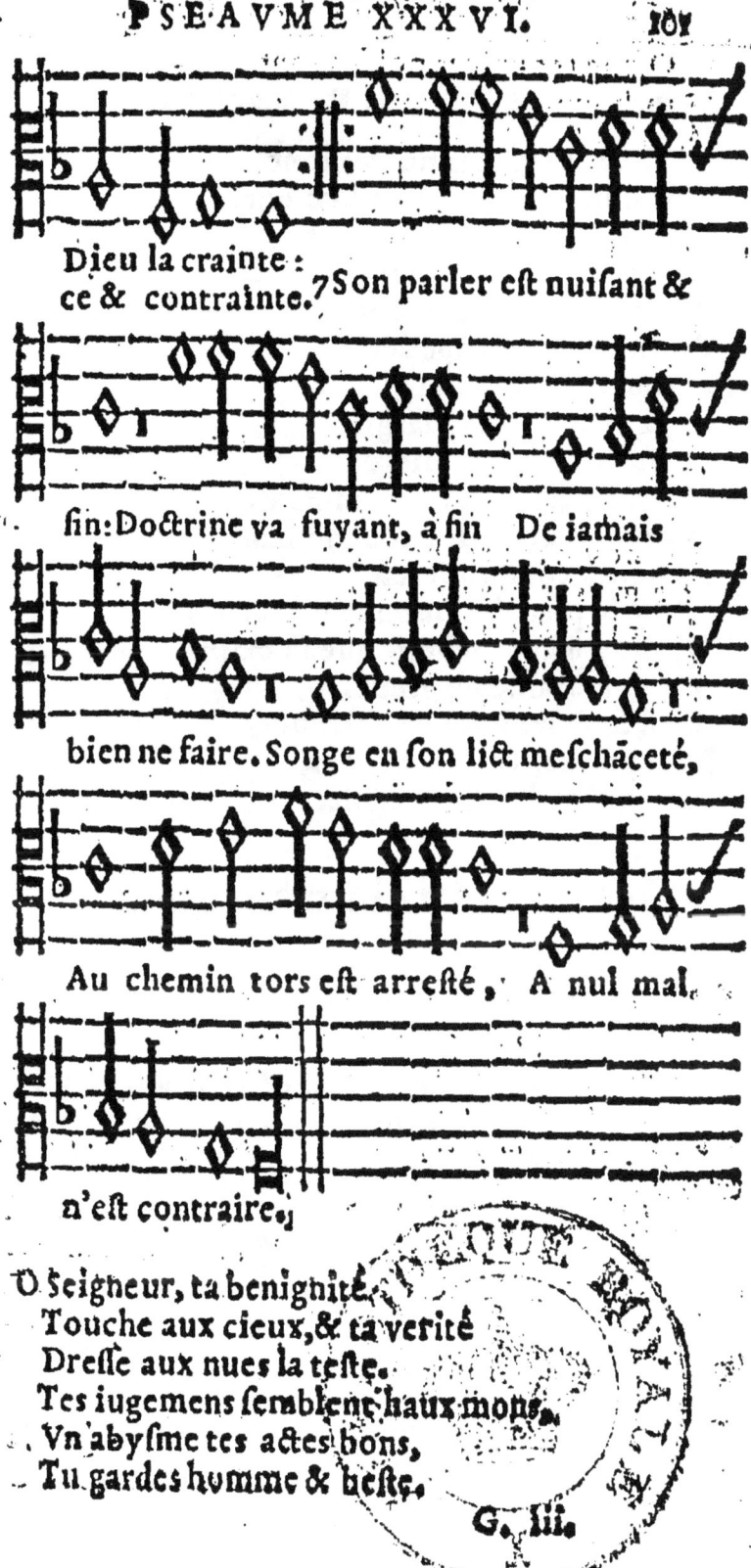

Dieu la crainte :
ce & contrainte. 7 Son parler est nuisant &

fin : Doctrine va fuyant, à fin De iamais

bien ne faire. Songe en son lict meschāceté,

Au chemin tors est arresté, A nul mal

n'est contraire.

O Seigneur, ta benignité,
  Touche aux cieux, & ta verité
  Dresse aux nues la teste.
  Tes iugemens semblent haux mons,
  Vn abysme tes actes bons,
  Tu gardes homme & beste.

G. iii.

O que tes graces nobles sont
Aux hommes qui confiance ont,
En l'ombre de tes ailes!
De tes biens soule leurs desirs,
Et au fleuue de tes plaisirs
Pour boire les appelles.
Car source de vie en toy gist,
Et sa clarté nous eslargist
Ce qu'auons de lumiere.
Continue, ô Dieu tout-puissant,
A tout cœur droit te cognoissant
Ta bonté coustumiere.
Que le pied de l'homme inhumain
De moy n'approche, & que sa main
Ne m'esbranle ne greue.
C'est faict, les iniques cherront,
Et repoussez tresbucheront,
Sans qu'vn d'eux se releue.

Noli æmulari in malignantibus.

PSEAVME XXXVII. CL. MA.

¶ *A fin que les bons ne s'esbahissent de voir prosperer les mauuais, Dauid chante que toutes choses viendront à souhait à ceux qui aiment & craignent Dieu, & que ceux qui n'en font compte (combien qu'ils semblent florir pour quelque teps) seront en fin desracinez.*

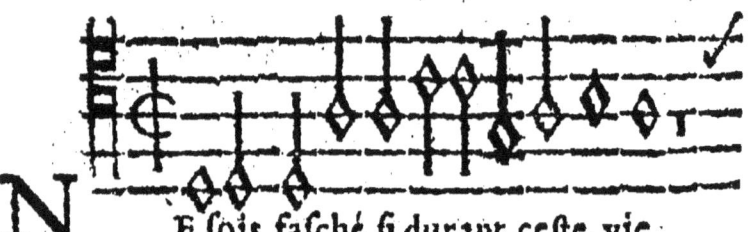

N E sois fasché si durant ceste vie
Souuent

PSEAVME XXXVII.

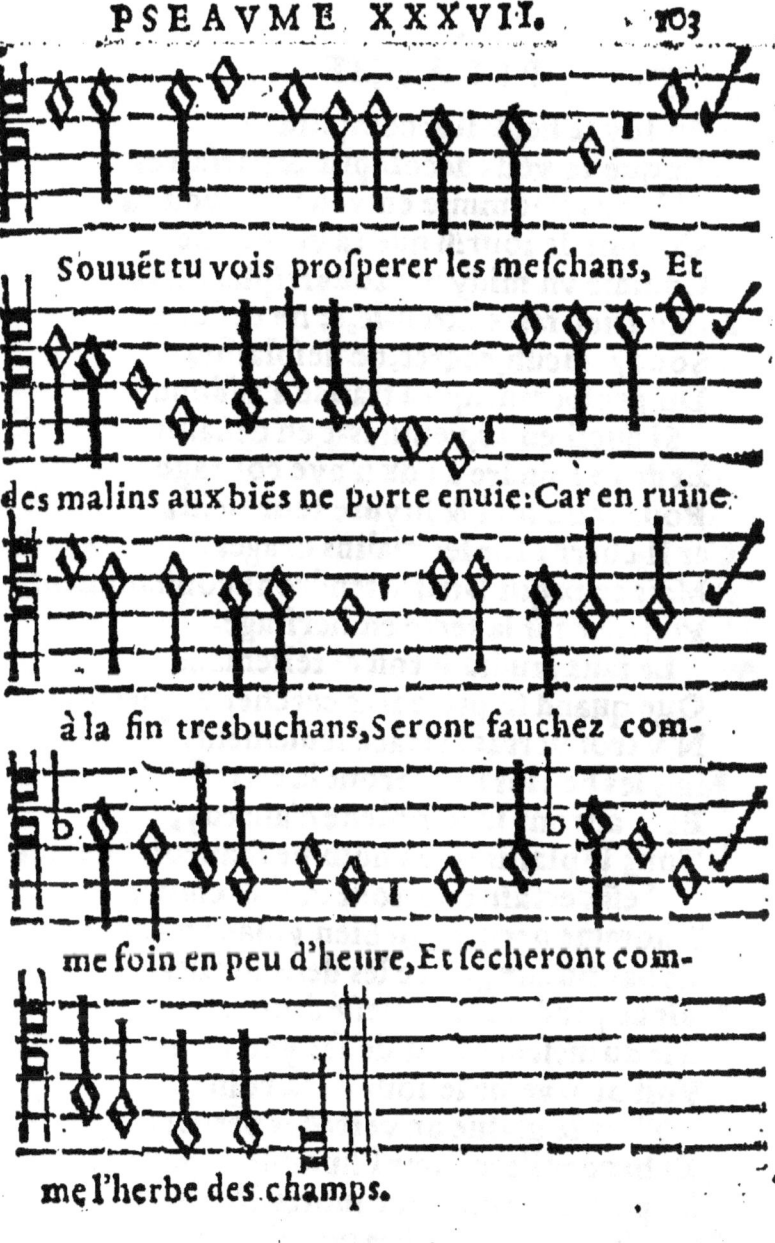

Souuét tu vois prosperer les meschans, Et
des malins aux biés ne porte enuie: Car en ruine
à la fin tresbuchans, Seront fauchez comme foin en peu d'heure, Et secheront comme l'herbe des champs.

En Dieu te fie, à bien faire labeure:
  La terre auras pour habitation,
Et iouiras de rente vraye & seure.
  En Dieu sera ta delectation:
Et des souhaits que ton cœur voudra faire,
  Te donnera pleine fruition.
Remets en Dieu & toy & ton affaire:

G iiij.

En luy te fie, & il accomplira
Ce que te veux accomplir & parfaire.
Ta prud'hommie en veuë il produira
Comme le iour:si que ta vie bonne
Comme vn midy par tout resplendira.
Laisse Dieu faire, atten-le, & ne te donne
Soucy aucun, regret, ne desplaisir,
Du prosperant, qui à fraude s'addonne.
Si dueil en as, veuilles-t'en dessaisir,
Et de te ioindre à eux n'aye courage,
Pour faire mal, & suyure leur desir.
Car il cherra sur les malins orage:
Mais ceux qui Dieu attendront constamment,
Possederont la terre en heritage.
Le faux faudra si tost & tellement,
Que quand sa place iras cercher & querre,
N'y trouuerras la trace seulement.
Mais les benins heriteront la terre,
Et y auront sans moleste d'autruy,
Tout le plaisir que l'homme scauroit querre.
Il est certain que tout mal & ennuy
L'homme peruers au bien viuant machine,
Et par fureur grince les dens sur luy.
Mais ce pendant la maiesté diuine
Rit du meschant: car de ses yeux ouuers
Voit bien venir le iour de sa ruine.
Tirer le glaiue on verra les peruers,
Et bander l'arc, pour l'humble & poure battre,
Et pour les bons ruer morts à lenuers.
Mais leur cousteau sera pour les combattre,
Et percera leur cœur, tant soit-il caut:
Verront leur arc aussi rompre & abbatre.
Certes le peu de l'homme iuste vaut
Mille fois mieux que la riche abondance
Du mal viuant, tant soit eleué haut.
Car du meschant le bras & la puissance
Seront rompus: mais le Dieu supernel
Sera des bons tousiours la soustenance.

PSEAVME XXXVII.

Il voit & ſcait par vn ſoin paternel
Les iours de ceux qui ont vie innocente:
Et d'iceux eſt l'heritage eternel.
Point ne ſeront fruſtrez de leur attente
Au mauuais temps, & ſi ſeront ſoulez
Aux plus longs iours de famine dolente.
Mais les malins periront deſolez,
Et n'aymans Dieu s'en iront en fumée,
Ou deuiendront comme greſſe eſcoulez.
Leur main ſera d'emprunter affamée,
Sans pouuoir rendre:& les iuſtes auront
Dequoy monſtrer charité enflammée.
Car les benits de Dieu poſſederont
Finalement terre pleine de greſſe:
Et les maudits en poureté cherront.
Dieu tous les pas du vertueux adreſſe,
Et au chemin qu'il veut ſuyure & tenir
Donne faueur, & l'vnit & le dreſſe.
Si de tomber ne ſe peut contenir,
D'eſtre froiſſé ne luy faut auoir crainte,
Car Dieu viendra la main luy ſouſtenir.
I'ay eſté ieune, & vieilleſſe ay atteinte,
Et n'ay point veu le iuſte abandonner,
Ne ſes enfans mendier par contrainte:
Ains chacun iour ne faire que donner,
Preſter, nourrir, & ſi voit on ſa race
Accroiſtre en heur, & en bien foiſonner.
Fuy donc le mal, ſuy le bien à la trace:
Et de durer à perpetuité
Le Seigneur Dieu te donnera le grace:
Car il ne perd, tant il aime equité,
Nul de ſes bons:ils ont garde eternelle:
Mais il deſtruit les fils d'iniquité.
Les bien viuans en ioye ſolennelle
Poſſederont la terre qui produit,
Et à iamais habiteront en elle.
Du bien viuant la bouche rien n'inſtruit
Que ſapience, & ſa langue n'expoſe

Rien qui ne soit tresiuste & plein de fruict.
Car en son cœur la Loy de Dieu repose:
Parquoy son pied ne sera point glissant,
Quelque chemin que tirer il propose.
　Il est bien vray que l'inique puissant
Le iuste espie,& pour à mort le mettre,
Par tout le quiert comme vn loup rauissant.
Mais en sa main Dieu ne voudra permettre
Qu'il soit submis,ne le voir condamner,
Quand à iustice il se viendra submettre.
　Dieu donc atten,veuille en luy cheminer:
Haut te mettra sur la terre feconde,
Et les malins verras exterminer.
I'ay veu l'inique enflé & craint au monde,
Qui s'estendant grand & haut,verdissoit,
Comme vn l'aurier,qui en rameaux abonde:
　Puis repassant par ou il fleurissoit,
N'y estoit plus,& le cerchay à force:
Mais ne le sceu trouuer en lieu qui soit.
Garde de nuire,à voir le droict t'efforce:
Car l'homme tel,en fin,pour son loyer
Aura repos loing d'ennuy & diuorce.
　Mais tous faudront les prompts à fouruoyer,
Et des nuisans tout le dernier salaire
Sera,que Dieu les viendra foudroyer.
Que diray plus?Dieu est le salutaire
Des bien viuans:c'est celuy qui sera
Tousiours leur force au temps dur & contraire.
　Les secourant,il les deliurera:
Les deliurant,garde il en voudra faire:
Pource qu'en luy chacun d'eux espoir a.

Domine,ne in furore tuo.

PSEAVME XXXVIII. CL. MA.

¶ *Dauid ayant la peste,ou quelque autre vlcere en la cuisse,se plaint fort à Dieu de la vehemence de son mal,du defaut de ses amis,de la cruauté de ses ennemis,& implore l'aide de Dieu.*

PSEAVME XXXVIII. 107

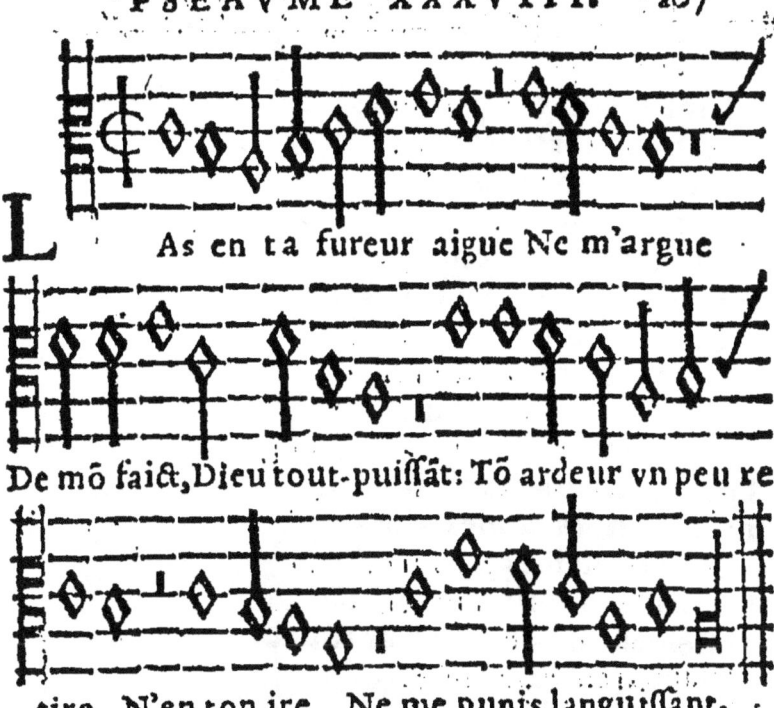

L As en ta fureur aigue Ne m'argue

De mõ faict, Dieu tout-puissāt: Tõ ardeur vn peu re

tire, N'en ton ire Ne me punis languissant.

Car tes fleches decochées
    Sont fichées
  Bien fort en moy sans mentir:
  Et as voulu, dont i'endure,
    Ta main dure
  Dessus moy appesantir.
Ie n'ay sur moy chair ne veine
    Qui soit saine,
  Par l'ire en quoy ie t'ay mis:
  Mes os n'ont de repos ferme
    Iour ne terme,
  Par les maux que i'ay commis.
Car les peines de mes fautes
    Sont si hautes,
  Qu'elles surmontent mon chef:
  Ce m'est vn faix importable
    Qui m'accable,
  Tant croist sur moy ce meschef.
Mes cicatrices puantes

Sont fluantes
De sang de corruption.
Las, par ma folle sottie
M'est sortie
Toute ceste infection.
Tant me fait mon mal la guerre,
Que vers terre
Suis courbé totalement:
Auec triste & noire mine
Ie chemine
Tout en pleurs iournellement.
Car mes cuisses & mes aines
Sont ia pleines
Du mal dont suis tourmenté:
Tellement qu'en ma chair toute
N'y a goutte
D'apparence de santé.
Ie qui souloy' estre habile,
Suis debile,
Cassé de corps, pieds & mains:
Si que de la douleur forte
Qu'au cœur porte,
Ie iette cris inhumains.
Or tout ce que ie desire,
Trescher Sire,
Tu le vois clair & ouuert:
Le souspir de ma pensée
Transpercée,
Ne t'est caché ne couuert.
Le cœur me bat à outrance,
Ma puissance
M'a delaissé tout perclus:
Et de mes yeux la lumiere
Coustumiere,
Voire mes yeux ie n'ay plus.
Les plus grans amis que i'aye,
De ma playe
Sont vis à vis sans grand soing:

PSEAVME XXXVIII.

Et hors mis toute reproche,
   Mes plus proches
La regardent de bien loing.
Ceux qui à ma mort s'attendent,
   Leurs laqs tendent:
D'autres voulans me greuer,
Mille maux de moy recensent,
   Et ne pensent
Que fraudes pour m'acheuer.
Et ie, comme n'oyant goutte,
   Les escoute:
Leur cœur ont beau descouurir:
Ie suis là comme vne souche,
   Sans ma bouche
Non plus qu'vn muet ouurir.
Ie suis deuenu, en somme,
   Comme vn homme
Du tout sourd & qui n'oit point:
Et qui n'a, quand on le pique,
   De replique
Dedans sa bouche vn seul poinct.
Mais auec esperance,
   L'asseurance
De ton bon secours i'attens:
Et ainsi, mon Dieu, mon pere,
   Que i'espere,
Tu me respondras à temps.
Ie le dy, & si t'en prie,
   Qu'on ne rie,
De mon malheureux esmoy:
Car dés qu'vn peu mon pied glisse,
   Leur malice
S'esiouit du mal de moy.
Vien donc, car ie suis en voye
   Qu'on me voye
Clocher trop honteusement:
Pource que la grand detresse
   Qui m'oppresse,

PSEAVME XXXVIII.

Me poursuit incessamment.
Las, à part moy, auec honte
　Ie raconte
Mon trop inique forfaict.
Ie resue, ie me tormente,
　Ie lamente,
Pour le peché que i'ay faict.
Et tandis mes aduersaires
　Et contraires
Sont vifs & fortifiez.
Ceux qui m'ont sans cause aucune,
　En rancune,
Sont creus & multipliés.
Tous encontre moy se bandent,
　Et me rendent
Pour le bien, l'iniquité.
Et de leur haine la source,
　Ce fut pource
Que ie suyuoye equité.
Seigneur Dieu, ne m'abandonne,
　Moy, personne
Dechassée d'vn chacun.
Loing de moy la grace tienne
　Ne se tienne:
D'ailleurs n'ay espoir aucun.
Vien, & approche toy doncques,
　Vien, si oncques
De tes enfans te chalut:
De me secourir te haste,
　Ie me gaste,
Seigneur Dieu de mon salut.

Dixi, custodiam.

PSEAVME. XXXIX. CL. MA.

¶ Dauid fuyant Absalom, & maudit par Semei, cōme il
est escrit. 2. Sam. 16. en lieu de se venger, considere pa

PSEAVME XXXIX.

le changement de son estat, à quelles miseres sont assubiectis les plus grands du monde, & recognoit que ceste affliction luy vient de plus haut, à cause de ses pechez, dont il prie d'estre delivré. Pseaume de grand enseignement pour le fidele affligé contre son esperance.

'Ay dict en moy, De pres ie viseray A-

tout cela que ie feray, Que de ma langue vn

seul mot de travers Ne sorte presēt le peruers:

Voire deusse-ie, afin de ne parler, Ma propre

bouche emmuseler.
Or donc ainsi qu'vn muet n'ay dit rien,

Mesme

PSEAVME XXXIX.

Mesme iusques à taire le bien:
Mais i'ay senty augmenter ma douleur,
   Mon cœur à doublé sa chaleur.
Si qu'en pensant i'estoy comme bruslé,
   Parquoy de ma langue ay parlé,
O Eternel, declaire moy ma fin,
   Et le temps de ma vie, afin
Que de mes ans i'entende tout le cours.
   Voila tu m'as taillé mes iours
Au demi pied: mon temps de bout en bout
   Au pris du tien n'est rien du tout.
De faict tout homme est toute vanité,
   Quoy qu'il nous semble estre arresté:
L'homme est ainsi comme vn songe passant,
   Et pour neant va tracassant
Pour amasser force biens, sans sçauoir
   L'heritier qui les doit auoir.
Et maintenant, mon Dieu, donques en quoy
   Gist mon espoir? certes en toy.
Deliure moy des maux que i'ay commis,
   Et ne permets que ie soy' mis
Comme à seruir de ris & passetemps
   A ceux qui ont perdu le sens.
I'ay faict ainsi qu'vn muet proprement,
   I'ay clos la bouche entierement:
Car c'est de toy que me vient tout cecy.
   Retire donc de moy transi
Ta playe, helas, ie sens fondre mon cœur,
   Sentant de ta main la rigueur:
Car quand tu veux tant seulement tancer
   Le pecheur, on le voit passer,
On voit perir la beauté du peruers,
   Comme vn habit rongé des vers.
Certes tout homme, à dire verité,
   N'est autre cas que vanité.
Oy ma priere, enten à mes clameurs.
   Seigneur, ne mesprise mes pleurs,
Car pelerin estranger tu me vois,

Comme

PSEAVME XL.

Comme mes peres autresfois.
Recule toy, souffre moy renforcer,
Deuant que i'aille trespasser.

Expectans, expectaui.

PSEAVME XL. TH. BES.

Dauid loue Dieu du secours qu'il luy a donné: & conclud que celuy seul est heureux qui s'attend au Seigneur: predisant l'abolition de son peché par l'obeissance du Messias: comme il est exposé au 10.chap.de l'Epistre aux Hebr. Puis il se desdie du tout à loüer Dieu: l'inuoque en sa grande necessité:s'asseurāt d'estre exaucé, à fin que Dieu en soit loüé.

Apres auoir constamment attendu
De l'Eternel la volonté, Il s'est tourné de
mon costé, Et a mon cry au besoin entendu. Hors de fange d'ordure, Et profon-

H.

deur obſcure D'vn gouffre m'a tiré. A mes pieds

affermis, Et au chemin remis, Sur

vn roc aſſeuré.
Dedans ma bouche vn nouueau chant d'honneur
   Il a mis pour ſon los & pris:
   Pluſieurs l'oyans ſeront appris
En toute crainte à s'attendre au Seigneur.
   O l'homme heureux au monde,
   Qui deſſus Dieu ſe fonde,
   Et en fait ſon rempart!
   Laiſſans tous ces hautains,
   Hommes menteurs & vains
   S'eſgarer à l'eſcart.
Seigneur, mon Dieu, merueilleux ſont tes faicts:
   Tu penſes de nous tellement
   Que nul ne ſcauroit nullement
Mettre de renc les biens que tu luy fais.
   Si ie les nombre ou conte,
   Le nombre me ſurmonte.
   Beſtes pour t'adreſſer,
   Et gaſteaux t'ont deſpleu:
   Mais, Seigneur, il t'a pleu
   L'aureille me percer,

Tu n'as requis oblation de moy
　　Pour le peché:lors ie t'ay dict,
　　Me voicy prest:il est escrit
De ma personne au rolle de la Loy,
　　Que ta volonté saincte
　　I'accomplisse sans feinte.
　　Ie le veux,ô mon Dieu:
　　Ce qu'as determiné
　　Ie porte enraciné
　　De mon cœur au milieu.
I'ay publié ta iustice & presché,
　　Voire sans feindre aucunement,
　　Seigneur,tu le scais:& comment
Rien ie n'ay tenu clos ne caché.
　　Ta verité constante,
　　Ton aide tant puissante
　　Ie declaire à chacun:
　　I'annonce ta bonté,
　　Et grand' fidelité
　　Au milieu du commun.
Or tes bontez tu ne m'espargneras:
　　De ta grande compassion,
　　Et verité sans fiction,
Sans fin,Seigneur,tu m'accompagneras.
　　Infinis maux m'assaillent,
　　Mes pechez me trauaillent:
　　La veuë m'en defaut.
　　Ie sens plus de meschef
　　Que de poil sur mon chef:
　　Le courage me faut.
Deliure moy,Seigneur,par ton support,
　　Accours à mon aide,Seigneur:
　　Soyent confus en grand deshonneur
　Tous ces meschans qui pourchassent ma mort.
　　Honte tous ceux ruine,
　　Qui cerchent ma ruine:
　　Ceux qui rient de moy,
　　Soyent tous recompensez
　　　　　　　　H. H.

116　PSEAVME XLI.

Des maux qui m'ont braſſez,
De vergongne & d'eſmoy.
Mais trouue en toy tout plaiſir ſolennel
Quiconques a vers toy recours:
Quiconques aime ton ſecours
Die touſiours, Loué ſoit l'Eternel.
Poure ſuis miſerable:
Mais mon Dieu ſecourable
A eu de moy le ſoing.
Mon Dieu tu m'as aidé:
C'eſt toy qui m'as gardé,
Sois preſt à mon beſoing.

Beatus vir qui intelligit.
PSEAVME XLI.　TH. BES.

¶ *Dauid eſtant en extreme tourment, benit ceux qui ne l'ont point condamné pour cela: ſe complaint des trahiſons de ſes amis contrefaicts, & entre autres, d'vn de ſes plus familiers, qui eſtoit figure de Iudas, ſelon ce qui eſt dict, Iean 13. Inuoque la miſericorde de Dieu contre eux, en telle aſſeurance qu'il le remercie deſia de ſa ſanté recouurée, tournant le tout à la louange de Dieu. Pſeaume propre pour ceux qui ont experimenté le ſemblable.*

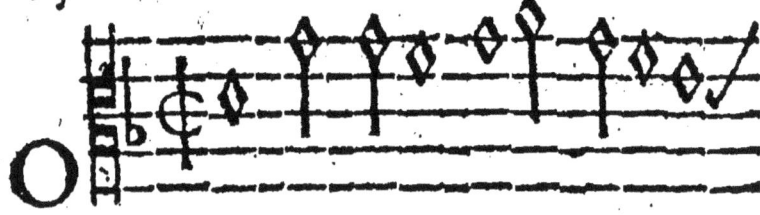

_O Bien-heureux qui iuge　ſage-

ment Du poure en ſon tourmẽt! Certaine-
mens

PSEAVME XLI.

mét Dieu le soulagera, Quand affligé sera.

Dieu le rendra sain & sauf, & fera Qu'en-

cor' il florira. Point ne voudra l'exposer aux

souhaits, Que ses haineux ont faicts.

Lors qu'en son lict sera plein de langueur,
   Dieu luy donra vigueur:
  Et changera son lict d'infirmité,
   En vn lict de santé.

En mes douleurs, ô Dieu, i'ay dict ainsi,
   Aye de moy mercy:
  Guary mon ame, ô Dieu, car i'ay forfaict,
   Et contre toy mesfaict.

Mes ennemis m'ont souhaité des maux
   En leurs courages faux,
  Disans, Iamais ne pourra-il mourir,
   Et son renom perir?
  Me venans voir, m'ont faict de beaux discours,
   Couuans leurs meschans tours

H. iii.

Dedans le cœur:puis chacun,quand il sort,
　Va faire son rapport.
Eux tous alors,certains propos mordens
　Grondent entre leurs dens.
Chacun voudroit me voir exterminé
　Et du tout ruiné,
Disans, C'est homme est au lict attaché
　Pour quelque grand peché.
Il est si plat,qu'il ne peut s'en sauuer,
　Ny iamais releuer.
Mesme sur moy mon amy de plus pres,
　Tesmoing de mes secrets,
Mon amy, dy-ie, en ma table esleué
　Son talon a leué.
Mais toy,Seigneur,ayes compassion
　De mon affliction.
Redresse moy:lors payez ils seront
　Des tourmens qu'ils me font.
Mais quoy?desia par cela voir ie puis
　Combien cher ie te suis:
Que mes haineux n'ont encores dequoy
　Pouoir rire de moy.
C'est toy qui m'as en mon entier tenu,
　Et tousiours soustenu.
Voire & voudras tousiours à l'aduenir
　Deuant toy me tenir.
Loué soit Dieu,le grand Dieu d'Israel,
　D'vn los perpetuel
De siecle en siecle:ainsi,ainsi,Seigneur,
　Soit chanté ton honneur.

Quemadmodum desyderat ceruus
PSEAV. XLII. TH. BES.

¶ *Le Prophete empesché par ses ennemis d'estre en l'as-*
semblée du peuple sainct,en fait vne grande cõplainte.
& proteste qu'il y est de cœur,encores qu'il soit absẽt de
corps:declaire ses calamitez,s'asseure & cõsole soymes-
me en la bonté de Dieu.Pseaume pour ceux que les in-
fideles

PSEAVME XLII.

fideles empeschent de se trouuer en l'Eglise.

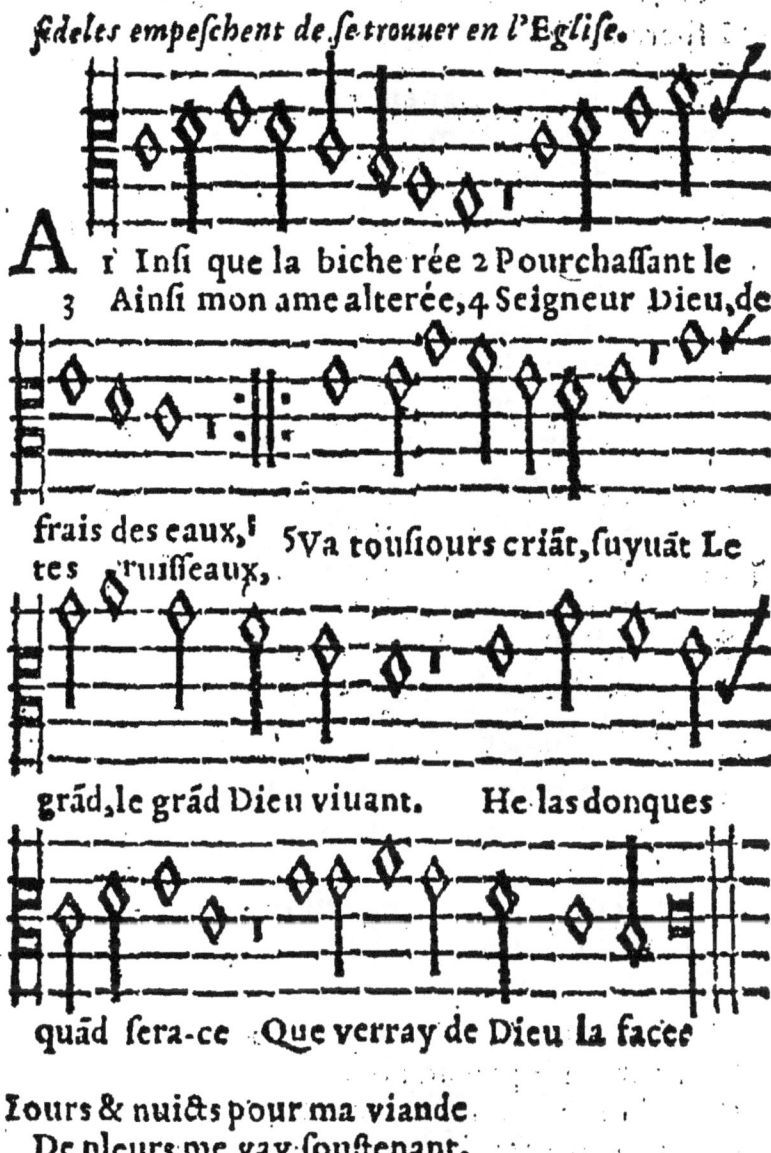

Ainsi que la biche rée 2 Pourchassant le
3 Ainsi mon ame alterée, 4 Seigneur Dieu, de

frais des eaux, 5 Va tousiours criāt, suyuāt Le
tes ruisseaux,

grād, le grād Dieu viuant.   He las donques

quād sera-ce Que verray de Dieu la facee

Iours & nuicts pour ma viande
  De pleurs me vay soustenant,
  Quand ie voy qu'on me demande,
  Ou est ton Dieu maintenant?
    Ie fonds en me souuenant,
    Qu'en trouppe i'alloy' menant,
  Priant, chantant, grosse bande,
  Faire au temple son offrande.
D'ou vient que t'esbahis ores,
  Mon ame, & fremis d'esmoy?

H. iiii.

Espere en Dieu, car encores
Sera-il chanté de moy.
Quand d'vn regard seulement
Il guarira mon torment.
Las, mon Dieu, ie sens mon ame
Qui de grand desir se pasme:
Car i'ay de toy souuenance,
Depuis outre le Iordain,
Et la froide demourance
De Hermon païs hautain,
Et de Misar autre mont.
Vn gouffre l'autre semond,
Lors que tonnent sur ma teste
Les canaux de la tempeste.
Tous les grans flots de ton onde
Par dessus moy ont passé:
Toutesfois deuant le monde,
Seigneur Dieu le temps passé,
De iour tes biens ie sentoys,
De nuict ton los ie chantoys,
Priant d'vne ame rauie,
Dieu seul aucteur de ma vie.
I'ay dict à Dieu, ma puissance,
D'ou vient qu'en oubly suis mis?
Pourquoy vy-ie en desplaisance,
Pressé de mes ennemis?
Ie sens leurs meschans propos
Me naurer iusques aux os,
Quand ils disent à toute heure,
Ou fait ton Dieu sa demeure?
D'ou vient que t'esbahis ores
Mon ame, & fremis d'esmoy?
Espere en Dieu, car encores
Sera-il loué de moy:
D'autant qu'il est le Sauueur
Me presentant sa faueur:
Bref, pour conclurre, mon ame,
C'est le Dieu que ie reclame.

Iudica

PSEAVME XLIII.
Iudica me, Deus.

C L.   M A.

¶Il prie estre deliuré de ceux qui auoyent coniuré auec Absalom, à fin qu'il puisse à bon escient publier les louanges de Dieu en la saincte congregation.

R-Euange moy, pren la querelle
De moy, Seigneur, par ta merci, Contre la gent fausse & cruelle, De l'hôme remply de cautelle, Et en sa malice endurcy Deliure moy aussi.

Las, mon Dieu, tu es ma puissance,
Pourquoy t'enfuis me reboutant?

Pourquoy permets qu'en desplaissance
Ie chemine sous la nuisance
De mon aduersaire, qui tant
Me va persecutant?
A ce coup ta lumiere luise,
Et ta foy veritable tien.
Chacune d'elles me conduise
En ton sainct mont, & m'introduise
Iusques au tabernacle tien
Auec humble maintien.
Là dedans prendray hardiesse
D'aller de Dieu iusqu'à l'autel,
Au Dieu de ma ioye & liesse:
Et sur la harpe chanteresse
Confesseray qu'il n'est Dieu tel,
Que toy Dieu immortel.
Mon cœur, pourquoy t'esbahis ores?
Pourquoy te debas dedans moy?
Atten le Dieu que tu adores:
Car graces luy rendray encores,
D'ont il m'aura mis hors d'esmoy,
Comme mon Dieu & Roy.

Deus, auribus nostris audiuimus.

PSEAV. XLIIII. TH. BE.

¶ Priere tresardente au nom des fideles affligez en toutes sortes pour auoir soustenu la parolle de Dieu: suyuāt l'exposition de sainct Paul, Rom. 8.

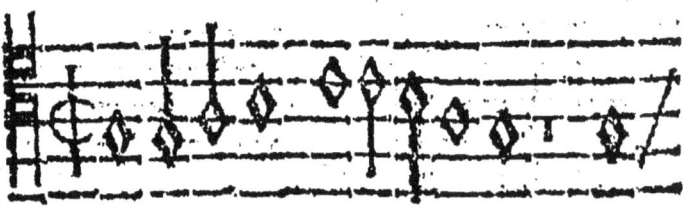

O R auons-nous de noz aureilles, Seigneur

PSEAVME XLIIII.

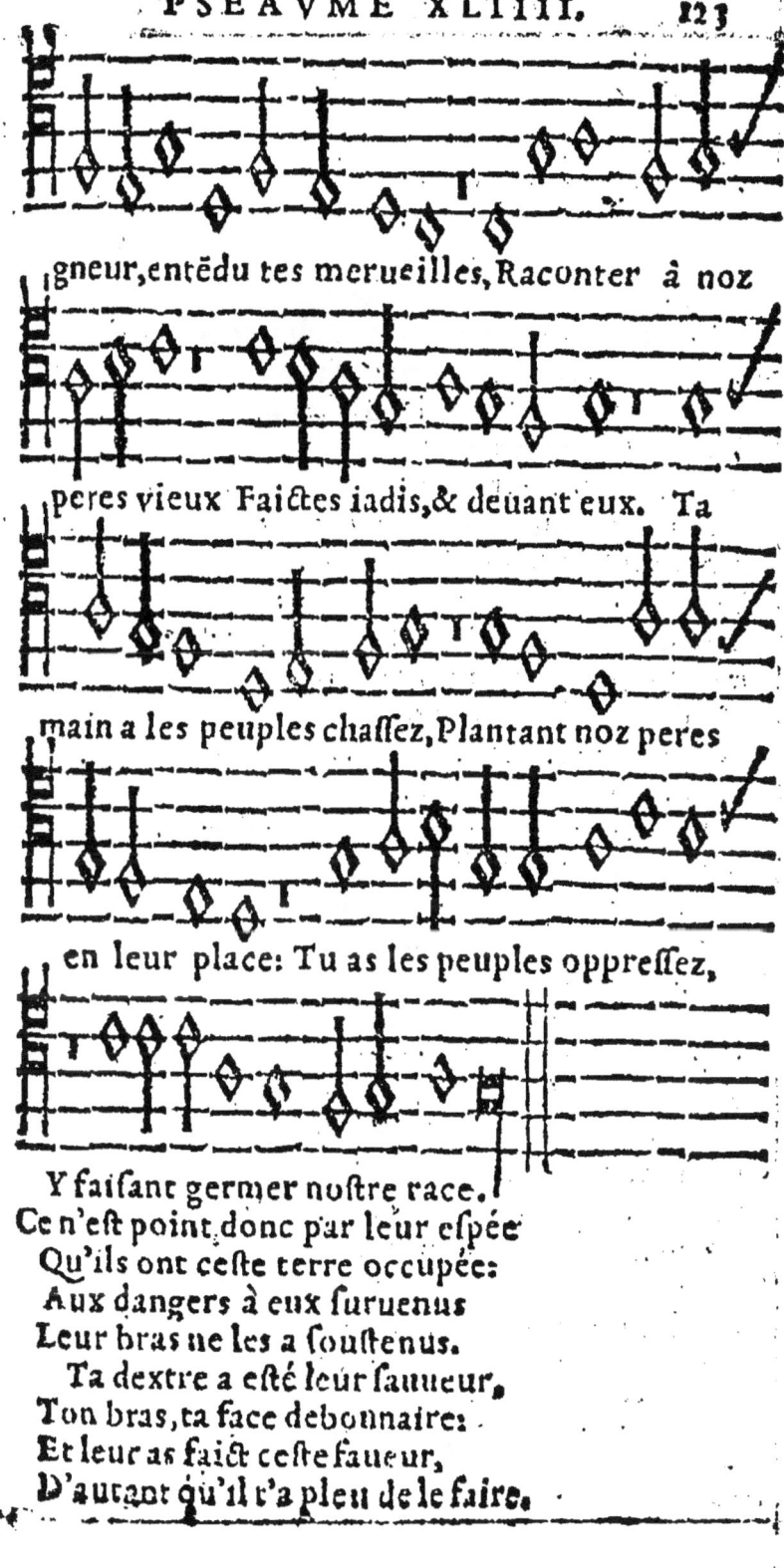

gneur, entēdu tes merueilles, Raconter à noz peres vieux Faictes iadis, & deuant eux. Ta main a les peuples chaffez, Plantant noz peres en leur place: Tu as les peuples oppreffez,

Y faifant germer noftre race.
Ce n'eft point donc par leur efpée
Qu'ils ont cefte terre occupée:
Aux dangers à eux furuenus
Leur bras ne les a fouftenus.
   Ta dextre a efté leur fauueur,
Ton bras, ta face debonnaire:
Et leur as faict cefte faueur,
D'autant qu'il t'a pleu de le faire.

Tu es le Roy qui me domine,
  Seigneur, de puissance diuine:
  Fay que Iacob ton bien aimé
  Ait ton secours accoustumé.
    Par ton secours nous choquerons
  Tous les ennemis qui nous greuent,
  Et par ton nom nous foulerons
  Tous ceux qui contre nous s'eleuent.
Car en mon arc ie n'ay fiance:
  Et scay tresbien que la puissance
  De mon espée ne sera
  Celle qui me garentira:
    Mais toy qui nous as defendus
  Encontre tous noz aduersaires,
  Toy, dy-ie, qui rens confondus
  Tous ceux-là qui nous sont contraires.
En Dieu gist toute nostre gloire,
  Vn chacun iour, & ta memoire
  Nous deliberons desormais
  De magnifier à iamais.
    Mais tu te tiens de nous bien loing,
  Tu nous fais rougir en presence,
  Et noz gendarmes au besoing
  Tu n'accompagnes pour defense.
Tourner tu nous fais en arriere,
  Deuant l'armée meurtriere
  Des ennemis, venans saisir
  Tout nostre bien à leur plaisir.
    Tu nous fais estre à ces pillars,
  Comme brebis aux boucheries,
  Semé nous as de toutes pars
  Parmy nations ennemies.
Ta gent pour neant as vendue,
  Ainsi qu'vne chose perdue:
  Tellement que tout bien conté,
  Tu n'en as en rien profité.
    Tu fais qu'en opprobre nous ont
  Tous ceux qui entour nous habitent:

PSEAVME XLIIII.

Ceux, dy-ie, qui noz voisins sont,
　Par tout nous blasment & despitent.
Nous ne seruons, comme nous sommes,
　Que de prouerbe aux autres hommes:
　Ceux qui nous voyent, quand & quand
　Branslent la teste en se moquant.

　　Honte chemine deuant moy
　Vn chacun iour, quoy que ie face:
　Si que de vergogne & d'esmoy
　Contraint suis de couurir ma face.
Tant il nous faut ouir d'iniures,
　Et maintes reproches tresdures,
　Tant d'ennemis sur nous rengez,
　Ne cerchent que d'estre vengez.

　　Nonobstant tout ce traitement,
　Tu n'es point mis en oubliance,
　Et n'auons point faict autrement
　Que porte ta saincte alliance.
Ailleurs qu'à toy nostre pensée,
　Seigneur, ne s'est point adressée:
　Hors le chemin qu'as ordonné,
　Nostre pied n'a point cheminé.

　　Parmy dragons enuenimez,
　Combien que ta main nous accable,
　Et que nous ayes abysmez,
　D'ombre de mort espouantable:
Si nous n'auions eu souuenance
　De nostre Dieu, & sa puissance,
　Si nous auions tendu la main
　A d'autre Dieu qu'au Souuerain:

　　Dieu ne s'en enquerroit-il point?
　Luy, dy-ie, qui cognoist & sonde,
　Voire iusques au dernier poinct,
　Les plus fins cœurs de tout le monde.
On nous meurtrit pour ta querelle,
　On nous tient en estime telle,
　Que brebis, qu'on nourrit exprés
　A fin de les tuer aprés.

PSEAVME XLV.

Helas, Seigneur, pourquoy dors-tu?
Reueille toy en noz oppresses,
Reueille, dy-ie, ta vertu,
Et pour iamais ne nous delaisses.
Pourquoy caches-tu ton visage?
Pourquoy alors qu'on nous outrage,
N'as-tu quelque compassion
De nostre grande oppression?
La grand rigueur dont tu nous bas,
Confond noz ames & atterre:
Nous auons les ventres tous plats,
Comme collez contre la terre.
Leue toy donc, & nous accorde
L'aide de ta misericorde:
Et pour l'amour de ta bonté,
Deliure nous d'aduersité.

Eructauit cor meum verbum bonum.

PSEAV. XLV. CL. MA.

¶ C'est le chant nuptial de Iesus Christ & de son Eglise, sous la figure de Salomon & de sa principale femme, fille de Pharao.

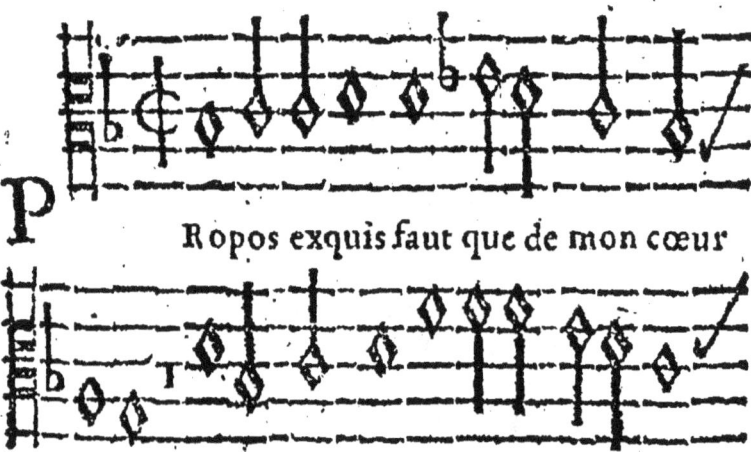

Ropos exquis faut que de mon cœur

sorte, Car du Roy veux dire chanson de sorte.

PSEAVME XLV. 127

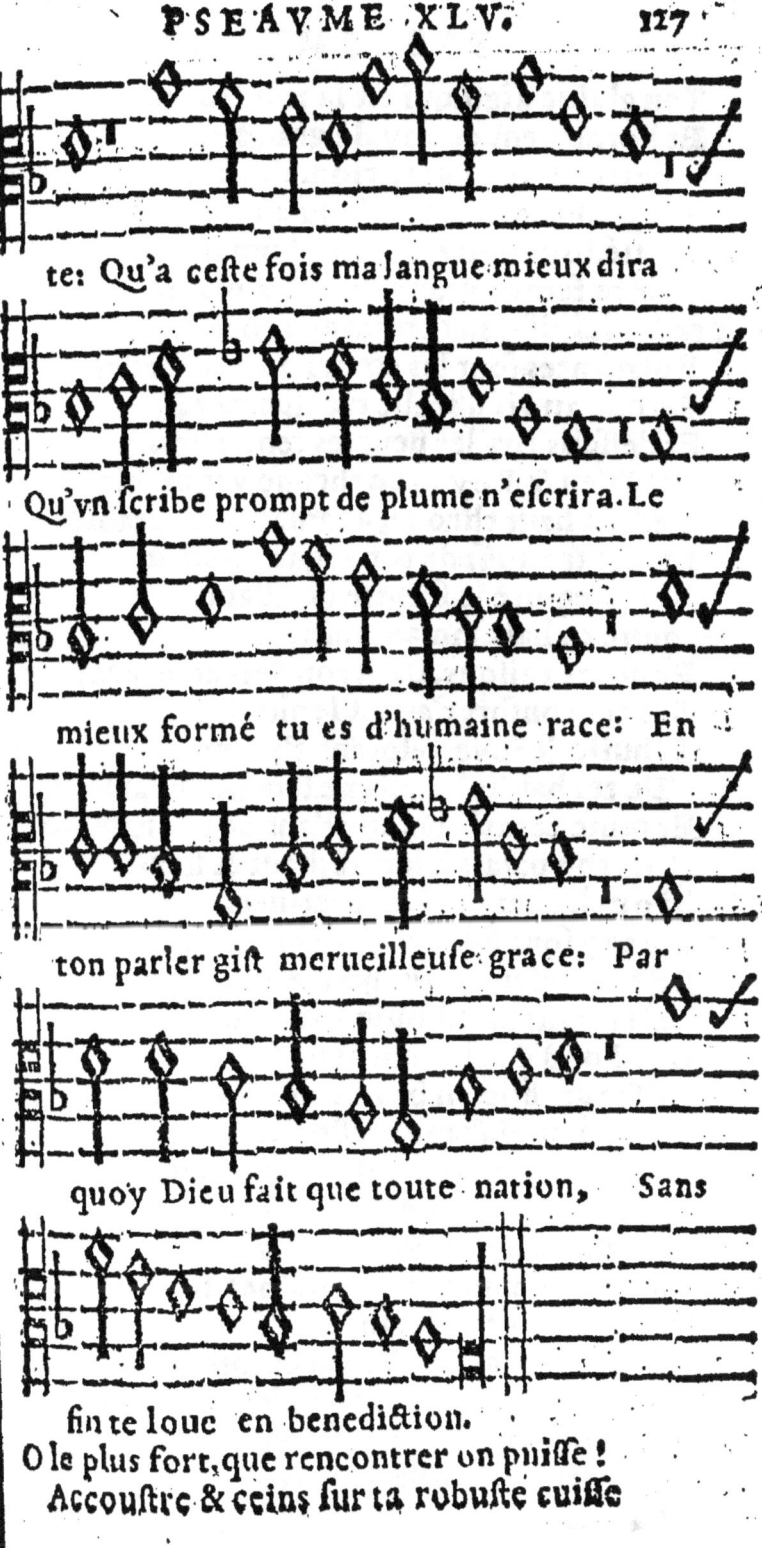

te: Qu'a ceste fois ma langue mieux dira

Qu'vn scribe prompt de plume n'escrira. Le

mieux formé tu es d'humaine race: En

ton parler gist merueilleuse grace: Par

quoy Dieu fait que toute nation, Sans

fin te loue en benediction.
O le plus fort, que rencontrer on puisse!
Accoustre & ceins sur ta robuste cuisse

Ton glaiue aigu, qui eſt la reſplendeur,
Et l'ornement de royale grandeur.
  Entre en ton char, triomphe à la bonne heure
En grand honneur: puis qu'auec toy demeure
Verité, foy, iuſtice, & cœur humain:
Voir te fera de grans choſes ta main.
Tes dards luiſans, & tes ſagettes belles
  Poignantes ſont les cœurs à toy rebelles.
Seront au vif d'icelle tranſpercez,
Et deſſous toy les peuples renuerſes.
  O Dieu & Roy, ton throne venerable
C'eſt vn haut throne, à iamais pardurable:
Le ſceptre auſſi de ton regne puiſſant
C'eſt d'equité le ſceptre floriſſant.
Iniquité tu hais, aimant iuſtice:
  Pour ces raiſons, Dieu ton Seigneur propice
Sus tes conſors t'ayant le plus à gré,
  D'huile de ioye odorant t'a ſacré.
    De tes habits les plis ne ſentent qu'ambre,
Et muſc & myrrhe, en allant de ta chambre
Hors ton palais d'iuoire, haut & fier:
Là ou chacun te vient gratifier.
Auec toy ſont filles de Rois bien nées,
  De tes preſens mout precieux ornées,
Et la nouuelle eſpouſe à ton coſté,
Qui d'or d'Orphir coronne ſa beauté.
  Eſcoute fille, en beauté nompareille,
Enten à moy, & me preſte l'aureille,
Il te conuient ton peuple familier,
Et la maiſon de ton pere oublier.
Car noſtre Roy, noſtre ſouuerain Sire,
  Mout ardemment ta grand' beauté deſire:
D'orenauant ton ſeigneur il ſera,
Et de toy humble obeiſſance aura.
  Peuples de Tyr, peuples pleins de richeſſes,
  D'honneurs & dons te feront grans largeſſes.
Ce ne ſera de la fille du Roy,
Sous manteau d'or, ſinon tout noble arroy.
                                    D'habits

D'habits brodez richement atournée,
Elle sera deuers le Roy menée,
Auec le train des vierges la seruans,
Et de ses plus prochaines la suyuans.
Pleines de ioye, & d'ennuy exemptées,
Au Roy seront ensemble presentées:
Elles & toy, en triomphe & bon heur,
L'irez trouuer en son palais d'honneur.
Ne plains donc point de laisser mere ou pere:
Car en lieu d'eux, mariage prospere
Te produira beaux & nobles enfans,
Que tu feras par tout rois triomphans.
Quant est de moy, à ton nom & ta gloire.
Feray escrits d'eternelle memoire:
Et par lesquels les gens à l'aduenir
Sans fin voudront te chanter & benir.

Deus noster, refugium & virtus.

PSEAV. XLVI.   CL. MA.

¶ Les bons chantent icy quelle fiance & seureté ils ont en tous perils, ayans Dieu pour leur garde.

D Ez qu'aduersité nous offense, Dieu
nous est appuy & defense : Au besoin l'auons
I.

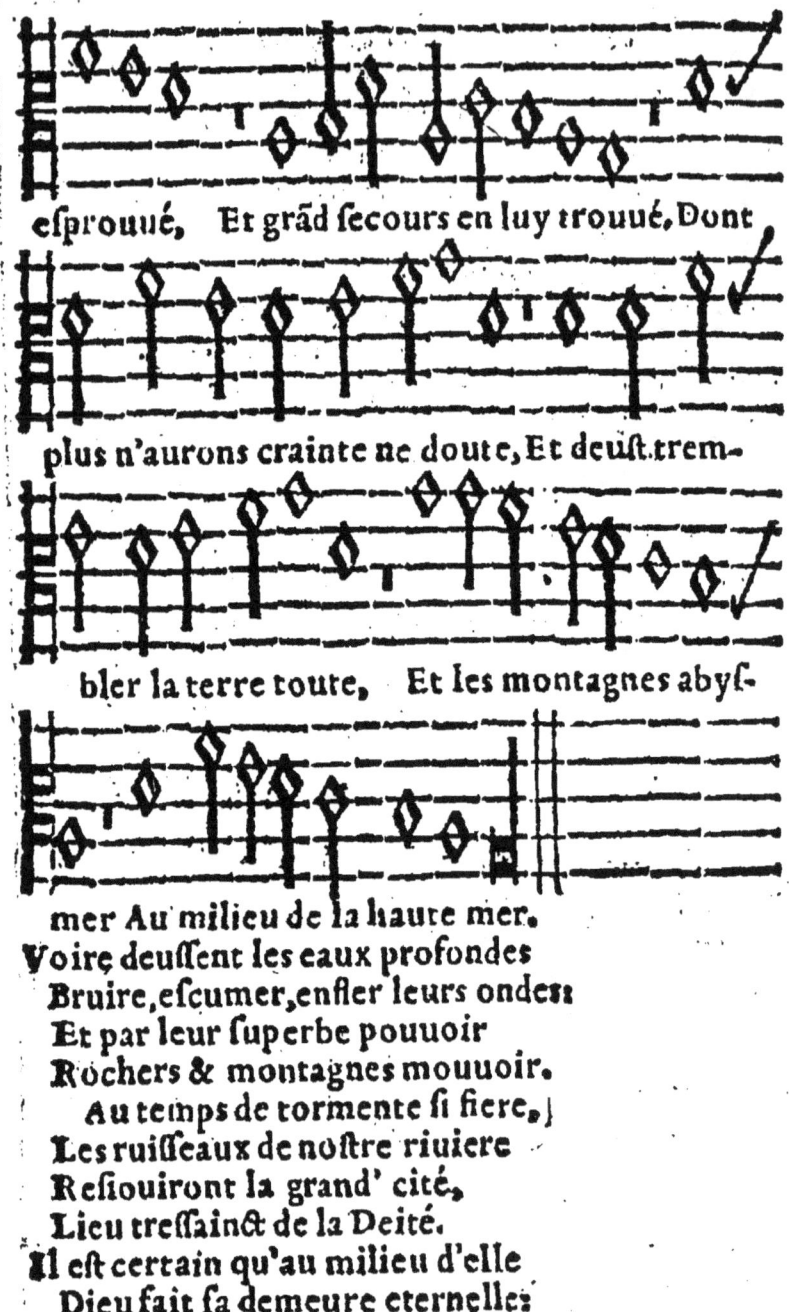

esprouué, Et grãd secours en luy trouué, Dont plus n'aurons crainte ne doute, Et deust trembler la terre toute, Et les montagnes abysmer Au milieu de la haute mer.
Voire deussent les eaux profondes
  Bruire, escumer, enfler leurs ondes:
  Et par leur superbe pouuoir
  Rochers & montagnes mouuoir.
    Au temps de tormente si fiere,
  Les ruisseaux de nostre riuiere
  Resiouiront la grand' cité,
  Lieu tressainct de la Deité.
Il est certain qu'au milieu d'elle
  Dieu fait sa demeure eternelle:
  Rien esbranler ne la pourra:
  Car Dieu prompt secours luy dourra.
    Troupes de gens sur nous coururent:
  Meus contre nous royaumes furent,

PSEAVME XLVI.

Du bruit des voix tout l'air fendoit,
Et sous eux la terre fondoit.
Mais pour nous en ces durs alarmes
A esté le grand Dieu des armes:
Le Dieu de Iacob, c'est vn fort
Pour nous, encontre tout effort.
 Venez, contemplez en vousmesmes
Du Seigneur les actes supremes:
Et ces lieux terrestres voyez,
Comment il les a nettoyez.
Il a esteint cruelle guerre
Par tout iusqu'aux fins de la terre:
Brisé lances, rompu les arcs,
Et par feu les chariots ars.
 Cessez, dit-il, & cognoissance
Ayez de ma haute puissance:
Dieu suis, i'ay exaltation
Sur toute terre & nation.
Conclusion, le Dieu des armes
Des nostres est en tous alarmes:
Le Dieu de Iacob, c'est vn fort
Pour nous encontre tout effort.

Omnes gentes plaudite manibus.

PSEAVME XLVII. TH. BE.

¶ *Cantique de resiouyssance, chanté quand l'arche fut posée en Ierusalem: laquelle estoit le tesmoignage de l'alliance faicte auec le Seigneur, & par mesme moyen figure de la venue de Iesus Christ en son Eglise, par lequel Dieu est reconcilié aux hommes. Parquoy le Prophete passe plus outre, declairant qu'en ceste alliance seroyent comprins non seulement les Iuifs, mais aussi les empires & plus puissans royaumes de la terre: qui recognoistroyent le vray Dieu pour leur souuerain Seigneur & Roy.*

I. ii.

PSEAVME XLVII.

Les peuples batus,
Peuples abatus,
Et humiliez
Mettra sous noz pieds.
 C'est luy qui à part
A mis nostre part,
De Iacob l'honneur,
Auquel le Seigneur
Se monstra sur tous
Amiable & doux.
Or donc le voicy
Qui s'en vient icy,
A grans cris de voix:
A son de hautbois
Voyons arriuant
Le grand Dieu viuant.
 Chantez moy, chantez
De Dieu les bontez:
Chantez, chantez moy
Nostre puissant Roy:
Car il est le Dieu
Regnant en tout lieu.
Sages & discrets
Chantez ses secrets:
Car tous les gentils
Tient assubiettis,
Au throne monté
De sa saincteté.
 Les princes puissans
S'assubiettissans,
Vers luy sont venus,
Pour estre tenus
Peuple du Dieu sainct,
Qu'Abraham a craint.
Car Dieu en sa main,
Comme souuerain
De ce monde entier,
Porte le bouclier.

I. iii.

Eleué sur tout,
Iusqu'au dernier bout.

Deus, deorum Dominus.

PSEAV. L. CL. MA.

¶ Il prophetize comment Dieu devoit appeller à soy toutes nations par l'Euangile, & ne demander aux siens pour tous sacrifices, sinon confession & predication de sa bonté: detestant ceux qui se vantent d'observer sa religion, sans que leur cœur soit touché de zele ne d'amour en luy.

LE Dieu, le fort, l'Eternel parlera,

Et haut & clair la terre appellera: De l'Ori-

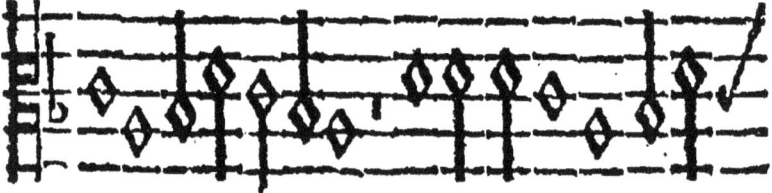

ent iusques à l'Occidēt, Deuers Siō Dieu clair &

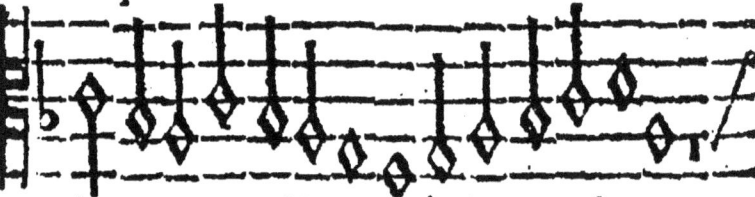

euident Apparoistra, orné de beauté toute

Nostre

PSEAVME L.

Noſtre grãd Dieu viẽdra n'en faites doute.
Ayant vn feu deuorant deuant luy,
D'vn vehement tourbillon circuy.
Lors huchera & terre & ciel luiſant,
Pour iuger là tout ſon peuple, en diſant,
Aſſemblez moy mes Sainɗs, qui par fiance
Sacrifians, ont pris mon alliance.
(Et vous les cieux direz en tout endroit
Son iugement: car Dieu eſt iuge droit.)
Enten mon peuple, & à toy parleray:
Ton Dieu ie ſuis, rien ne te celeray:
Par moy repris ne ſeras des offrandes,
Qu'en ſacrifice ay voulu que me rendes.
Ie n'ay beſoing prendre en nulle ſaiſon
Bouc de tes parcs, ne bœuf de ta maiſon:
Tous animaux des bois ſont de mes biens,
Mille troupeaux en mille mons ſont miens:
Miens ie cognoy les oiſeaux des montagnes,
Et Seigneur ſuis du beſtail des campagnes.
Si i'auoye faim, ie ne t'en diroye rien:
Car à moy eſt le monde & tout ſon bien.
Suis-ie mangeur de chair de gros taureaux?
Ou boy-ie ſang de boucs ou de cheureaux?
A l'Eternel louange ſacrifie,
Au ſouuerain rend tes veux, & t'y fie.
Inuoque moy quand oppreſſé ſeras,
Lors t'aideray, puis honneur m'en feras.
Auſsi dira l'Eternel au meſchant,
Pourquoy vas-tu mes ediɗs tant preſchant,
Et prens ma Loy en ta bouche maligne,
Veu que tu as en haine diſcipline,
Et que mes diɗs iettes & ne reçois?
Si vn larron d'aduenture apperçois,

I iiii

PSEAVME LI.

Auec luy cours:car autant que luy vaux,
T'accompagnant de paillards & ribaux,
Ta bouche mets à mal & medisances,
Ta langue brasse & fraudes & nuisances.
Causant assis pour ton prochain blasmer,
Et pour ton frere ou cousin diffamer.
Tu fais ces maux,& ce pendant que riens
Ie ne t'en dy,tu m'estimes & tiens
Semblable à toy:mais quoy que tard le face,
T'en reprendray quelque iour en ta face.
Or entendez cela,ie vous supply,
Vous qui mettez l'Eternel en oubly,
Que sans secours ne soyez tous deffaicts.
Sacrifiant louange,honneur me fais,
Dit le Seigneur:& qui tient ceste voye,
Douter ne faut,que mon salut ne voye.

Miserere mei Deus, secundum.

PSEAV. LI. CL. MA.

¶ Apres la mort d'Vrie, Dauid cognoissant son peché demande pardon à Dieu, & qu'il luy enuoye son Esprit pour le garder de plus pecher: s'offre à instruire les autres : & prie pour Ierusalem, qui est la vraye Eglise.

Misericorde au poure vicieux, Dieu
tout-puissãt, selon ta grand'clemence, Vse à ce
coup

PSEAVME LI. 137

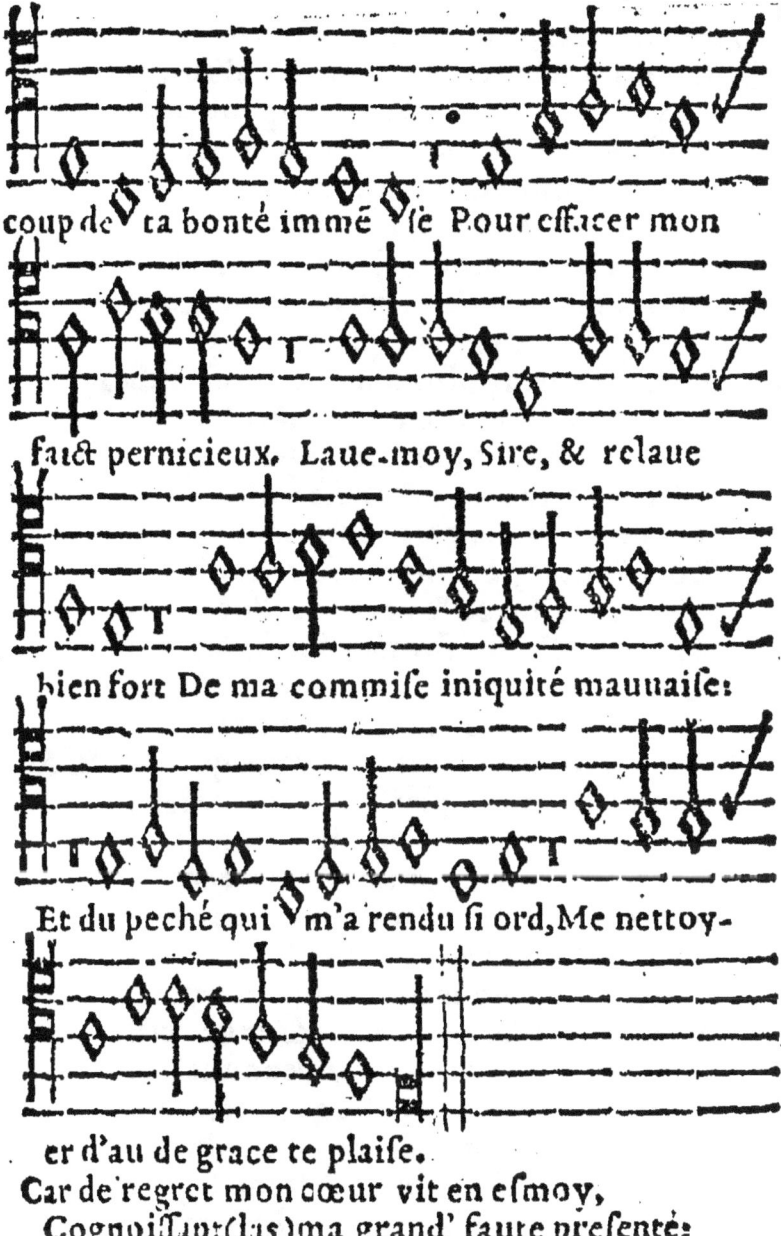

coup de ta bonté immé se Pour effacer mon
faict pernicieux. Laue-moy, Sire, & relaue
bien fort De ma commise iniquité mauuaise:
Et du peché qui m'a rendu si ord, Me nettoy-
er d'au de grace te plaise.
Car de regret mon cœur vit en esmoy,
  Cognoissant (las) ma grand' faute presente:
  Et, qui pis est, mon peché se presente
Incessamment noir & laid deuant moy.
    En ta presence à toy seul i'ay forfaict:
  Si qu'en donnant arrest pour me deffaire,
Iugé seras auoir iustement faict,
  Et vaincras ceux, qui diront du contraire.

PSEAVME LI.

Helas, ie fcay, & fi l'ay toufiours fceu,
 Qu'iniquité print auec moy naiſſance:
 I'ay d'autre part certaine cognoiſſance,
 Qu'auec peché ma mere m'a conceu.
 Ie fcay aufsi que tu aimes de faict
 Vraye equité dedans la conſcience:
 Ce que n'ay eu, moy à qui tu as faict
 Voir les secrets de ta grand' ſapience.
D'hyſope donc par toy purgé feray:
 Lors me verray plus net que choſe nulle,
 Tu laueras ma trop noire macule:
 Lors en blancheur la neige paſſeray.
 Tu me feras ioye & lieſſe ouir,
 Me reuelant ma grace interinée:
 Lors ſentiray croiſtre & ſe reſiouir
 Mes os, ma force & vertu declinée.
Tu as eu l'œil aſſez ſur mes forfaicts,
 Deſtourne d'eux ta courroucée face:
 Et te ſupply', non ſeulement efface
 Ce mien peché, mais tous ceux que i'ay faicts.
 O Createur, te plaiſe en moy créer
 Vn cœur tout pur, vne vie nouuelle:
 Et pour encor' te pouuoir aggréer,
 Le vray Eſprit dedans moy renouuelle.
De ton regard ie ne ſoy' reculé:
 Et te ſupply, pour finir mon martyre,
 Ton ſainct Eſprit de mon cœur ne retire,
 Quand tu l'auras en moy renouuellé.
 Redonne-moy la lieſſe que prit
 En ton ſalut, mon cœur iadis infirme:
 Et ne m'oſtant ce libre & franc Eſprit,
 En iceluy pour iamais me confirme.
Lors ſeulement ne ſuyuray tes ſentiers,
 Mais les feray aux iniques apprendre:
 Si que pecheurs à toy ſe viendront rendre,
 Et ſe voudront conuertir volentiers.
 O Dieu, ô Dieu de ma ſaluation,
 Deliure-moy de ce mien ſanglant vice:

PSEAVME LXXII.

Et lors ma bouche en exultation
  Chantera haut ta bonté & iustice.
Ha, Seigneur Dieu, ouure mes leures donc:
  Rien bon n'en sort quād moy-mesme les ouures
  Mais si ta main pour les ouurir y œuure,
  I'annonceray tes louanges adonc.
  Si tu voulois sacrifice mortel
De boucs & bœufs, & conte tu en fisses:
Ie l'eusse offert: mais en temple n'autel
Ne te sont point plaisans tels sacrifices.
Le sacrifice aggreable, & bien pris
  De l'Eternel, c'est vne ame dolente,
  Vn cœur submis, vne ame penitente:
  Ceux-là, Seigneur, ne te sont à mespris.
  Traite Sion en ta benignité,
O Seigneur Dieu, & par tout fortifie
Ierusalem ta treshumble cité:
Ses murs aussi en bref temps edifie.
Adonc auras des cœurs bien disposez
  Oblations telles que tu demandes:
  Adonc les bœufs, ainsi que tu commandés,
  Sur ton autel seront mis & posez.

Deus, iudicium tuum Regi da.
PSEAVME LXXII.   CL. MA.

¶ Il prie que le regne de Dieu aduienne par Iesus
Christ, prophetisant l'estendue, l'equité, felicité & longue durée d'iceluy regne: le tout sous la figure de celuy
de Salomon.

T 1 Es iugemēs Dieu veritable 2 Baille au Roy
3 Veuilles ta iustice equitable 4 Au fils du

140   PSEAVME LXXII.

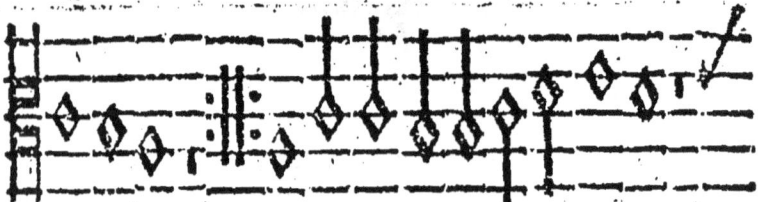

pour regner:
Roy donner. 5 Il tiendra ton peuple en iustice

Chassant iniquité: A tes poures sera propi-

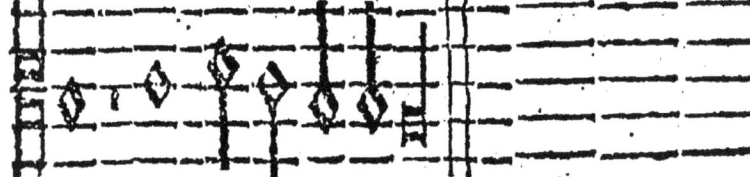

ce Leur gardant equité.
Les peuples verront aux montagnes
  La paix croistre & meurir:
Et par coustaux,& par campagnes
  La iustice fleurir.
Ceux du peuple estans en destresse
  L'auront pour defenseur:
Les poures gardera d'oppresse,
  Reboutant l'oppresseur.
Ainsi vn chacun & chacune,
  O roy, t'honnorera
Sans fin,tant que Soleil & Lune
  Au monde esclairera.
Il vient comme pluye aggreable
  Tombant sur prez fauchez,
Et comme rousée amiable
  Sur les terroirs sechez.
Luy regnant, floriront par voye
  Les bons & gracieux,
En longue paix,tant qu'on ne voye

                                    Ds

PSEAVME LXXII.

De Lune plus aux cieux.
De l'vne mer large & profonde
　Iusques à l'autre mer,
D'Euphratés iusqu'au bout du monde,
　Roy se fera nommer.
Ethiopes viendront grand' erre
　S'encliner deuant luy,
Ses haineux baiseront la terre
　A l'honneur d'iceluy.
Rois d'Isles & de la mer creuse
　Viendront à luy presens,
Et Rois d'Arabie l'heureuse,
　Pour luy faire presens.
Tous autres Rois viendront sans doute
　A luy s'humilier,
Et le voudra nation toute
　Seruir & supplier.
Car deliurance il donra bonne
　Au poure à luy plourant,
Et au chetif, qui n'a personne
　Qui luy soit secourant.
Aux calamiteux & plorables
　Sera doux & piteux,
Sauuant les vies miserables
　Des poures souffreteux.
Les gardera de violence
　Et dol pernicieux,
Ayant leur sang par sa clemence
　Mout cher & precieux.
Chacun viura: l'or Arabique
　A tous departira:
Dont sans fin Roy tant magnifique
　Par tout on benira.
De peu de grains force blé, somme,
　Les espics chacun an
Sur les monts bruiront en l'air, comme
　Les arbres du Liban.
Florira la tourbe ciuile

Des bourgeois & marchans,
Multiplians dedans la ville,
 Comme herbe par les champs.
Sans fin bruira le nom & gloire
 De ce Roy nompareil:
De son renom sera memoire
 Tant qu'y aura Soleil.
Toutes nations asseurées
 Sous Roy tant valeureux,
S'en iront vantant bien-heurées,
 Et le diront heureux.
Dieu, le Dieu des Israelites,
 Qui sans secours d'aucun
Fait des merueilles non petites
 Soit loué de chacun.
De sa gloire tresaccomplie
 Soit loué le renom:
Soit toute la terre remplie
 Du haut los de son nom.

Quàm bonus Israel Deus.
PSEAV. LXXIII. TH. BE.

¶ Le Prophete nous monstre par son exëple, que la prosperité temporelle des meschans, & l'affliction des bons, ne doyuent estonner les fideles : mais qu'il faut passer plus outre iusqu'à Dieu : en quoy faisant, on trouuera que les meschans s'en vont en fumée, & les bons entrent en vne felicité eternelle. Parquoy il delibere de se tenir à Dieu. Pseaume propre contre les tentations du monde, & tresnecessaire pour ce temps.

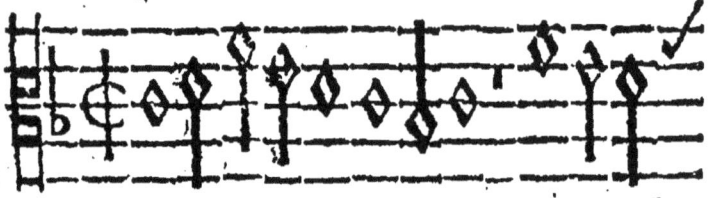

S I est-ce que Dieu est tresdoux A son Is-

PSEAVME LXXIII.

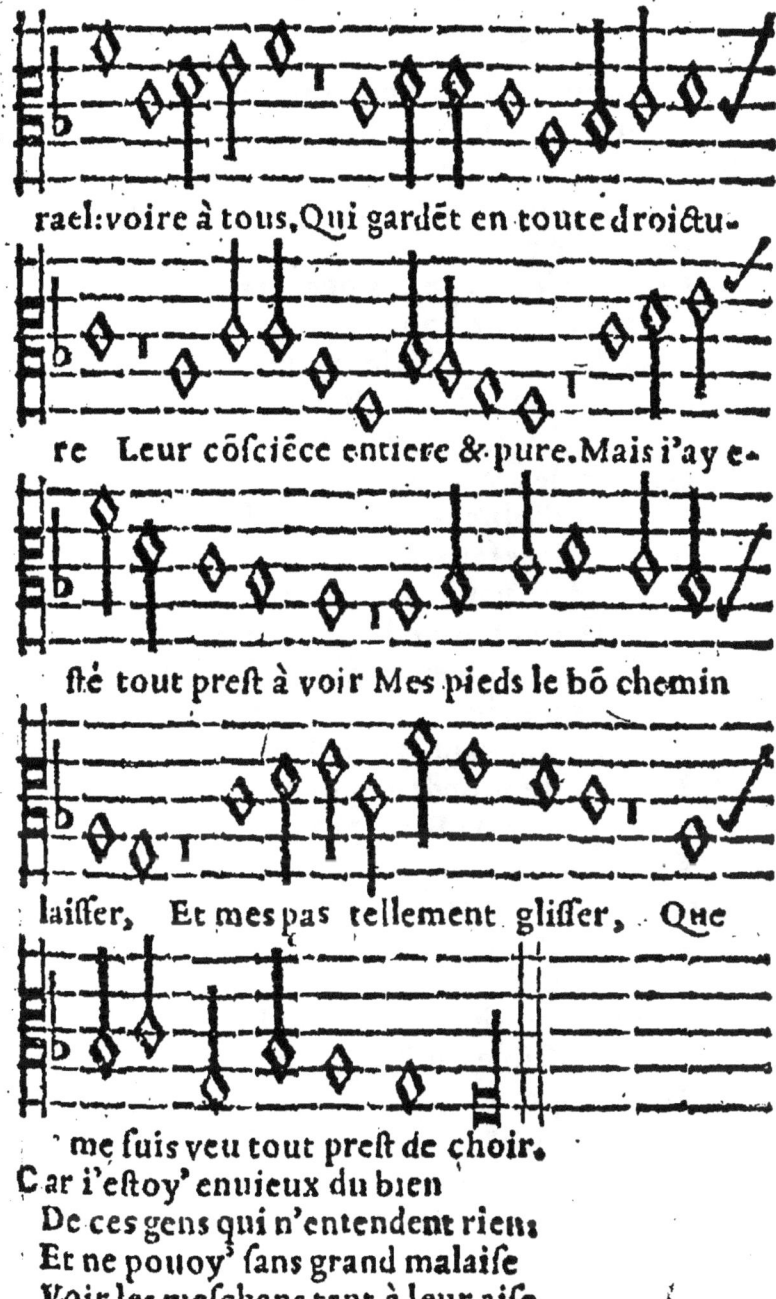

rael: voire à tous, Qui gardent en toute droictu-

re Leur cõscience entiere & pure. Mais i'ay e-

sté tout prest à voir Mes pieds le bõ chemin

laisser, Et mes pas tellement glisser, Que

me suis veu tout prest de choir.
Car i'estoy' enuieux du bien
  De ces gens qui n'entendent rien:
  Et ne pouoy' sans grand malaise
  Voir les meschans tant à leur aise.
    Car detenus ils ne sont point
  Des langueurs tirans à la mort:
  Ils ont le corps alegre & fort:
  Ils sont dispos & en bon poinct.

PSEAVME LXXIII.

Quand tout le monde est en trauaux,
  Ceux-cy n'ont ne peines ny maux:
  Si quelque affliction nous donte,
  Ceux-cy ne se trouuent du conte.
    Pourtant orgueil, comme vn carquant,
  Lace leur gros col arrogant:
  Et sont d'outrage ces peruers,
  Comme d'vne robbe couuers.
La gresse leur pousse les yeux
  Hors de leur chef malicieux,
  Et bien souuent ont d'auantage,
  Que n'a desiré leur courage.
    Sont dissolus en tous leurs faicts,
  Parlent des faux tours qu'ils ont faicts
  Aux iustes par eux tormentez,
  Et parlent comme haut montez.
Leur bouche entreprend bien d'aller
  Iusques au ciel, pour en parler:
  Leur langue tant fausse & vilaine
  Par tout le monde se pourmeine.
    Les enfans de Dieu pour autant
  Reuienent tousiours à cecy,
  En se voyant verser ainsi
  L'eau d'angoisse à boire d'autant.
Et s'en vont disant, L'Eternel
  De son haut throne supernel,
  Est-il possible qu'il regarde
  Icy bas, pour y prendre garde?
    Ceux-cy ne valent rien du tout:
  Et toutesfois on voit comment
  Ils viuent tant heureusement,
  Garnis de biens iusques au bout.
Pour neant donc ay-ie tasché,
  Que mon cœur ne fust entaché,
  Et par soigneuse diligence
  Laué mes mains en innocence.
    C'est donc à tort que suis feru,
  Et affligé iournellement:

PSEAVME LXXIII.

En vain reçoy-ie chastiment
  Dés que le iour est apparu.
Mais en vsant de tels propos,
  Grand tort ie feray par ces mots,
Seigneur Dieu, à toute la race
Des enfans de ta saincte grace.
  Pourtant i'ay tasché grandement
A me resoudre sur cela:
Mais tousiours ce poinct me sembla
Fascheux à mon entendement:
Iusques à tant qu'au sacré lieu
Suis venu du temple de Dieu:
Des meschans la derniere issue
Alors ay-ie bien apperceuë.
  Quand tout est dict, telles gens sont
En lieux dangereux & glissans:
Parquoy tout soudain renuersans,
Aux creux abysmes ils s'en vont.
Lors chacun s'esbahit comment,
Ils ont peu tant soudainement
Ainsi deffaillir & se fondre,
Et tant horriblement confondre.
  Entre les humains effacé
Sera le lustre de leurs biens,
Ainsi qu'vn songe qui n'est riens,
Dés que le dormir est passé.
Si est-ce qu'en mon pensement
Ie me troubloy' fort aigrement,
Ie sentoye, dy-ie, ma pensée
Bien fort poignante & offensée.
  Mais i'auoy' perdu mes esprits:
Mesmement ie n'estoy' point moy:
Mais vn vray veau, comme ie croy,
Quand à toy ainsi ie me pris.
Or quelque assaut qu'aye senti,
I'ay tousiours tenu ton parti:
D'autant qu'en mes grandes oppresses
Tu prens ma main & me redresses.

K.

PSEAVME LXXIX.

Le conseil que tu m'as donné,
Ma guidé tresfidelement:
Tant qu'a gloire & contentement
A la fin tu m'as amené.
De tout ce qu'au ciel i'apperçoy,
Qui sera mon Dieu, fors que toy?
Me forgeray-ie en ce bas monde
Quelque Diuinité seconde?

Ie sens ma force defaillir,
Seigneur, & mon cœur empiré:
Mais tu m'es vn roc asseuré,
Et soustien, qui ne peut faillir.
Car celuy qui t'eslognera,
Il est seur qu'il renuersera:
Et faut que tout homme perisse,
Qui n'est loyal à ton seruice.

A toy me veux donc adresser:
Car mieux ne me peut aduenir,
Qu'a mon Dieu tousiours me tenir,
Et ses merueilles annoncer.

Deus, venerunt gentes in hæreditatem.

PSEAVME LXXIX.

¶ Il se complaint de la calamité aduenue en Ierusalem par Antiochus: contre lequel il demande aussi l'aide de Dieu.

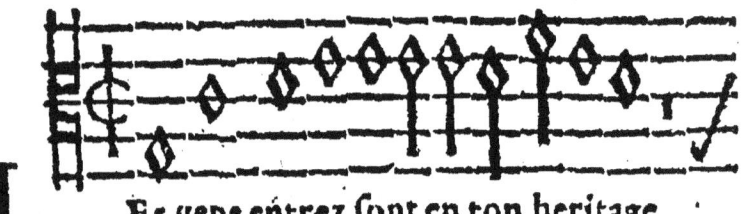

L Es gens entrez sont en ton heritage,

PSEAVME LXXIX. 147

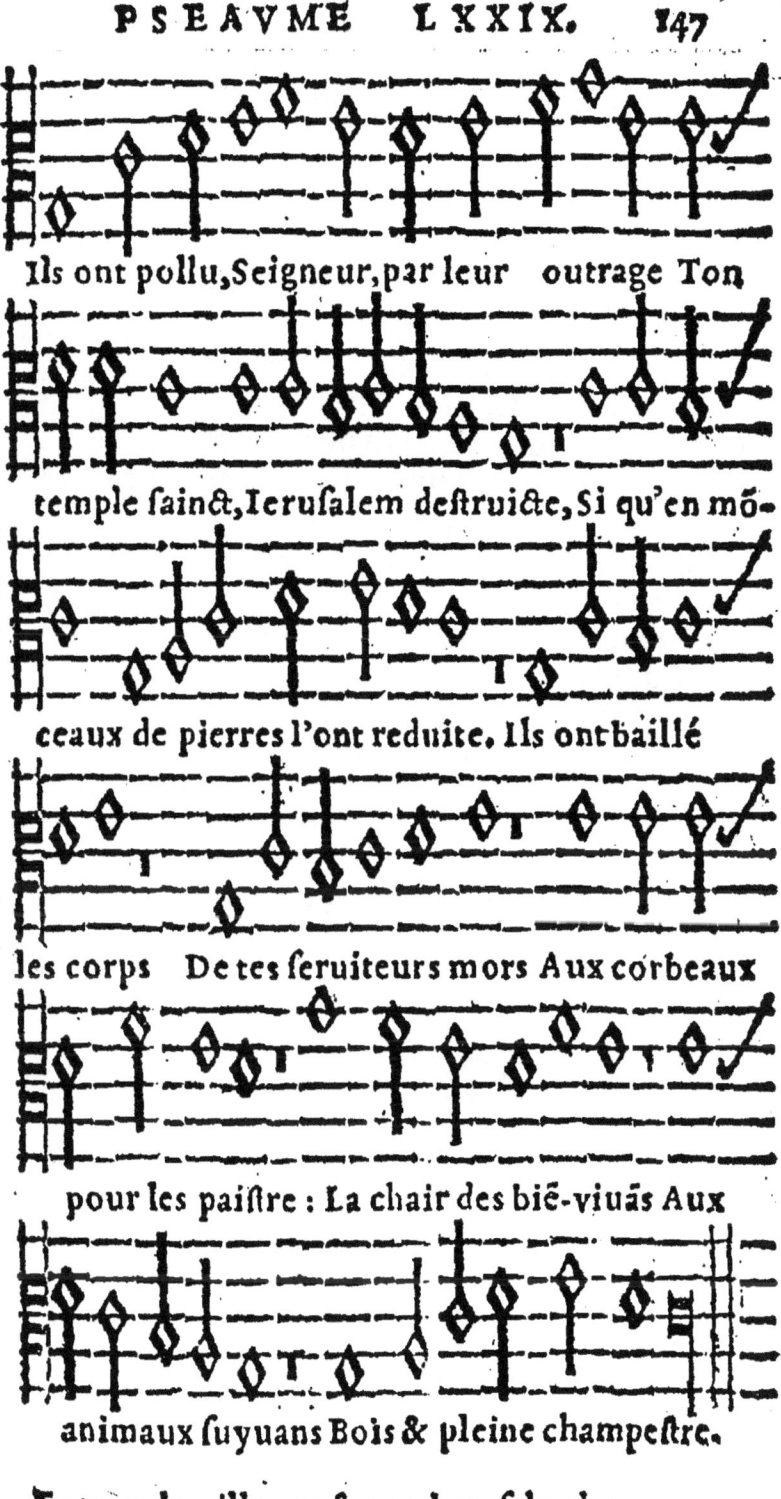

Ils ont pollu, Seigneur, par leur outrage Ton

temple sainct, Ierusalem destruicte, Si qu'en mõ-

ceaux de pierres l'ont reduite. Ils ont baillé

les corps De tes seruiteurs mors Aux corbeaux

pour les paistre : La chair des biẽ-viuãs Aux

animaux fuyuans Bois & pleine champestre.

Entour la ville, ou fut ce dur esclandre,

PSEAVME LXXIX.

Las on a veu le sang d'iceux espandre
Ainsi comme eau iettée à l'aduenture,
Sans que viuant leur donnast sepulture.
 Ceux qui noz voisins sont
 En opprobre nous ont,
 Nous mocquent, nous despitent.
 Ores sommes blasmez,
 Et par ceux diffamez
 Qui entour nous habitent.

Helas, Seigneur, iusques à quand sera-ce?
Nous tiendras-tu pour iamais hors de grace?
Ton ire ainsi embrasée ardra elle
Comme vne grand' flamme perpetuelle?
 Tes indignations
 Espan sur nations
 Qui n'ont ta cognoissance.
 Ce mal viendroit à poinct
 Aux royaumes qui point
 N'inuoquent ta puissance.

Car ceux-là ont toute presques esteinte
Du bon Iacob la posterité saincte,
Et en desert totalement tournée
La demeurance à luy par toy donnée.
 Las, ne nous ramentoy
 Les vieux maux, contre toy
 Perpetrés à grans sommes:
 Haste toy, vienne auant
 Ta bonté nous sauuant
 Car mout affligés sommes.

Assiste nous, nostre Dieu secourable:
Pour l'honneur haut de ton nom venerable
Deliure nous, sois piteux & paisible
En noz pechez, pour ta gloire indicible.
 Qu'on ne die au milieu
 Des gens, Ou est leur Dieu?
 Ains punis leur offenses:
 Veuilles de toutes pars
 Des tiens le sang espars

Venger

PSEAVME LXXXVI. 149

Venger en noz presences.
Des prisouniers le gemissement vienne
Iusques au ciel en la presence tienne:
Les condamnez,& ceux qui ia se meurent,
Fay que viuans par ton pouuoir demeurent.
    A noz voisins aussi,
    En leur sein endurcy,
    Sept fois veuilles leur rendre
    Le blasme & deshonneur,
    Que contre toy, Seigneur,
    Ont osé entreprendre.
Et nous alors,ton vray peuple & tes hommes,
Et qui troupeau de ta pasture sommes,
Te chanterons par siecles innombrables,
De fils en fils,preschans tes faicts louables.

Inclina,Domine,aurem tuam.
PSEAVME LXXXVI.
CL. MA.

¶ Dauid requiert à Dieu premierement qu'il le face viure sans peché:secondement qu'il l'asseure de ses ennemis,luy donnant vie heureuse: puis raconte la puissance & bonté de Dieu ia manifestée,& qu'il doit encore manifester à luy & aux autres.

1 On Dieu preste moy l'aureille,
2 Par ta bonté non pareille,

Respõ moy:car plus n'en puis, Tãt poure & af.
K. iii.

fligé suis. Garde ie te pri' ma vie : Car
de bié faire ay enuie: Mō Dieu, garde tō seruant En l'espoir de toy viuant.

Las, de faire te recorde
  Faueur & misericorde
  A moy, qui tant humblement
  T'inuoque iournellement.
    Et donne liesse à l'ame
 Du serf, qui Seigneur te clame:
 Car mon cœur, ô Dieu des dieux,
 I'esleue à toy iusqu'aux cieux.
A toy mon cœur se transporte,
  Car tu es de bonne sorte,
  Et à ceux plein de secours,
  Qui à toy vont à recours.
    Doncques la priere mienne
 A tes aureilles paruienne:
 Enten, car il est saison,
 La voix de mon oraison.
Dès qu'anguisse me tormente,
  A toy ie crie & lamente:
  Pource qu'à ma triste voix
  Tu respons souuentesfois.

PSEAVME LXXXVI.

Il n'est Dieu à toy semblable,
N'y à toy accomparable:
Ne qui se sceut vsiter
A tes œuures imiter.
Toute humaine creature
Qui de toy a pris facture,
Viendra te glorifier,
Et ton nom magnifier:
Car tu es grand à merueilles,
Et fais choses nompareilles:
Aussi as-tu l'honneur tel,
D'estre seul Dieu immortel.

Mon Dieu, monstre moy tes voyes,
Afin qu'aller droit me voyes:
Et sur tout, mon cœur non feint
Puisse craindre ton nom sainct.
Mon Seigneur Dieu, ta hautesse
Ie veux celebrer sans cesse:
Et ton sainct nom ie pretens
Glorifier en tout temps:
Car tu as à moy indigne
Monstré grand' bonté benigne,
Tirant ma vie du bord
Du bas tombeau de la mort.

Mon Dieu, les peruers m'assaillent,
A grans troupeaux sur moy saillent:
Et cerchent à mort me voir,
Sans à toy regard auoir.
Mais tu es Dieu pitoyable,
Prompt à mercy, & ployable,
Tardif à estre irrité,
En de grand' fidelité.
En pitié donc me regarde,
Baille ta force & ta garde
Au foible seruiteur tien,
Et ton esclaue soustien.
Quelque bon signe me donne,
Qui mes ennemis estonne,

K. iiii.

152　　　　PSEAVME XC.

Quand verront que toy, Sauueur,
Me presteras ta faueur.

Domine, refugium factus es.

PSEAVME XC. TH. BE.

¶ *Moyse descrit la miserable condition, à laquelle nous assubiettissent noz peschez, & prie Dieu qu'il la face entendre à chacun. Puis luy demande secours, afin que Dieu soit glorifié en ses seruiteurs.*

Oraison de Moyse seruiteur de Dieu.

T V as esté, Seigneur, nostre retraite,

Et seur secours de lignée en lignée: Mesme de-

uant nulle montagne née, Et que le mõde &

la terre fut faicte, Tu estois Dieu desia com-
　　　　　　　　　　　　　　　　　　　me

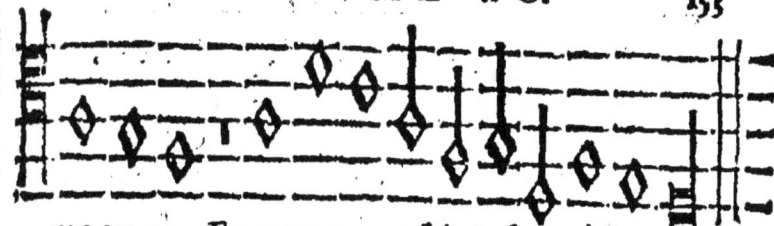

me tu es, Et comme aussi tu seras à iamais.

Quand il te plaist tu fais l'homme dissoudre
 Disant ainsi, Creatures mortelles,
Ie vous enioins que retourniez en poudre,
 Car deuant toy mille années sont telles
Comme nous est le iour passé d'hier,
Ou d'vne nuict seulement vn quartier.
Sur les humains tomber fais ton orage:
 Lors ils s'en vont comme vn songe qui passe,
Et ne leur faut que d'vn matin l'espace
 Pour les fener ainsi comme l'herbage,
Verd au matin auec sa belle fleur,
Fauché le soir, sans force ne couleur.
Car ton courroux nous destruit & ruine,
 Et grandement espouantez nous sommes
Par ta fureur, quand ta face diuine
 Met deuant soy tous les pechez des hommes,
Apperceuant de ses clairs yeux ouuers
Iusqu'aux secrets & pensers plus couuers.
En fin voila que noz beaux iours deuiennent
 Par ton courroux, & la vie s'enuolle
Aussi soudain qu'en l'air fait la parolle.
 Ainsi noz iours volontiers ne reuiennent
Qu'à septante ans, ou quatre vingts, pour ceux
Qui ont le corps plus fort & vigoreux.
Encor' la fleur de ceste vie est telle
 Qu'on est tousiours en peine & en martyres
Elle s'enfuit, & nous auecques elle.
 Et qui cognoit la force de ton ire,
Et ta fureur, selon ceste grand'peur,
Que nous deuroit apporter ta grandeur?
Or donc, Seigneur, appren-nous à comprendre

Combien est court le cours de nostre vie,
A celle fin que nous n'ayons enuie
De l'employer qu'à ta sagesse apprendre.
Retourne, helas, combien languirons-nous?
Et sur tes serfs appaise ton courroux.
Dés le matin ta bonté nous remplisse,
A celle fin qu'en liesse & en ioye
Le cours entier de noz iours s'accomplisse:
Et tout plaisir maintenant nous ottroye,
En lieu des ans & iours tant douloreux,
Qu'auons senty ton courroux rigoreux,
En tes seruans soit ton œuure apparente,
Et ta grandeur en leurs enfans reluise:
Entour de nous soit la gloire excellente
De nostre Dieu, & noz œuures conduise.
Voire, Seigneur, de nous, poures humains,
Conduy tousiours & l'ouurage & les mains.

Qui habitat in adiutorio Altissimi.
PSEAVME XCI. CL. MA.

¶ Le Prophete chante en quelle seureté vit, & de combien de maux est exempté celuy qui d'vne ferme fiance se submet du tout à Dieu.

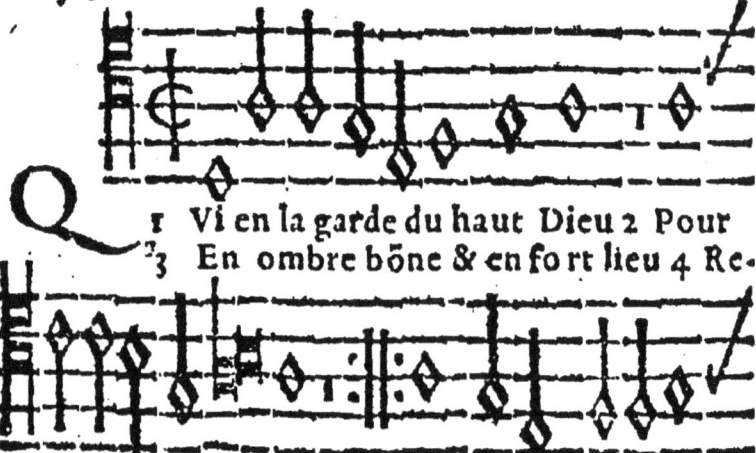

Q 1 Vi en la garde du haut Dieu 2 Pour iamais se retire,
3 En ombre bône & en fort lieu 4 Retiré se peut dire. 5 Conclus donc en l'entendement

PSEAVME XCI.   155

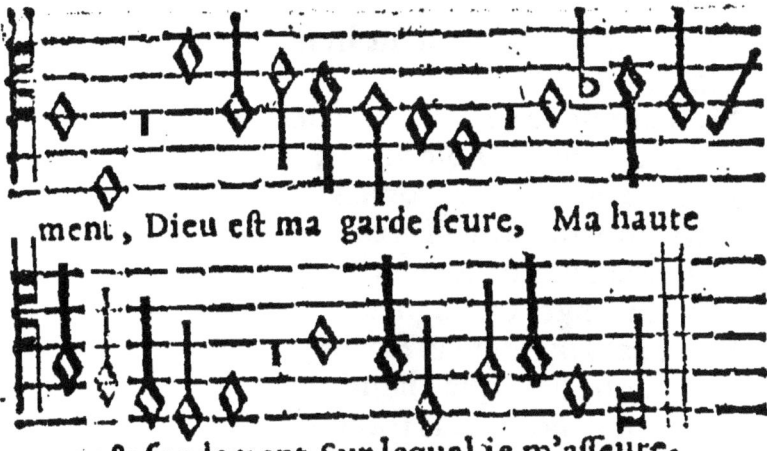

ment, Dieu est ma garde seure, Ma haute
tour & fondement, Sur lequel ie m'asseure.
Car du subtil laqs des chasseurs,
  Et de toute l'outrance
Des pestiferes oppresseurs,
  Te donra deliurance.
De ses plumes te couurira:
  Seur seras sous son aile:
Sa defense te seruira
  De targe & de rondelle.
Si que de nuict ne craindras point
  Chose qui espouante,
Ne dard ne sagette qui poind
  De iour en l'air volante:
N'aucune peste cheminant
  Lors qu'en tenebres sommes,
Ne mal soudain, exterminant
  En plain midi les hommes.
Quant à ta dextre il en cherroit
  Mille, & mille à senestre:
Leur mal de toy n'approcheroit,
  Quelque mal que puisse estre:
Ains, sans effroy, deuant tes yeux
  Tu les verras deffaire,
Regardant les pernicieux
  Receuoir leur salaire.
Et tout pour auoir dict à Dieu,
  Tu es la garde mienne,

PSEAVME XCI.

Et d'auoir mis en si haut lieu
   La confiance tienne.
Malheur ne te viendra cercher,
   Tien-le pour chose vraye,
Et de ta maison approcher,
   Ne pourra nulle playe.
Car il fera commandement
   A ses Anges tresdignes
De te garder soigneusement,
   Quelque part que chemines.
Par leurs mains seras souleué,
   Afin que d'aduenture
Ton pied ne choppe & soit greué
   Contre la pierre dure.
Sur lionceaux & sur aspics,
   Sur lions pleins de rage,
Et sur dragons, qui valent pis,
   Marcheras sans dommage.
Car voicy que Dieu dit de toy,
   D'ardente amour m'honnore,
Garder & secourir le doy:
   Car mon nom il adore.
S'il m'inuoque, l'exauceray:
   Aussi pour le defendre
En mal temps auec luy seray,
   A son bien veux entendre,
Et faire de ses ans le cours
   Tout à son desir croistre:
En effect quel est mon secours
   Ie luy feray cognoistre.

Misericordiam & iudicium.
PSEAV. CI. CL. MA.

¶ *Dauid n'estant encores Roy paisible, promet à Dieu dés qu'il le sera, faire l'office d'vn bon Prince: c'est à sçauoir, viure sans faire tort, estre rigoreux aux mauuais, & esleuer les gens de bien.*

Vouloir

PSEAVME CI.

Vouloir m'est pris de mettre en escriture Pseaume par l'art de bonté & droicture. Et si le veux à toy, mon Dieu, chanter, Et presenter.

Tenir ie veux la voye non nuisible,
  Quand viendras-tu me rendre Roy paisible?
    D'vn cœur tout pur conduiray ma maison
        Auec raison.
Rien de mauuais y voir n'auray enuie:
  Car ie hay trop les meschans & leur'vie.
    Vn seul d'entr'eux autour de moy adioint
        Ne sera point.
Tout cœur ayant pensée desloyale,
  Deslogera hors de ma cour royale:
    Et le nuisant n'y sera bien venu,
        Non pas cognu.
Qui par mesdire à part son prochain greue,
Qui a cœur gros, & ses sourcils esleué,

PSEAVME CIII.

L'vn mettray bas, l'autre souffrir, pour vray,
  Ie ne pourray.
Mes yeux seront fort diligens à querre
  Les habitans fideles de la terre,
  Pour estre à moy: qui droite voye ira,
    Me seruira.
Qui s'estudie à vser de fallace,
  En ma maison point ne trouuera place,
  De moy n'aura mensonger ne baueur,
    Bien ne faueur.
Ains du païs chasseray de bonne heure
  Tous les meschans, tant qu'vn seul n'y demeure,
  Pour du Seigneur nettoyer la cité
    D'iniquité.

Benedic anima mea Domino.

PSEAV. CIII.

CL. MA.

Il chante les grandes & diuerses bontez de Dieu enuers les hommes: puis inuite & eux & toutes choses creées à luy donner louange & gloire.

S Vs louez Dieu, mõ ame, en toute chose,

Et tout cela qui dedans moy repose, Louez son
nom

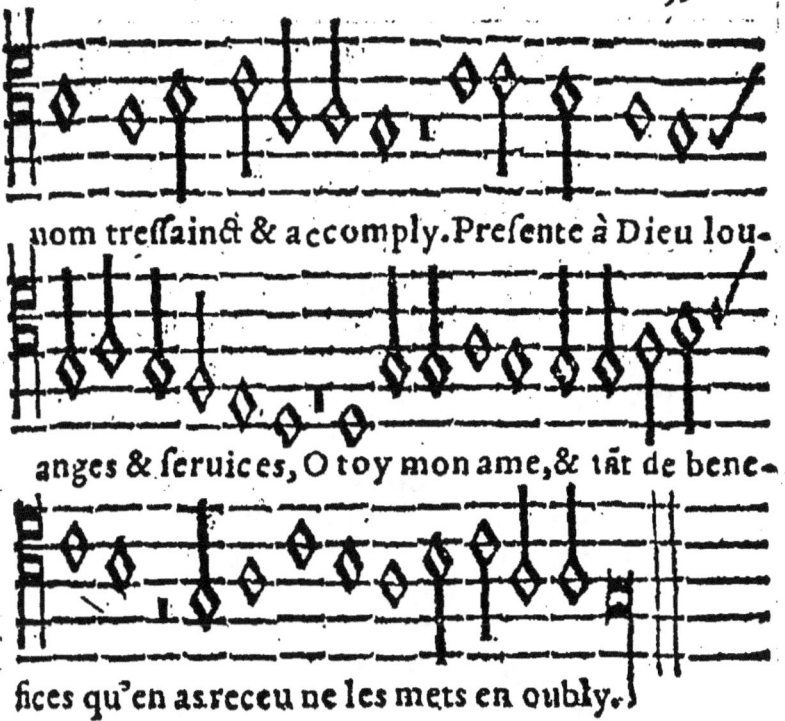

nom tressainct & accomply. Presente à Dieu louanges & seruices, O toy mon ame, & tãt de benefices qu'en as receu ne les mets en oubly.

Ains le beny, luy qui de pleine grace
  Toutes tes grans iniquitez efface,
  Et te guairit de toute infirmité.
    Luy qui rachete & retire ta vie
  De dure mort, qui t'auoit asseruie,
  T'enuironnant de sa benignité.
Luy qui de biens à souhait & largesse
  Emplit ta bouche, en faisant ta ieunesse
  Renouueller, comme à l'aigle royal.
    C'est le Seigneur, qui tousiours se recorde
  Rendre le droict par sa misericorde,
  Aux oppressez, tant est iuge loyal.
A Moyses, de peur qu'on ne foruoye,
  Manifester voulut sa droicte voye,
  Et aux enfans d'Israel ses hauts faicts.
    C'est le Seigneur enclin à pitié douce,
  Prompt à mercy, & qui tard se courrouce:
  C'est en bonté le parfaict des parfaicts.
Il est bien vray, quand par nostre inconstance

Nous l'offensons, qu'il nous menace & tance:
Mais point ne tient son cœur incessamment.
　　Selon noz maux point ne nous fait, mais certes
Il est si doux, que selon noz dessertes
Ne nous veut pas rendre le chastiment.
Car à chacun qui craint luy faire faute,
　La bonté sienne il demonstre aussi haute,
　Comme sont hauts sur la terre les cieux.
　　Aussi loing qu'est la part Orientale
De l'Occident, à la distance egale,
Loing de nous met tous noz faicts vicieux.
Comme aux enfans est piteux vn bon pere,
　Ainsi pour vray, à qui luy obtempere,
　Le Seigneur est de douce affection.
　　Car il cognoit dequoy sont faicts les hommes,
Il sçait tresbien, helas, que nous ne sommes
Rien, sinon poudre & putrefaction.
A herbe & foin semblent les iours de l'homme:
　Pour quelque temps il florit ainsi comme
　La fleur des champs, qui nutriment reçoit.
　　Puis en sentant d'vn froid vent la venuë
Tourne à neant, tant que plus n'est cogneue
Du lieu auquel nagueres florissoit.
Mais la mercy de Dieu est eternelle
　A qui le craint: & trouuerront en elle
　Les fils des fils iustice & grand' bonté.
　　I'enten ceux-là qui son contract obseruent,
Et qui sa Loy en memoire reseruent
Pour accomplir sa saincte volonté.
Dieu a basty, sans qu'il branfle n'empire
　Son trone aux cieux, & dessous son empire
　Tous autres sont & submis & ployez.
　　Or louëz Dieu, Anges de vertu grande,
Anges de luy, qui tout ce qu'il commande
Faictes, si tost que parler vous l'oyez.
Benissez Dieu tout son bel exercite,
　Ministres siens, qui de son veuil licite
　Executer ne fustes oncques oiseux

　　　　　　　　　　　　　Tous

PSEAVME CIIII.

Tous ses hauts faicts en chacun sien royaume
Benissez Dieu: & (pour clorre mon Pseaume)
Louez-le aussi mon ame, aueecques eux.

Benedic, anima mea, Domino.

PSEAVME CIIII. CL. MA.

¶ *C'est vn Cantique beau par excellence, auquel Dauid celebre & glorifie Dieu de la creation & gracieux gouuernement de toutes choses.*

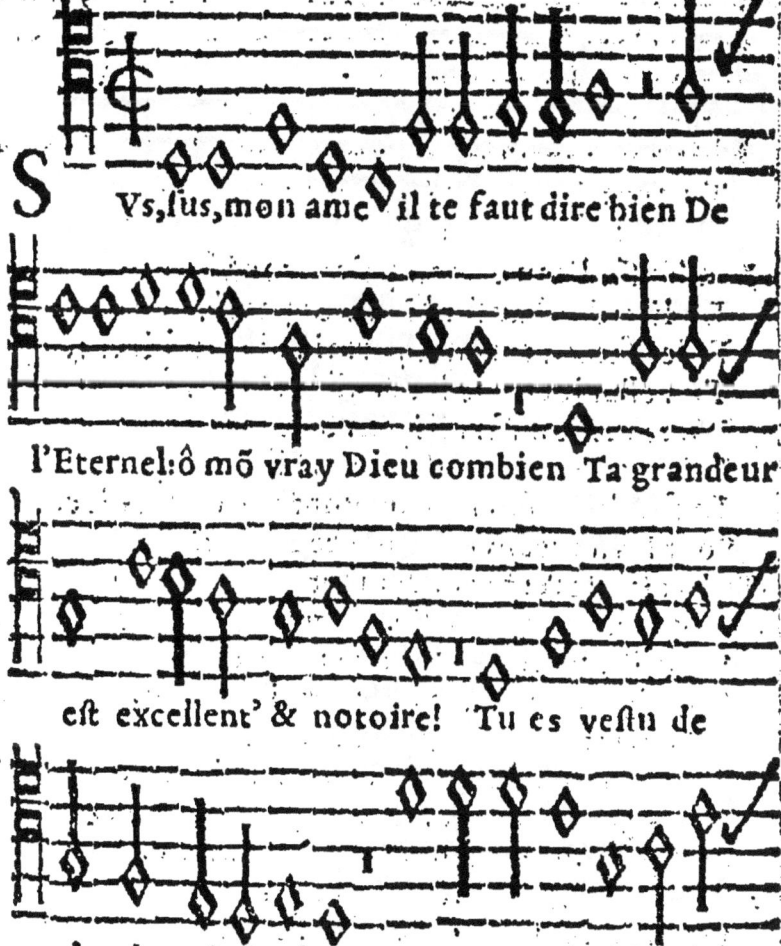

Sus, sus, mon ame il te faut dire bien De l'Eternel: ô mō vray Dieu combien Ta grandeur est excellent' & notoire! Tu es vestu de splendeur & de gloire: Tu es vestu de splendeur

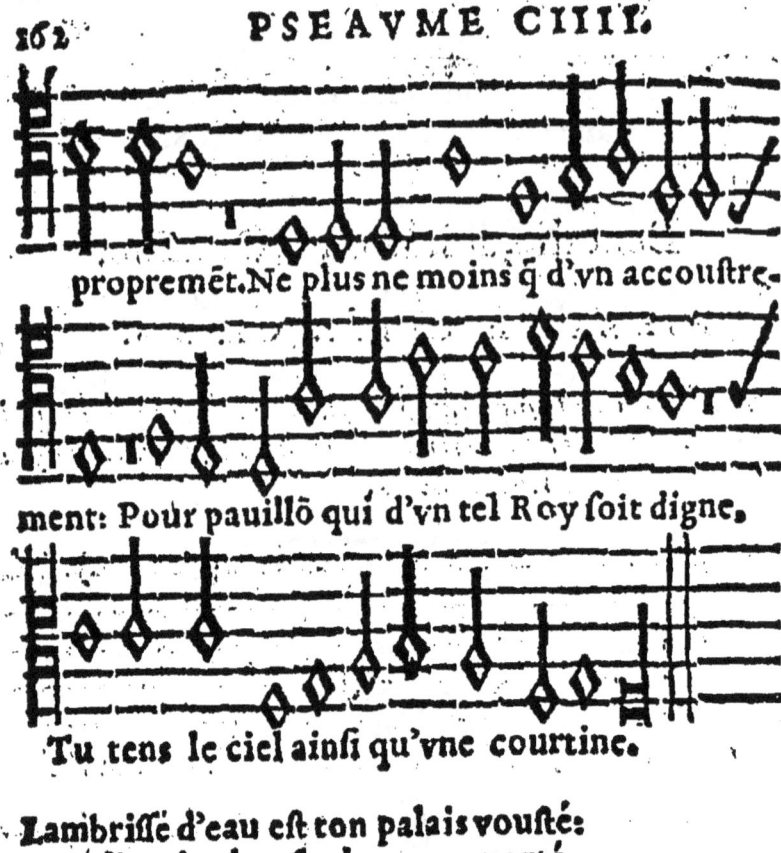

proprement. Ne plus ne moins q̃ d'vn accoustre-
ment: Pour pauillõ qui d'vn tel Roy soit digne.
Tu tens le ciel ainsi qu'vne courtine.

Lambrissé d'eau est ton palais vousté:
 En lieu de char sur la nue es porté,
 Et les forts vents qui parmi l'air souspirent,
 Ton chariot auec leurs ailes tirent.
  Des vents aussi diligens & legers
 Fais tes heraux, postes & messagers:
 Et foudre & feu fort prompts à ton seruice,
 Sont les sergeans de ta haute iustice.
Tu as assis la terre rondement
 Par contrepois sur son vray fondement:
 Si qu'à iamais sera ferme en son estre
 Sans se mouuoir n'a dextre n'à senestre.
  Au parauant de profonde & grand'eau
 Couuerte estoit ainsi que d'vn manteau,
 Et les grans eaux faisoyent toutes à l'heure
 Dessus les monts leur arrest & demeure.
Mais aussi tost que les voulus tancer,
 Bien tost les fis partir & s'auancer:
 Et à ta voix qu'on oit tonner en terre,

Toutes

PSEAVME CIIII.

Toutes de peur s'enfuirent grand'erre.
  Montagnes lors vindrent à se dresser,
  Pareillement les vaux à s'abaisser,
  En se rendans droit à la propre place,
  Que tu leur as estably de ta grace.
Ainsi la mer bornas par tel compas,
  Que son limite elle ne pourra pas
  Outrepasser: & fis ce beau chef d'œuure,
  Afin que plus la terre elle ne cœuure.
  Tu fis descendre aux vallées les eaux
  Sortir y fis fontaines & ruisseaux,
  Qui vont coulant, & passent & murmurent
  Entre les monts qui les plaines emmurent.
Et c'est afin que les bestes des champs
  Puissent leur soif estre là estanchans,
  Beuuans à gré toutes de ces breuuages,
  Toutes, ie dy, iusqu'aux asnes sauuages.
  Dessus & pres de ces ruisseaux courans
  Les oiselets du ciel sont demourans:
  Qui du milieu des feuilles & des branches
  Font resonner leurs voix nettes & franches.
De tes hauts lieux, par art autre qu'humain,
  Les mont pierreux arrouses de ta main:
  Si que la terre est toute soule & pleine
  Du fruict venant de ton labeur sans peine.
  Car ce faisant tu fais par monts & vaux
  Germer le foin, pour iumens & cheuaux:
  L'herbe à seruir l'humaine creature,
  Luy produisant de la terre pasture.
Le vin, pour estre au cœur ioye & confort:
  Le pain aussi, pour l'homme rendre fort:
  Semblablement l'huile, afin qu'il en face
  Plus reluisante & ioyeuse sa face.
  Tes arbres verds prennent accroissement,
  O Seigneur Dieu, les Cedres mesmement,
  Du mont Liban, que ta bonté supreme,
  Sans artifice a plantez elle mesme.
Là font leurs nids, car il te plaist ainsi,

L. ii.

Les passereaux, & les passes aussi:
De l'autre part sur hauts sapins besongne,
Et y bastit sa maison la cigongne.
   Par ta bonté les monts droits & hautains
Sont le refuge aux cheures & aux dains:
Et aux connils & lieures qui vont viste,
Les rochers creux sont ordonnez pour giste.
Que diray plus? la claire Lune fis
Pour nous marquer les mois & iours prefis:
Et le Soleil, dés qui leue & esclaire,
De son coucher a cognoissance claire.
   Apres, en l'air les tenebres espars,
Et lors se faict la nuict de toutes pars,
Durant laquelle aux champs sort toute beste,
Hors des forests, pour se ietter en queste.
Les lionceaux mesme lors sont issans
Hors de leurs creux, bruyans & rugissans
Apres la proye, afin d'auoir pasture
De toy, Seigneur, qui scais leur nourriture.
   Puis aussi-tost que le Soleil fait iour,
A grans troupeaux reuont en leur seiour:
Là ou tous cois se veautrent & reposent,
Et en partir tout le long du iour n'osent.
Adonques sort l'homme sans nul danger:
S'en va tout droit à son œuure renger,
Et au labeur soit de champ, soit de prée
Soit de iardins, iusques à la vesprée.
   O Seigneur Dieu, que tes œuures diuers
Sont merueilleux par le monde vniuers,
O que tu as tout faict par grand' sagesse!
Bref, la terre est pleine de ta largesse.
Quant à la grande & spacieuse mer,
On ne scauroit ne nombrer ne nommer
Les animaux, qui vont nageant illecques.
Moyens, petis, & de bien grans auecques.
   En ceste mer nauires vont errant:
Puis la balaine, horrible monstre & grand
Y as formé, qui bien à laise y nouë,

PSEAVME CIIII.

Et à son gré par les ondes se ioue.
Tous animaux à toy vont à recours:
  Les yeux au ciel, afin que le secours
  De ta bonté à repaistre leur donne,
  Quand le besoing & le temps s'y adonne.
    Incontinent que tu leur fais ce bien,
  De le donner, ils le prenent tresbien:
  Ta large main n'est pas plustost ouuerte,
  Que de tous biens planté leur est offerte.
Dés que ta face & tes yeux sont tournez
  Arriere d'eux, ils sont tous estonnez.
  Si leur esprit tu retires ils meurent:
  Et en leur poudre ils reuont & demeurent.
    Si ton esprit derechef tu transmets,
  En telle vie adonques les remets
  Que parauant: & de bestes nouuelles,
  En vn moment la terre renouuelles.
Or soit tousiours regnant & florissant
  La maiesté du Seigneur tout-puissant:
  Plaise au Seigneur prendre resiouissance
  Aux œuures faicts par sa haute puissance.
    Le Seigneur, dy, qui fait horriblement
  Terre trembler d'vn regard seulement:
  Voire qui fait (tant peu les sache atteindre)
  Les plus hauts monts d'ahan suer & craindre.
Quant est à moy, tant que viuant seray,
  Au Seigneur Dieu chanter ne cesseray.
  A mon vray Dieu plein de magnificence,
  Pseaumes feray, tant que i'a uray essence.
    Si le supply' qu'en propos & en son,
  Luy soit plaisante & douce ma chanson.
  S'ainsi aduient, retirez vous tristesse:
  Car en Dieu seul m'esiouyray sans cesse.
De terre soyent infideles exclus,
  Et les peruers, si bien qu'il n'en soit plus.
  Sus, sus, mon cœur, Dieu ou tout bien abonde
  Te faut louer. louez-le tout le monde.

L. iii.

PSEAVME CVII.
Confitemini Domino quoniam bonus.
PSEAVME CVII.
CL. MA.

¶ Le Pſalmiſte dit que toutes afflictiōs viennent & s'ē
vont par la volōté diuine: & allegue ſur ce les perils
& calamitez des errans aux deſerts, des priſon-
niers, des malades & des agitez ſur la mer: la re-
queſte qu'ils font à Dieu: comment ils l'obtiennent,
comment ils en rendent graces, & comment Dieu
tient toutes choſes en ſa main, & les change comme
il luy plaiſt.

Donnez au Seigneur gloire: Il eſt doux
& clement, Et ſa bonté notoire Du-
re eternellement. Ceux qu'il a rachetez Qu'ils
châtent ſa hauteſſe, Et ceux qu'il a iettez

Hors de la main d'oppresse.

Les ramassant ensemble
  D'Orient, d'Occident,
  De l'Aquilon qui tremble,
  Et du Midi ardent.
    Si d'aduenture errans
  Par les deserts se treuuent:
  Demourance querans,
  Et que trouuer n'en peuuent:
Et si l'aspre famine,
  Et la soif sans liqueur
  Les trauaille, & leur mine
  Et le corps & le cœur:
    Pourueu qu'à tel besoing
  Crians à Dieu, lamentent:
  Subit il les met loing
  Des maux qui les tormentent.
Et droit chemin passable
  Leur monstre & fait tenir,
  Pour en ville habitable
  Les faire paruenir.
    Lors de Dieu vont chantant
  Les bontez nompareilles,
  Cà & là racontant
  Aux hommes ses merueilles,
D'auoir l'ame assouuye,
  Qui de soif languissoit:
  Soulant des biens la vie,
  Qui de faim perissoit.
    Ceux qui sont reserrés
  En tenebres mortelles,
  Enchaînés, enferrés,

Et souffrans peines telles,
Pour auoir la parolle
De Dieu mise à mespris,
Et tenu pour friuole
Son conseil de haut pris:
　Quand par tormens leurs cœurs
Humiliez demeurent,
Abbatus de langueurs
Sans que nuls les sequeurent:
Pourueu qu'à Dieu s'adressent,
　L'appellans au besoing,
　Tous les maux qui les pressent,
　Il les renuoye au loing.
　　Des prisons les met hors
Mortelles & obscures,
Rompant leurs liens forts,
Cordes & chaines dures.
Les bontez nompareilles
　De Dieu lors vont chantant,
　Cà & là ses merueilles
　Aux hommes racontant:
　　D'auoir iusqu'au courreaux
Brisé d'airain les portes,
Et de fer les barreaux
Rompu de ses mains fortes.
Les fols qui les supplices
　Sentent de leurs pechez,
　Et qui sont par leurs vices
　Malades, assechez:
　　Dont le cœur tout repas
Et viande abomine,
Et qui sont pres du pas
De la mort qui les mine:
Pourueu qu'à Dieu s'adressent,
　L'appellans au besoing,
　Tous les maux qui les pressent
　Il les renuoye au loing.
　　D'vn seul mot qu'il transmet

Leur

PSEAVME CVII.

Leur donne santé telle,
Que du tout hors les met
De ruine mortelle.
Les bontez nompareilles
De Dieu lors vont chantant,
Çà & là ses merueilles
Aux hommes racontant.
  A Dieu d'ardant desir
Louange sacrifient,
Et auec grand plaisir
Ses œuures magnifient.
*Ceux qui dedans galées
 Dessus la mer s'en vont,
 Et en grans eaux sallées
 Mainte trafique font,
   Ceux-là voyent de Dieu
 Les œuures merueilleuses,
 Sur le profond milieu
 Des vagues perilleuses.
Le vent s'il luy commande,
 Souffle tempestueux,
 Et s'enfle en la mer grande
 Le flot impetueux.
   Lors montent au ciel haut,
 Puis aux gouffres descendent,
 Et d'effroy peu s'en faut
 Que les ames ne rendent.
Chancellent en yurongne,
 Troublez du branslement:
 Tout leur sens les eslongne:
 Perdent l'entendement.
   Mais si à tel besoing
 Crians à Dieu lamentent:
 Subit il les met loing
 Des maux qui les tormentent.
Fait au vent de tempeste
 Sa fureur rabaisser:
 Fait que la mer s'arreste,

Et ses ondes cesser.
L'orage retiré,
Chacun ioye demeine:
Et au port desiré
Le Seigneur Dieu les meine.
Les bontez nompareilles
De Dieu lors vont chantant,
Çà & là ses merueilles
Aux hommes racontant.
Parmi le peuple bas
Le surhaussent en gloire,
Et ne le taisent pas
Des grans au consistoire.
Luy qui les eaux profondes
En desert conuertit,
Et les sources des ondes
Asseche & diuertit.
Luy qui de steriles fait
Terre grasses & belles,
Et tout pour le forfaict
Des habitans d'icelles.
Qui desers d'humeur vuides
Conuertit en grans eaux,
Et lieux secs & arides
En sources & ruisseaux.
Et qui là fait venir
Ceux qui de faim languissent:
Lesquels pour s'y tenir,
Des villes y bastissent.
Y semer champs se penent,
Et vignes y planter,
Qui tous les ans ameinent
Fruict pour les substanter.
Là les fortune en biens,
Les croist, les continue,
Et leur bestail en riens
Il ne leur diminue.
Puis decroissent de nombre,

Viennent

PSEAVME CX.

Viennent à rarité,
Par maux & par encombre,
Et par sterilité.
 Riches, nobles & grans
Mesprisez il renuoye,
Par desers lieux errans,
Ou n'a chemin ne voye.
Et esleue & deliure
 Le poure hors d'ennuy:
Et force gens fait viure,
Comme vn troupeau sous luy.
 Ce voyant, ont aux cœurs
Les iustes ioye enclose,
Et de Dieu les moqueurs
S'en vont la bouche close.
Qui a sens & prudence,
 Garde à cecy prendra:
Lors la grande clemence
Du Seigneur entendra.

Dixit Dominus Domino meo.

PSEAVME CX.   CL. MA.

Il chante le regne de Christ, lequel commença en Sion, & de là paruint iusques aux fins de la terre, & continuera iusques à ce que Christ soit adoré vniuerfellemẽt, & que de ses ennemis il ait faict son marchepied.

L'Omnipotent à mon Seigneur & maistre A dict ce mot, A ma dextre te sieds.

PSEAVME CX.

Tant que i'auray renuersé & faict estre Tes

ennemis le scabeau de tes pieds.

Le sceptre fort de ton puissant empire
  En fin sera loing de Sion transmis
  Par l'eternel, lequel te viendra dire,
  Regne au milieu de tous tes ennemis.
De son bon gré ta gent bien disposée,
  Au iour tressainct de ton sacre courra:
  Et aussi dru qu'au matin chet rosée,
  Naistre en tes fils ta ieunesse on verra.
Car l'Eternel, sans muer de courage,
  A de toy seul dict & iuré auec,
  Grand Prestre & Roy tu seras en tout aage,
  Ensuyuant l'ordre au bon Melchisedec.
A ton bras droict, Dieu ton Seigneur & Pere
  T'assistera aux belliqueux arrois:
  Là ou pour toy au iour de sa colere,
  Rompra la teste à Princes & à Rois.
Sur les gentils exercera iustice,
  Remplira tout de corps morts enuahis:
  Et frappera pour le dernier supplice,
  Le chef regnant sur beaucoup de pais.
Puis en passant au milieu de la plaine,
  De grans ruisseaux de sang s'abreuuera:
  Par ce moyen ayant victoire pleine,
  La teste haut tout ioyeux leuera.

Laudate

PSEAVME CXIII.

Laudate, pueri, Dominum.

PSEAVME CXIII. CL. MA.

¶ Il inuite à louer Dieu, de ce qu'il regarde, gouuerne, & mue toutes choses selon sa prudence, tousiours esleuans les humbles & restablissant les miserables.

Enfans, qui le Seigneur seruez, Louez-le, & son nom esleuez, Louez son nom & sa hautesse. Soit presché soit faict solennel Le nõ du Seigneur eternel, Par tout en ce temps & sans cesse.

D'Orient iufques en Occident
  Doit eftre le los euident
  Du Seigneur & fa renommée.
    Sur toutes gens le Dieu des dieux
  Eft exalté,& fur les cieux
  S'efleue fa gloire eftimée.
Qui eft pareil à noftre Dieu,
  Lequel fait fa demeure au lieu
  Le plus haut que l'on fcauroit querre?
    Et puis en bas veut deualer,
  Pour toutes chofes fpeculer
  Qui fe font au ciel & en terre?
Le poure fur terre gifant
  Il efleue,en l'auctorifant:
  Et le tire hors de la boue,
    Pour le colloquer aux honneurs
  Des feigneurs, voire des feigneurs
  Du peuple que fien il auoue.
C'eft luy qui remplit à foifon
  De tresbeaux enfans la maifon
  De la femme qui eft fterile:
    Et luy fait ioye receuoir,
  Quand d'impuiffante à conceuoir,
  Se voit d'enfans mere fertile.

In exitu Ifrael de AEgypto.

PSEAV. CXIIII. CL. MA.

¶ De la deliurance d'Ifrael hors d'Egypte, & fuccincte-
mét des principaux miracles que Dieu feit pour cela.

Quand Ifrael hors d'Egypte fortit, Et

PSEAVME CX.

la maison de Iacob se partit D'entre le peuple estrange: Iuda fut faict la grand gloire de Dieu, Et Dieu se fit prince du peuple Hebrieu, Prince de grand louange.

La mer le vit, qui s'enfuit soudain,
  Et contre mont l'eau du fleuue Iordain
    Retourner fut contrainte.
Comme moutons montagnes ont sailli,
  Et si en ont les coustaux tressailli,
    Comme agnelets en crainte.
Qu'auoys-tu mer à t'enfuir soudain?
  Pourquoy amont l'eau du fleuue Iordain,
    Retourner fus contrainte?
  Pourquoy auez mons en moutons sailli?
  Pourquoy coustaux en auez tressailli,
    Comme agnelets en crainte?
Deuant la face au Seigneur qui tout peut,

Deuant le Dieu de Iacob, quand il veut,
  Terre tremble craintiue:
Ie dy le Dieu, le Dieu conuertissant
La pierre en lac, & le rocher puissant
  En fontaine d'eau viue.

Non nobis, Domine, non nobis.

PSEAVME. CXV. CL. MA.

¶ Il prie Dieu vouloir pour sa gloire si bien traicter son peuple, qu'il cognoisse qu'il est le seul Dieu: & que les idoles des Gentils ne sont rien qu'ouurages d'hommes.

Non point à nous, nõ point à nous, Sei-

gneur, Mais à ton nom donne gloire &

honneur Pour ta grãd' bonté seure. Pour-

quoy diroyent les gens en ce moquant, Ou

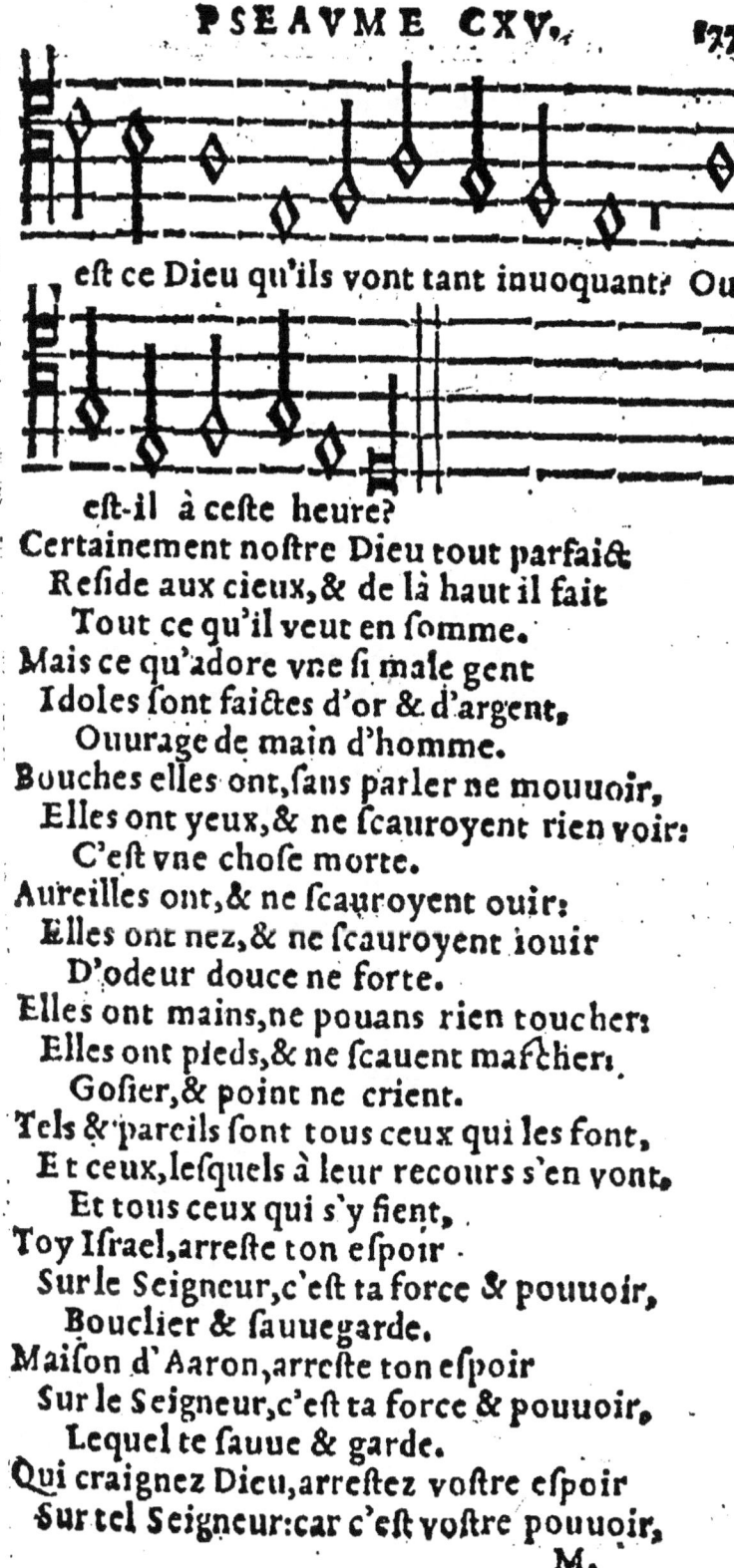

est ce Dieu qu'ils vont tant inuoquant? Ou
est-il à ceste heure?
Certainement nostre Dieu tout parfaict
  Reside aux cieux,& de là haut il fait
    Tout ce qu'il veut en somme.
Mais ce qu'adore vne si male gent
  Idoles sont faictes d'or & d'argent,
    Ouurage de main d'homme.
Bouches elles ont,sans parler ne mouuoir,
  Elles ont yeux,& ne scauroyent rien voir:
    C'est vne chose morte.
Aureilles ont,& ne scauroyent ouir:
  Elles ont nez,& ne scauroyent iouir
    D'odeur douce ne forte.
Elles ont mains,ne pouans rien toucher:
  Elles ont pieds,& ne scauent maścher:
    Gosier,& point ne crient.
Tels & pareils sont tous ceux qui les font,
  Et ceux,lesquels à leur recours s'en vont,
    Et tous ceux qui s'y fient,
Toy Israel,arreste ton espoir
  Sur le Seigneur,c'est ta force & pouuoir,
    Bouclier & sauuegarde.
Maison d'Aaron,arreste ton espoir
  Sur le Seigneur,c'est ta force & pouuoir,
    Lequel te sauue & garde.
Qui craignez Dieu,arrestez vostre espoir
  Sur tel Seigneur:car c'est vostre pouuoir,

M.

PSEAVME CXVIII.

Sous qui l'ennemy tremble.
Le Seigneur Dieu de nous souuenir a:
　Plus que iamais Israel benira,
　　Les fils d'Aaron ensemble.
A tous qui sont de l'offenser craintifs,
　Grans biens a faicts, depuis les plus petis
　　Iusqu'à ceux de grand' aage.
Les biens & dons que pour vous faicts il a,
　Il fera croistre à vous,& à ceux-là
　　De vostre parentage.
Car fauoris estes & bien-aimez
　Du grand Seigneur, qui les cieux a formez,
　　Et terre confinée.
Le Seigneur s'est reserué seulement
　Les cieux pour soy: la terre entierement
　　Aux hommes a donnée.
O Seigneur Dieu, l'homme par mort transi
　Ne dit ton los, ne quiconques aussi
　　En la fosse deualle:
Mais nous viuans, par tout ou nous irons,
　De bouche & cœur le Seigneur benirons,
　　Sans fin: sans interualle.

Confitemini Domino, quoniam bonus.

PSEAVME CXVIII.　CL. MA.

¶ C'est vn hymne, par lequel Dauid deliuré de tous maux, & eleué Roy sur tout Israel, rendit publiquement graces à Dieu au tabernacle de l'alliance, là ou d'vn grand cœur il celebra la bonté dont il auoit vsé enuers luy: & là se monstre clairement figure de Iesus Christ.

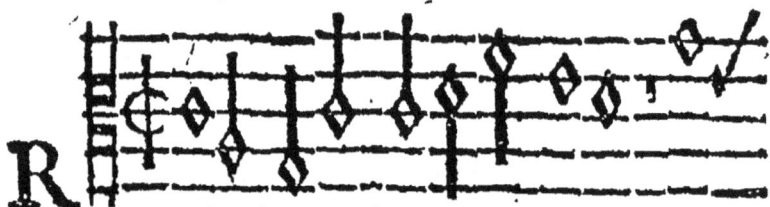

Endez à Dieu louange & gloire: Car

PSEAVME CXVIII.   179

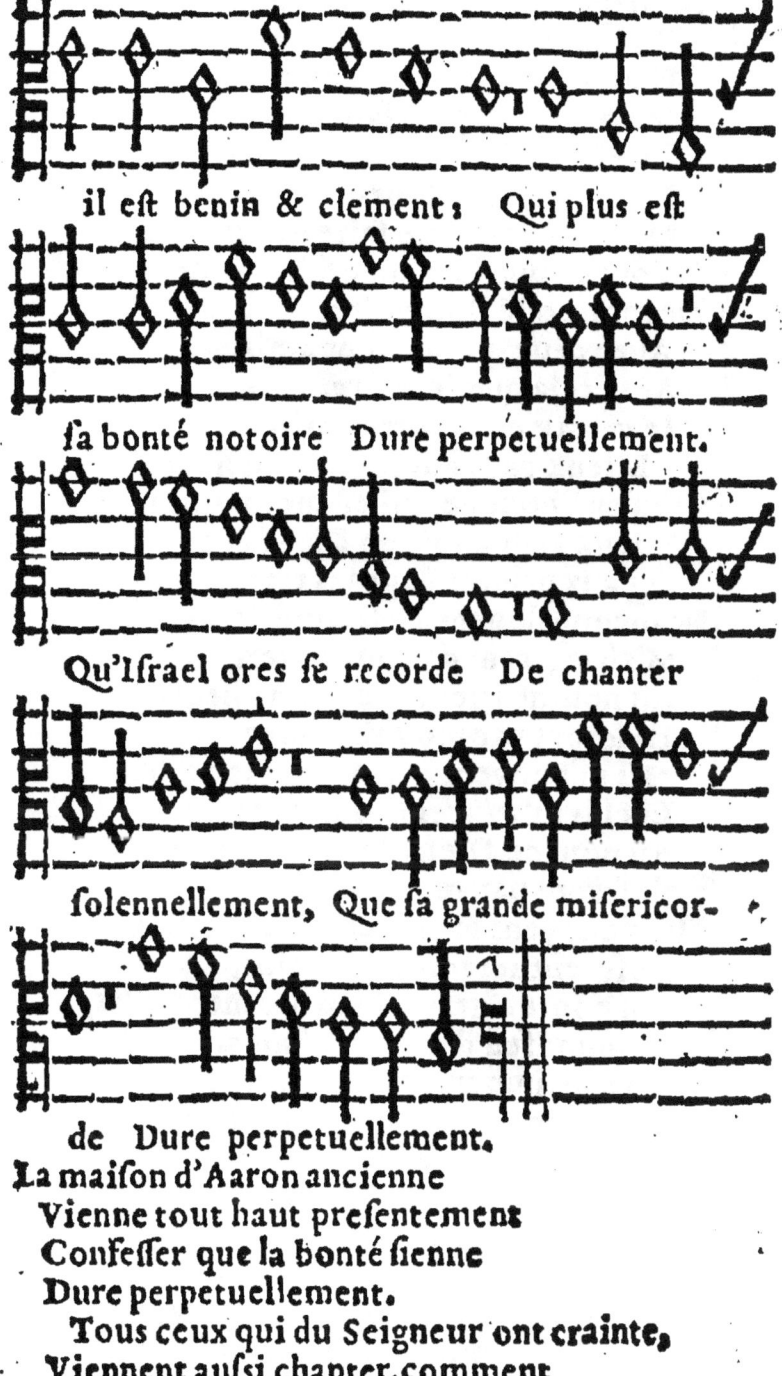

il est benin & clement; Qui plus est

sa bonté notoire Dure perpetuellement.

Qu'Israel ores se recorde De chanter

solennellement, Que sa grande misericor-

de Dure perpetuellement.
La maison d'Aaron ancienne
  Vienne tout haut presentement
  Confesser que la bonté sienne
  Dure perpetuellement.
    Tous ceux qui du Seigneur ont crainte,
  Viennent aussi chanter, comment
  Sa bonté pitoyable & saincte
  Dure perpetuellement.

M. ii.

Ainsi que i'estoye en destresse,
  En inuoquant sa maiesté,
  Il m'ouit,& de ceste presse
  Me mit au large,à sauuete.
    Le Tout-puissant,qui m'ouit plaindre,
  Mon party tousiours tenir veut:
  Qu'ay-ie donc que faire de craindre
  Tout ce que l'homme faire peut?
De mon costé il se retire,
  Auec ceux qui me sont amis:
  Ainsi cela que ie desire,
  Ie verray en mes ennemis.
    Mieux vaut auoir en Dieu fiance
  Qu'en l'homme qui est moins que riens:
  Mieux vaut auoir en Dieu fiance
  Qu'aux princes & grans terriens.
Beaucoup de gens,c'est chose seure,
  M'asiegerent de tous costez:
  Au nom de Dieu,ce dy-ie à l'heure,
  Ils seront par moy reboutez.
    Ils m'auoyent enclos par grand'ire,
  Enclos m'auoyent tous mutinez:
  Au nom de Dieu ce vien-ie à dire,
  Ils seront par moy ruinez.
Ils m'auoyent enclos comme abeilles:
  Et furent les fols & hautains,
  Au nom du grand Dieu des merueilles,
  Comme feu d'espines estains.
    Tu as,importun aduersaire,
  Rudement contre moy couru,
  Pour du tout trebuscher me faire:
  Mais l'Eternel m'a secouru.
Le Tout-puissant,c'est ma puissance,
  C'est l'argument,c'est le discours
  De mes vers pleins d'esiouissance:
  C'est de luy que i'ay eu secours.
    Aux maisons de mon peuple iuste
  On n'oit rien que ioye & confort:

PSEAVME CXVIII.

On chante,on dit, Le bras robuste
Du Seigneur a faict grand effort.
*De l'Eternel la main adextre
C'est eleuée à ceste fois,
Dieu a faict vertu par sa dextre,
Telle est du bon peuple la voix.
   Arriere ennemys & enuie,
Car la mort point ne sentiray:
Ançois demoureray en vie,
Et les faicts du Seigneur diray.
Chastié m'a, ie le confesse,
Chastié m'a, puny, batu:
Mais point n'a voulu sa hautesse,
Que par mort ie fusse abbatu.
   Ouurez moy les grans portes belles
Du sainct temple au iustes voué,
A fin que i'entre par icelles,
Et que Dieu soit par moy loué.
Ces grandes portes somptueuses,
Sont les portes du Seigneur Dieu:
Les iustes gens & vertueuses
Peuuent passer tout au milieu.
   Là diray ta gloire supreme,
Là par moy seras celebré:
Car en aduersité extreme
Exaucé m'as & deliuré.
La pierre par ceux reiettée,
Qui du bastiment ont le soing,
A esté assise & plantée
Au plus haut du principal coing.
   Cela c'est vne œuure celeste,
Faicte pour vray, du Dieu des dieux,
Et vn miracle manifeste,
Lequel se presente à noz yeux.
La voicy l'heureuse iournée,
Que Dieu a faicte à plein desir,
Par nous soit ioye demenée,
Et prenons en elle plaisir.

M. iii.

Or te prions, Dieu nostre pere,
En ta garde à ce coup nous tien,
Et en fortune si prospere
Doresnauant nous entretien.
Benit soit qui au nom tresdigne
Du Seigneur est venu icy.
O vous de la maison diuine,
Nous vous benissons tous aussi.
Dieu est puissant, doux & propice,
Et nous donra lumiere à gré:
Liez le bœuf du sacrifice
Au cornes de l'autel sacré.
Tu es le seul Dieu que i'honnore,
Aussi sans fin te chanteray:
Tu es le seul Dieu que i'adore,
Aussi sans fin t'exalteray.
Rendez à Dieu louange & gloire,
Car il est benin & clement:
Qui plus est, sa bonté notoire
Dure perpetuellement.

Beati immaculati in via.

PSEAV. CXIX. TH. BES.

¶ Pseaume d'vn artifice inimitable & merueilleuse vehemence, auquel Dauid ne se peut souler de racõter les louanges de la Loy de Dieu, & l'affection qu'il y a: entremeslant plusieurs excellentes complaintes & consolations. Pseaume que le fidele doit tousiours auoir au cœur & en la bouche.

ALEPH.

Bienheureux est la personne qui vit

PSEAVME CXIX. 183

Auec entiere & saine conscience, Et

qui de Dieu les sainctes loix ensuit. Heu-

reux qui met tout soing & diligéce   A

bien garder ses statuts precieux,   Et

qui de luy pourchasse la science.
Certainement tels ne sont vicieux,
  Mais vont suyuans le chemin qu'il ordonne,
  Et d'aller droit sont tousiours curieux.
    Ton vouloir est, Seigneur, que la personne
  Pardessus tout, bien & estroictement
  A maintenir tes mandemens s'adonne.
  A mon vouloir, qu'il te pleust tellement
  Dresser mes pas, ou ta Loy me conuie,

M. iiii.

Que fouruoyer n'en puisse aucunement.
Car loing sera de deshonneur ma vie,
Tant qu'auray œil sur tes loix arresté,
Et que i'auray de les sçauoir enuye.
Alors par moy tu seras exalté
D'vn cœur tout droit, quand i'auray peu com-
Tes iugemens tous remplis d'equité.   (prendre
Or à garder tes status veux entendre:
Mais ie te pri' qu'en mon infirmité
Trop longuement ne te faces attendre.

BETH.

Comme pourront ieunes gens s'amender,
Pour viure mieux? En prenant pour adresse
Ce qu'il t'a pleu nous dire & commander.
De tout mon cœur ie t'ay cherché sans cesse:
Or donc, Seigneur, hors ton commandement
Ie te supply', fouruoyer ne me laisse.
Dedans mon cœur & en l'entendement
Tes dicts ie porte, à fin que ne t'offense:
Mais que plustost chemine droictement.
O Dieu treshaut, ton nom plein d'excellence
Est à bon droict sur tous magnifié:
De tes edicts monstre moy la science.
Mes leures ont presché & publié
Les iugemens de ta bouche equitable,
Sans que i'en aye vn seul poinct oublié.
Ton tesmoignage & chemin veritable
M'est vn plaisir, que ne veux moins priser
Que tous les biens de la terre habitable.
De tes edicts on m'orra deuiser,
Et tascheray d'auoir la cognoissance
De tes sentiers, ou ie veux droit viser.
En tes statuts prendray resiouissance,
Et veux si bien à ton dire aduiser,
Qu'à tout iamais i'en auray souuenance.

GIMEL.

Espan tes biens dessus moy ton seruant,

A

PSEAVME CXIX.

A celle fin qu'aye le don de vie,
  Pour bien garder ta parolle en viuant.
   La maille en l'œil a ma veuë ternie.
   Esclaire moy, à fin que de mes yeux
  Voye en ta Loy ta grandeur infinie.
Estranger suis en ces terrestres lieux:
  Or donc, Seigneur, cognoissance me baille
  De tes edicts, pour aller ou ie veux.
   Et iour & nuict mon cœur tant se trauaille
  A bien sçauoir chacun tien iugement,
  Que peu s'en faut que force ne me faille.
Tous orgueilleux tu tances rudement,
  Et sont maudicts tous ces meschans courages,
  Qui vont ainsi contre ton mandement.
   Chasse de moy tous blasmes & outrages,
  Et le fascheux mespris ou ie me voy,
  Pource que i'ay gardé tes tesmoignages.
Tous les plus gros maintefois i'apperçoy
  Causans de moy, assis tout à leur aise:
  Mais lors ton serf deuise de ta Loy.
   Ta Loy, Seigneur, c'est tout ce qui m'appaise,
  C'est le conseil que i'ay autour de moy,
  Pour en auoir confort à mon malaise.

DALETH.

Ie suis, helas, comme si i'estoye mis
  Desia en terre, & attaché tout contre:
  Ren moy la vie, ainsi que m'as promis.
   En maint affaire, & fascheuse rencontre
  Ie t'ay requis, & tu m'as respondu:
  Respons encor, & tes statuts me monstre.
Ton mandement par moy soit entendu,
  Et lors i'auray sur ta Loy merueilleuse
  L'esprit du tout arresté & tendu.
   Mon ame, helas, est si fort angoisseuse,
  Qu'elle se fond: veuilles moy rasseurer
  Ie te supply, par ta promesse heureuse.
Du chemin tors, Seigneur, vien me tirer,

Et par pitié ta saincte Loy m'enuoye,
Qui du danger me vienne retirer.
  Car i'ay choisy la seure & droite voye:
Et tien mon œil tousiours comme attaché
Sur tes edicts, de peur que ne fouruoye.
Puis donc, Seigneur, que i'ay si prés tasché
A ne passer ta diuine ordonnance,
Fay que ne soye d'infamie entaché:
  Lors ie courray de toute ma puissance
En tes chemins, quand auras detaché,
Et mis mon cœur en pleine deliurance.

HE.

Ie te supply, Seigneur, vouloir sur tout,
  De tes statuts les droits sentiers m'apprendre,
Pour me les voir tenir iusques au bout.
  Ottroye moy esprit pour les comprendre:
Lors ne faudray à ta Loy maintenir,
De tout mon cœur taschant à ne mesprendre.
Mais conduy moy, pour me faire tenir
  Sans fouruoyer, de tes edicts la sente:
Car plaisir n'ay, qu'à les entretenir.
  Ploye mon cœur & toute mon entente
A bien sçauoir tout ce qu'as ordonné:
Et ne permets qu'auarice le tente.
Tourne mon œil, qu'il ne soit adonné
  A faux regards, & mon cœur fortifie
En tes sentiers, ou l'as acheminé.
  A moy ton serf conferme & verifie
Ce qu'as promis: voire à moy qui te veux
Craindre sur tout, & qui sur toy me fie.
Repoussé au loing cest opprobre honteux
  Que ie crain tant: car tu es pitoyable
En nous iugeant, pluftost que despiteux.
  Voila, Seigneur, de ta Loy tant aimable
Sur toute chose est mon cœur conuoiteux:
A tel desir monstre toy sauorable.

VAV.

VAV.

Fay moy sentir l'effect de ta merci,
  Me preseruant des dangers de ce monde,
D'autant, Seigneur, que l'as promis ainsi:
  A celle fin qu'au peruers ie responde,
Par qui ie suis blasmé & detesté,
  Pource que sur ton dire ie me fonde.
Fay que tousiours ta pure verité
  Soit en ma bouche, & pour iamais s'y tienne:
Car en tes droicts ie me suis arresté:
  Et ne sera iamais que ne maintienne
Ta saincte Loy, & que de mon pouuoir,
  Tant que viuray, ne la garde & soustiéne.
Lors me pourra chacun apperceuoir
  Au large mis, pour autant que ie sonde
Tes saincts edicts & tasche à les scauoir.
  Deuant les Rois & grans Seigneurs du monde
Ton tesmoignage alors annonceray,
  Sans que iamais vergongne me confonde.
Lors de bon cœur ie me delecteray
  En ceste Loy que nous as adressée:
Car tousiours l'ay aymée & l'aimeray.
  A tes statuts tiendray l'ame dressée,
Et mes deux mains à tes œuures mettray,
  Pour te seruir de faict & de pensée.

ZAIN.

Souuiene toy de tout ce qu'as promis
  A moy ton serf: car depuis ta promesse
Tout mon espoir en toy, Seigneur, l'ay mis.
  C'est le confort qui mes esprits redresse.
Qui me preserue & me met en vigueur,
  Incontinent que i'ay quelque destresse.
Les orgueilleux souuent en ma langueur
  Se sont mocquez: mais pour leur arrogance
Onc de ta Loy ne destournay le cœur.
  I'ay en plustost Seigneur en souuenance,
Quel iugement tousiours tu en as faict,

Chose qui m'a donné grand allegeance.
Si qu'en pensant au damnable forfaict
 De ces peruers qui ta Loy ont laissée,
Ie tremble tout de l'horreur de leur faict.
 Mainte chanson i'ay bastie & dressée
Sur tes status, quand trouué ie me suis
Hors mon pais, plein de triste pensée.
Ie n'ay failly, mesme toutes les nuicts,
 A t'inuoquer, afin que ie gardasse
Ta saincte Loy en mes plus grans ennuis.
 Bref, i'ay en moy tousiours eu ceste grace,
Que i'ay voulu & veux tant que ie puis
Tes mandemens garder quoy que ie face.

HETH.

O Dieu, tu es ma part & tout mon bien:
 Iay proposé de ta saincte Parolle
Tousiours garder fidelement & bien.
 Or donc, Seigneur, ta pitié me console:
Ie t'en requier affectueusement,
Et ne soit point ta promesse friuole.
I'ay espluché mes faicts soigneusement:
 Voila pourquoy mes pieds ie vien remettre
Au droit chemin de ton enseignement.
 Et si n'ay point voulu longuement mettre,
Ains tout soudain à toy me suis rengé,
Et de tes loix suis venu m'entremettre.
Les malins m'ont pillé & saccagé:
 Mais non obstant leur fureur tant cruelle,
Iamais ta Loy de mon cœur n'a bougé.
 Tu m'en as faict vne iustice telle,
Que releuer ie me veux pour chanter
En plain minuict ta louange immortelle.
Ceux qui tes loix veulent executer,
 Ceux qui de Dieu en leurs cœurs ont la crainte,
Voila les gens que ie veux frequenter.
 La terre est pleine, & toute son enceinte
Des biens, Seigneur, que luy viens presenter:
Remply moy donc de ta doctrine saincte.

TETH.

TETH.

Seigneur, tu as de tes biens espandu
  Sur moy ton serf, ensuyuant tes promesses:
Car ie m'y suis de tout temps attendu.
  Ie te supply qu'en bon sens tu me dresses,
Et bon scauoir: car pour certain ie croy
Que vrayes sont & seures tes adresses.
Auant que d'estre ainsi battu de toy,
  De bien aller n'auoye ne soing ne cure:
Mais maintenant ie chemine en ta Loy.
  O Dieu, tu es tout bon de ta nature,
Et liberal à tes biens dispenser:
Monstre moy donc tes droicts pleins de droicture.
Les orgueilleux me sont venus brasser
  Maints faux raports: mais pourtant ie ne cesse
De tout mon cœur tes edicts embrasser.
  Leurs cœurs sont pris & tout figés de gresse:
Mais moy Seigneur quand plaisir veux auoir,
Droit à ta Loy, non ailleurs, ie m'adresse.
Vn plus grand bien n'eusse peu receuoir
  Que de sentir ma personne oppressée,
Pour acquerir de tes loix le scauoir.
  D'or ou d'argét grosse somme amassée
N'est rien au pris de ta Loy bien scauoir,
Que tu nous as toy-mesme prononcée.

IOD.

Tes propres mains m'ont faict & façonné,
  Donne moy donc l'esprit de scauoir faire
Le mandement que tu nous as donné.
  Alors ceux-la qui craignent te desplaire,
En me voyant sur ton dire appuyé
S'esiouiront beaucoup de cest affaire.
Quand par ta main le monde est chastié,
  Las, ie voy bien que la cause est tresbonne,
Et qu'a bon droict tu m'as humilié.
  Ie te supply que ta bonté me donne
Quelque confort en mon affliction,

Comme ton dire & promesse l'ordonne.
Vienne sur moy ta grand' compassion,
Et ie viuray: car en ta Loy & crainte
Gist mon plaisir & consolation.
Soyent tous cõfus ceux qui sous couleur feinte
Me font du mal,& mon cœur cependant
Ne pense à rien qu'à ta doctrine saincte.
Retourne à moy tout homme pretendant
Auecques moy te reuerer & craindre,
Tout homme aussi ta doctrine entendant.
Mon cœur entier,sans rien fleschir ne feindre
Tes loix ensuyue,afin qu'en t'attendant,
D'estre confus ie ne me puisse plaindre.

CAPH.

De ton salut ie suis tant desireux,
En attendant de ton dire l'issue,
Que mon esprit en est tout langoureux.
Ie suis lassé d'auoir en haut la veue,
Disant,O Dieu,en qui me suis-fié,
Quand m'aideras en ma desconuenue?
Ie suis retraict (tant ie suis ennuyé)
Comme vne peau mise à la cheminée
Si n'ay-ie rien de tes loix oublié.
Las,quelle espace est encor ordonnée
A moy ton serf,auant que puisse voir
Sur mes haineux ta sentence donnée?
Ces faux peruers me cuidans faire choir
M'ont appresté des fosses deceuables,
Contre ta Loy,pour ton serf deceuoir.
Tes mandemens sont tousiours veritables,
Tu sais qu'a tort ils m'ont persecuté:
Las,monstre moy tes faueurs secourables.
Bien peu s'en faut que du tout n'ay esté
Ruë par terre en extreme ruine:
Si n'ay-ie point ton vouloir reietté.
Restaure moy par ta bonté benigne:
Et lors sera par moy executé

PSEAVME CXIX.

Le mandement de ta bouche diuine.

LAMED.

En ce haut ciel que tu creas iadis,
  Est & sera pour iamais engrauée
L'eternité de tout ce que tu dis.
  De siecle à l'autre est ta foy approuuée,
Tesmoin la terre assise si adroit,
  Que ferme & stable elle est tousiours trouuée.
Mesme auiourdhuy tout l'vniuers on voit
  Perseuerer sous ta saincte conduite:
Car c'est à toy qu'obeissance il doit.
  Et n'eust esté que mon ame est instruite
A ne chercher qu'en ta Loy mon confort,
Certes pieça ma vie fust destruite.
De tes statuts & de leur reconfort
  Pour tout iamais la memoire ie garde,
Puis que par eux tiré m'as de la mort.
  Ie suis à toy, sois donc ma sauuegarde:
Car à sçauoir ta saincte volonté
  Et mandemens, dessus tout ie regarde.
Des faux peruers tousiours suis aguetté:
  Mais cependant à ta pure doctrine
Et tesmoignage est mon cœur arresté.
  Ie ne voy rien si grand qui ne decline,
Fors tes edicts, desquels l'authorité
Et grand vertu iamais ne se termine.

MEN.

O que ta Loy i'ay suyuie tousiours
  D'vn cœur ardent, & tout rempli de zele?
Parler ne puis d'autre cas tous les iours,
  Ta Loy m'apprend vne prudence telle,
Que suis plus fin que tous mes ennemis:
  Car en tout temps ie demeure auec elle.
Tu as en moy tant de sagesse mis,
  Que mes docteurs en doctrine ie passe:
Car à tes droicts tout mon cœur i'ay submis,
  En bon conseil les anciens surpasse:

Et tout cela,d'autant qu'ay regardé
 Tousiours sur tout que tes loix ie gardasse.
Tant que i'ay peu,i'ay mon pied engardé
 Du chemin tors,afin que puisse ensuyure
 Ce que nous a ta bouche commandé.
 Tes iugemens,Seigneur,i'ay voulu suyure,
Sans decliner:car tu m'apprens par eux,
 Comment il faut bien & iustement viure.
O que tes dicts m'ont semblé sauoureux,
 En les goustant ! ô que d'iceux l'vsage
 Plus que du miel m'est doux & amoureux!
 Tes mandemens me font deuenir sage:
Pourquoy aussi le chemin malheureux
 I'ay detesté tousiours en mon courage.

NVN.

Ta Parolle est ainsi comme vn flambeau,
 Guidant mes pas,& comme vne lumiere,
 Pour me monstrer le chemin le plus beau.
 I'ay faict serment,& d'vne foy entiere
 Le garderay,de bien garder sur tout,
 Les iugemens de ta Loy droituriere.
 Seigneur,ie suis affligé iusqu'au bout,
Tien moy promesse,& par ta bonté grande
Vien me tirer & remettre sus bout.
 Veuilles,Seigneur,receuoir ceste offrande,
 Que ie te fay de cœur & franche voix,
 Et monstre moy ce que ta Loy commande.
Mon ame,helas,comme si ie l'auois
 Dedans la main à mort est exposée
 Si n'ay-ie rien oublié de tes loix.
 Les malins m'ont mainte embuche dressée:
Mais leur embuche onques ne m'esbranla,
 Et de ta Loy la sente n'ay laissée.
Ta Loy est mienne & mon cœur prise l'a
 Cōme vn droict fond & son propre heritage:
 Car tout mon cœur & mon plaisir est là.
 A tout iamais pratiqueray l'vsage

D

De tes statuts, pourautant qu'à cela
 I'ay de tout temps appliqué mon courage.
SAMECH.
I'ay tousiours eu en detestation
 Celuy qui rien qu'à mal faire ne pense:
 Mais en ta Loy gist mon affection.
 Seigneur, tu es ma tresseure defense:
 Ie n'ay recours ne cachette qu'en toy,
 Et ta promesse attens en patience.
Sus donc, peruers, retirez vous de moy:
 Ie ne veux plus que mon esprit s'amuse
 Qu'à bien garder de mon Seigneur la Loy.
 De m'asseurer ie te pry' ne refuse,
 Comm'as promis de m'oster de la mort,
 Et ne permets que mon espoir m'abuse.
Sois mon appuy, ie seray sain & fort.
 Quelque torment ou mal qui me menace,
 Tousiours ta Loy sera mon reconfort.
 Ceux qui n'ont soing de bien suyure à la trace
 Tes saincts statuts, à beaux pieds foulleras:
 Car en leurs cœurs ne songent que fallace.
Ainsi qu'escume au loing tu ietteras
 Tous les peruers, c'est pourquoy ie m'addonne
 A tant aimer ce qu'enioint tu nous as.
 Penser ne puis que ie ne m'en estonne,
 Aux iugemens rigoreux qu'en feras,
 Et de grand peur tout le corps me frissonne.
AIN.
Droit & bon iuge à tous me suis porté:
 Ne permes point que soy' baillé en proye
 A ceux par qui à tort suis tormenté.
 Fay que ton serf plustost cognoisse & voye
 Ce qui est bon, de peur que finement
 Des orgueilleux oppressé ie ne soye.
Mes yeux sont las d'attendre longuement
 Ton vray salut, donc promesse m'as faicte,
 Toy qui ne peux faillir aucunement.
N.

Ie te suppli'pren ton serf & le traite
Par ta douçeur:luy faisant receuoir
De tes statuts cognoissance parfaicte.
Ton serf ie suis:fay moy donques auoir
Si bon esprit,& si vif que ie puisse
De tes edicts les secrets conceuoir.
   Or est-il temps que tu faces iustice:
Il n'y a plus entre nous loy ne foy,
Qui des humains retienne la malice.
Aussi,Seigneur,c'est la raison pourquoy
Trop plus que l'or & pierrerie exquise
Tes mandemens sont estimez de moy.
   Pourquoy par tout iustes ie trouue & prise
Tous tes edicts:& pour suyure ta Loy
Toute malice en telle haine ay prise.

PHE.

En tes edicts pour vray sont contenus
Les grans secrets de science profonde:
Voila pourquoy de moy sont maintenus.
   Dedans ta Loy telle lumiere abonde,
Que dés l'entrée on en est esclairé,
Et rend sauans les plus simples du monde.
I'ay maintefois baaillé & souspiré,
De grand desir que i'ay de sauoir faire
Ce que nous as par ta Loy declairé.
   Regarde moy,& me sois debonnaire,
Comm'enuers ceux qui t'aiment de bon cœur
Tu vas monstrant ta faueur ordinaire.
Conduy mes pas au chemin bon & seur
Par ta parolle,& tant ne m'abandonne
Que dessus moy mon peché soit vainqueur.
   Quelque faux bruit & meschant qu'õ me dõne
Preserue moy en toute aduersité,
Et ie viuray comme ta Loy l'ordonne.
Sur moy ton serf descende la clarté
De ton visage,& m'apprenne à comprendre
Ce qu'ordonné par toy nous a esté.
   De mes deux yeux larmes ie fay descendre
A grans ruisseaux,tant ie suis contristé

Qu'à ta Loy saincte on ne veut mieux'entendre.
ZADE.
Seigneur, tu es tout iuste en tout endroit:
  Et ne t'aduient iamais, quoy que tu faces,
  De faire rien qui ne soit bon & droit.
    Rendre le droict, fuir toutes fallaces,
  Voila deux cas commandez en ta Loy
  Expressement, & sur grandes menaces.
Ie meurs quasi, voyant comme ie voy
  Par mes haineux ta parolle oubliée,
  De grand despit que i'en ay dedans moy:
    Pource qu'elle est nette & purifiée
  Iusques au bout, & que l'affection
  De moy ton serf à elle est dediée.
Quoy que ie soy' bas de condition,
  Et mesprisé, i'ay tousiours souuenance
  De tes edicts en mon affliction.
    Tes droicts sont droits, dont iamais la puissáce
  Ne defaudra:& rien que verité
  N'est contenu en ta saincte ordonnance.
Affligé suis, pressé, persecuté:
  Mais nonobstant mainte peine endurée,
  Tes mandemens mon plaisir ont esté.
    Ta iustice est d'eternelle durée:
  Appren-la moy par ta grande bonté,
  Lors ie viuray d'vne vie asseurée.

COPH.
Ie t'ay prié, Seigneur, tout hautement
  De tout mon cœur:respon à ma demande,
  Et ie feray ton sainct commandement.
    C'est toy, mon Dieu, que i'inuoque & demáde:
  Las sauue moy, & par moy maintenu
  Tousiours sera ce que ta Loy commande.
A toy ie crie auant que soit venu
  Le poinct du iour:car du tout ie m'arreste
  A ta parolle, & là me suis tenu.
    Sans que le guet de veiller m'admoneste.

Mes yeux ouuers de veiller ont souci,
  Et tien tousiours ta parolle en ma teste.
Enten ma voix,Seigneur,par ta merci,
  En restaurant mes forces qui declinent:
Comm'il t'a pleu de faire iusqu'icy.
    Mes ennemis qui contre moy machinent
  M'ont approché,fuyans d'autre costé
Tes sainctes loix,qui leur fraude abominent.
Mais prés de moy en ma necessité
  Tousiours te tien pour m'estre secourable:
Car tes statuts ne sont que verité.
    Ton tesmoignage est seur & immuable,
  Et sera tel à perpetuité:
Ie tien cela pieça pour veritable.

RES.

Voy la misere ou ie suis detenu,
  Et m'en retire,à cause qu'en icelle
    Tousiours me suis de ta Loy souuenu.
    Las,soustien moy en ma bonne querelle:
  Rachete moy,me gardant de mourir,
Pour me tenir ta promesse eternelle.
Tous ces meschans,faute de s'enquerir
  De tes statuts,sont loing de l'esperance
De leur salut,& tous prests à perir.
    Mais tresgrande est,o Dieu,ta bienueuillance:
  Monstre toy donc tel qu'as accoustumé,
En remettant ma vie en asseurance.
Iamais le train n'ay desaccoustumé
  De tes edicts,quoy qu'assailly ie soye
Par tant de peuple & si fort animé.
    Las,quand il faut que ces traistres ie voye.
  Ie meurs d'ennuy,dequoy si laschement
De ta parolle ils ont laissé la voye.
Voy comment i'ay ton sainct commandement
  Tousiours aimé:& ta bonté propice
En ma langueur me donne amendement.
    Auant toute œuure il faut que s'accomplisse
Ce que tu dis,iamais n'est autrement

L

De tous arrests donnez en ta iustice.
SCHIN.

Les princes m'ont à tort persecuté:
  Mais ie n'ay craint leur effort & puissance:
Plustost, Seigneur, ton dire ay redouté.
  Ie ne reçoy moins de resiouissance
Par tes propos, que si i'auoy' trouué
  Quelque butin, ou bien grande cheuance.
Ie hay sur tout vn rapport controuué,
  N'estimant chose au monde plus meschante:
Mais ta Loy est mon plaisir approuué.
  Sept fois le iour, ô Dieu, ton los ie chante,
Considerant les actes merueilleux
  De ta iustice en l'vniuers regnante.
Paix trespaisible est ordonnée à ceux
  Qui ta Loy saincte aiment & tiennent chere:
Et n'y a rien qui leur soit perilleux.
  De toy, mon Dieu, mon vray salut i'espere,
Taschant sur tout de pensée & de faict,
  De faire tant qu'à tes loix i'obtempere.
Mon cœur a mis tes edicts en effect,
  Songneusement, me gardant de mesfaire:
Car ie leur porte amour vray & parfaict.
  Tes mandemens i'ensuy en tout affaire:
Car quoy que i'ay onques pensé ne, faict,
  Tes yeux en ont cognoissance tresclaire.

THAV.

A toy, mon Dieu, mon cry puisse venir:
  Puis donne moy le don d'intelligence
Pour ta parolle enuers moy maintenir.
  Vienne ma voix iusques en ta preséce:
Et me deliure, ainsi comme iadis
  Tu m'as promis par ta grande clemence.
Alors par moy tes beaux faicts seront dicts
  A pleine bouche, ayant receu la grace
D'entendre bien chacun de tes edicts.
  Alos i'iray parlant de bonne audace

N. iii.

PSEAVME CXX.

De ta promesse, & diray rondement,
Dieu fait tout bien: quelque chose qu'il face.
Ie te supply' vouloir tout promptement
Pour me sauuer, sur moy ta main estendre:
Car i'ay choisi ton sainct commandement.
 C'est toy duquel ie veux salut pretendre:
Car ie ne puis, Seigneur, aucun plaisir
Hors de ta Loy ne pourchasser ne prendre.
Pour te louer de viure i'ay desir:
Car de ta grace à moy tousiours monstrée,
Tu ne voudras, Seigneur, me dessaisir.
 Helas, ie suis la brebis esgarée:
De me cercher, Seigneur, pren le loisir:
Car en mon cœur ta Loy est demourée.

Ad Dominum quũ tribularer, clamaui.
PSEAV. CXX. TH. BE.

¶ *Priere du Prophete, banny par le faux rapport de ses*
enuieux: à fin d'estre deliuré d'entre les infideles, auec
lesquels il se desplaist de conuerser.

A Lors qu'affliction me presse, Ma

clameur au Seigneur i'adresse: Car quãd ie

viẽ à le semondre, Iamais ne faut à me respondre.

PSEAVME CXX.

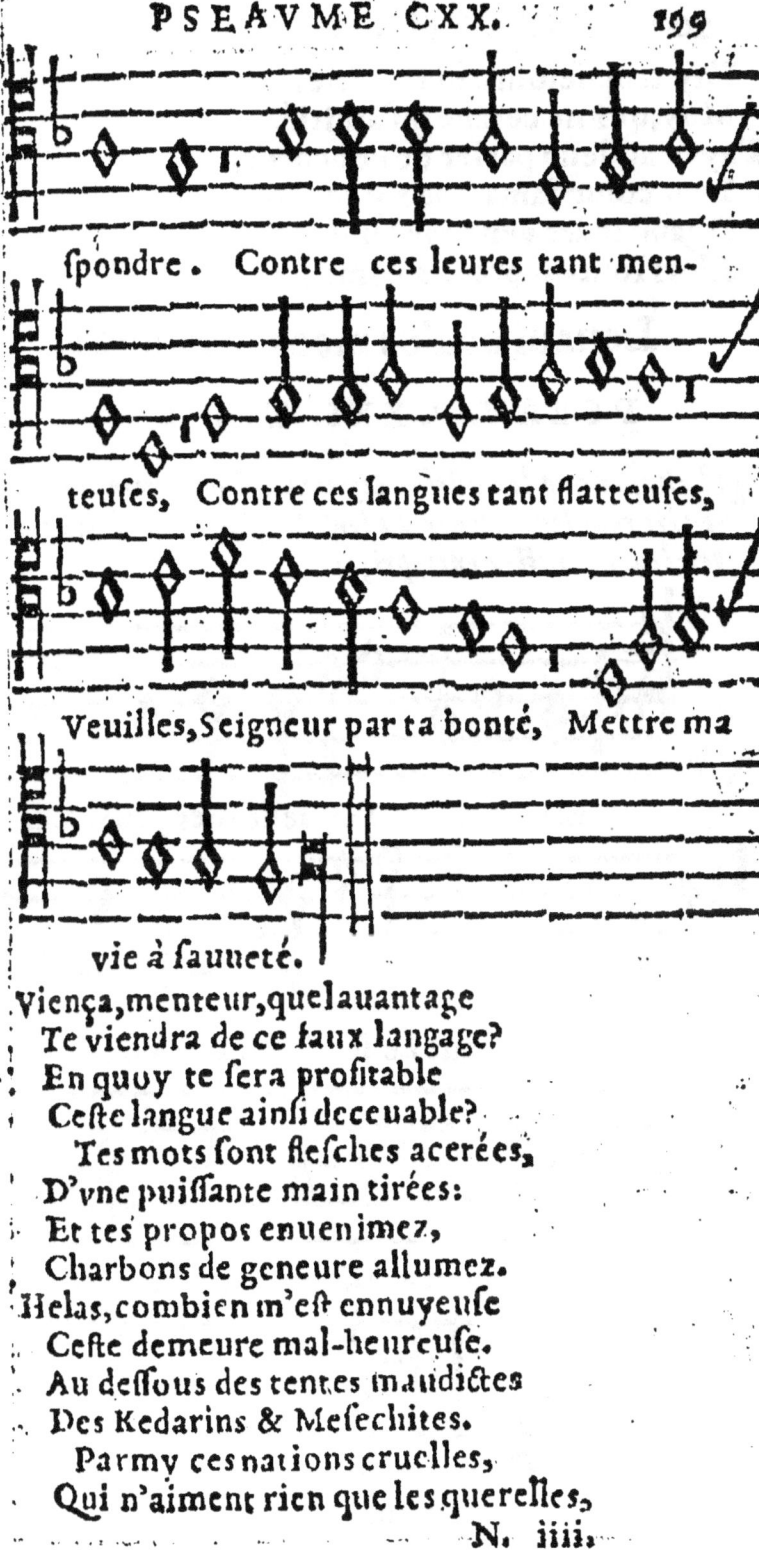

spondre. Contre ces leures tant men-
teuses, Contre ces langues tant flatteuses,
Veuilles, Seigneur par ta bonté, Mettre ma
vie à sauueté.

Vien ça, menteur, que lauantage
  Te viendra de ce faux langage?
  En quoy te sera profitable
  Ceste langue ainsi deceuable?
    Tes mots sont flesches acerées,
  D'vne puissante main tirées:
  Et tes propos enuenimez,
  Charbons de geneure allumez.
Helas, combien m'est ennuyeuse
  Ceste demeure mal-heureuse.
  Au dessous des tentes maudictes
  Des Kedarins & Mesechites.
    Parmy ces nations cruelles,
  Qui n'aiment rien que les querelles,

PSEAVME CXXI.

I'ay trop seiourné la moitié,
Moy, qui ne cerche qu'amitié.
I'ay beau leur parler de concorde,
Leur cœur iamais ne s'y accorde:
Quand ie les veux garder de batre,
Alors sont-ils prests à combatre.

Leuaui oculos meos in montes.

PSEAV. CXXI. TH. BE.

Il chante que les fideles doyuent, à son exemple, attendre tout leur secours du seul Dieu, qui conduira toutes leurs sainctes entreprises.

Vers les mons i'ay leué mes yeux: Car venir doit d'enhaut Le secours qu'il me faut. Au grãd Dieu, qui a faict les cieux Et ceste terre ronde, Tout mon espoir ie fonde.

Marcher

PSEAVME CXXII.

Marcher te fera seurement,
 Et te viendra veiller,
 Sans iamais sommeiller.
  Voicy, d'Israel voirement
 La garde tousiours veille,
 Mesme point ne sommeille.
Dieu te garde & couure d'enhaut,
 Tu as prest & en main
 Le grand Dieu souuerain.
  De iour ne sens le soleil chaut,
 La lune morfondante
 De nuict ne t'est nuisante.
Contre tous dangers desormais
 Ton ame il gardera:
 A tes faicts baillera
  Dés maintenant, & à iamais,
 Et l'issue & l'entrée
 Tresbonne & asseurée.

Lætatus sum in his quæ dicta.

PSEAV. CXXII. TH. BE.

¶ Il se resiouit que Ierusalem, lieu choisi pour le seruice de Dieu, & figure de l'Eglise, se bastit: & prie
Dieu pour son auancement.

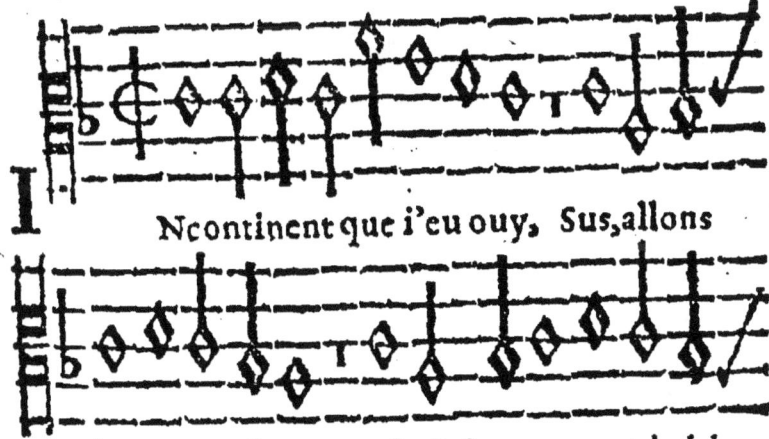

Ncontinent que i'eu ouy, Sus, allons
le lieu visiter Ou le Seigneur veut habi-

PSEAVME CXXII.

ter, O que mõ cœur s'est resiouy! Or en tes

porches entreront Noz pieds, & seiour y fe-

ront: Ierusalem la bien dressée, Ierusa-

lem, qui t'entretiés Vnie aueques tous les

tiens, Comme cité bien policée.

Là doyuent les tribus aller,
  Les tribus, dy-ie, du Seigneur,
  Et pour celebrer son honneur,
Par son mandement s'assembler.
   C'est le lieu du siege assigné,
  Du siege de Dauid ordonné,
  Et aux siens pour faire droicture.

Prions

PSEAVME CXXIII. 203

Prions qu'en toute seureté
Demeure la saincte cité
Et ceux-là qui d'elle ont cure.
De paix puissent estre munis
Tes forteresses & chasteaux:
Tes maisons & palais tant beaux
De tous biens se trouuent garnis.

Pource que rengez dedans toy
Mes freres & prochains ie voy,
Faut que pour toy priere face.
A cause aussi du sacré lieu
De la saincte maison de Dieu,
Il n'est bien que ne te pourchasse.

Ad te leuaui oculos meos.

PSEAVME CXXIII. TH. BES.

¶ Priere des fideles affligez par les meschans & contempteurs de Dieu.

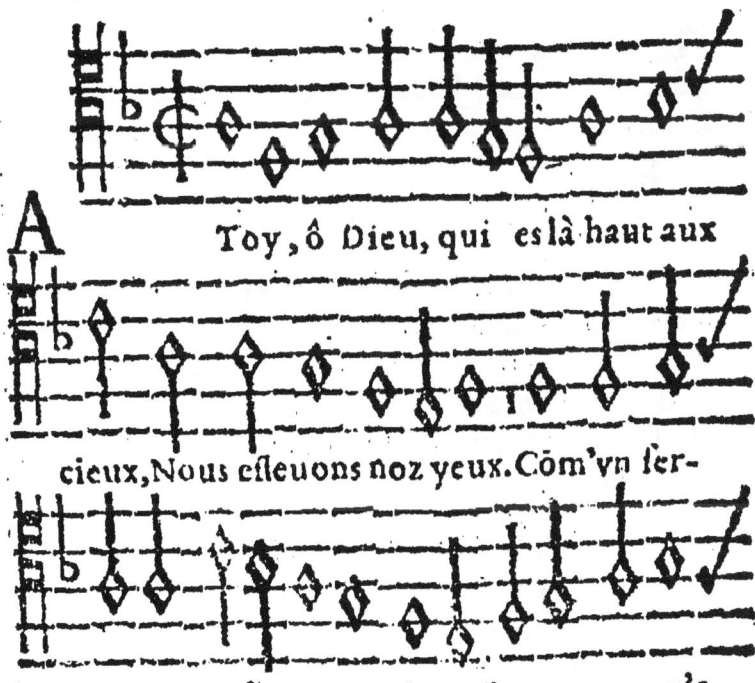

A Toy, ô Dieu, qui es là haut aux
cieux, Nous esleuons noz yeux. Côm'vn seruât qui pressé se voit estre, N'a recours qu'a

204   PSEAVME CXXIII.

son maistre: Et la seruáte a l'œil sur sa maistres-
se Aussi tost qu'on la blesse: Vers nostre
Dieu nous regardons ainsi, Attendans
sa mercy.

Helas, Seigneur, ayes pitié de nous,
  Ayes pitié de nous:
Car tellement nous desdaignent les hommes,
  Que tous souls nous en sommes.
Tant de brocars les gros sur nous desgorgent,
  Que noz cœurs en regorgent.
Et sommes pleins du mespris odieux
  De tous ces glorieux.

Nisi quia Dominus erat in nobis.
PSEAV. CXXIIII.   TH. BE.

¶ Le peuple de Dieu sortant d'vn grand peril, recognoit n'avoir esté sauué par sa force, ains par la faueur de Dieu: & raconte le danger duquel il est eschappé.

PSEAVME CXXIIII.

s'est ietté,
Pieça fussions vifs deuorez par eux,
Veu la fureur ardente des peruers,

206　PSEAVME CXXV.

Pieça fufsions fous les eaux à l'enuers:
Et tout ainfi qu'vn flot impetueux
Nous euffent tous abyfmez & couuers.
Par deffus nous leurs gros & forts torrens
E uffent pieça, comme ie croy, paffé.
Loué foit Dieu, lequel n'a point laiffé
Le peuple fien tomber entre leurs dents,
Pour le manger comme ils auoyent penfé.
Comme l'oifeau du filé fe defait
De l'oifeleur, nous fommes efchappez,
Rompans le laqs, qui nous euft attrapez.
Voila comment le grand Dieu, qui a faict
Et terre & ciel, nous a deueloppez.

Qui confidunt in Domino.
PSEAV. CXXV. TH. BES.

Le Prophete monftre qu'il n'y a rien tant affeuré que le croyant, duquel l'affliction n'eft qu'à temps: puis inuoque Dieu pour les bons, & contre les mefchans.

Out hôme qui fon efperance　　En
Dieu affeurera, Iamais ne verfera: Ains aura fi grande affeurance. Que Sion montagne

PSEAVME CXXVI.   207

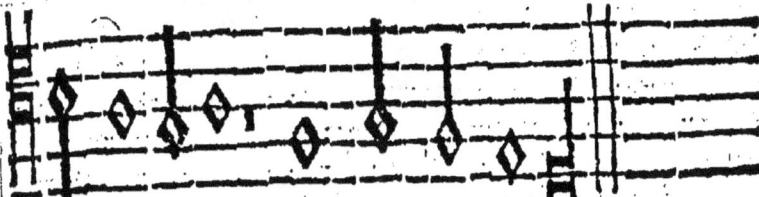

gne tresferme, N'est point plus ferme.
Comme Ierusalem est ceincte
　De monts de toutes pars,
　　Ainsi que de rampars:
　　　Dieu autour de sa trouppe saincte
Est, & sera, qu'on ne l'offense,
　　　Seure defense.
Car ce n'est à tousiours qu'il laisse
　Les siens entre les mains
　　Des tyrans inhumains.
　　　De peur qu'vne trop longue oppresse
En fin ne les force de faire
　　　Mauuais affaire.
Aide toute bonne personne,
　Traine, ô Dieu, ces peruers,
　　Cheminans de trauers,
　　　Auec ceux dont le cœur s'adonne
A tout mal:& aux tiens accorde
　　　Toute concorde.

In conuertendo.

PSEAVME CXXVI.   TH. BES.

¶ Le peuple retournant de captiuité, remercie Dieu, &
le prie d'acheuer la deliurance: monstrant qu'apres
l'affliction vient tant plus grande consolation.

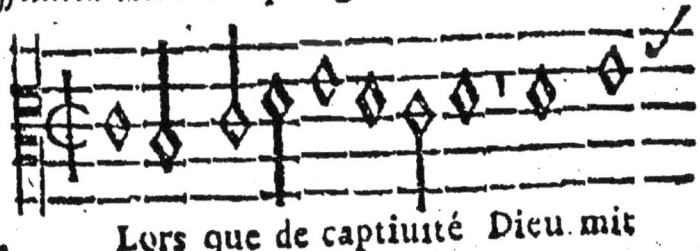

A Lors que de captiuité Dieu mit

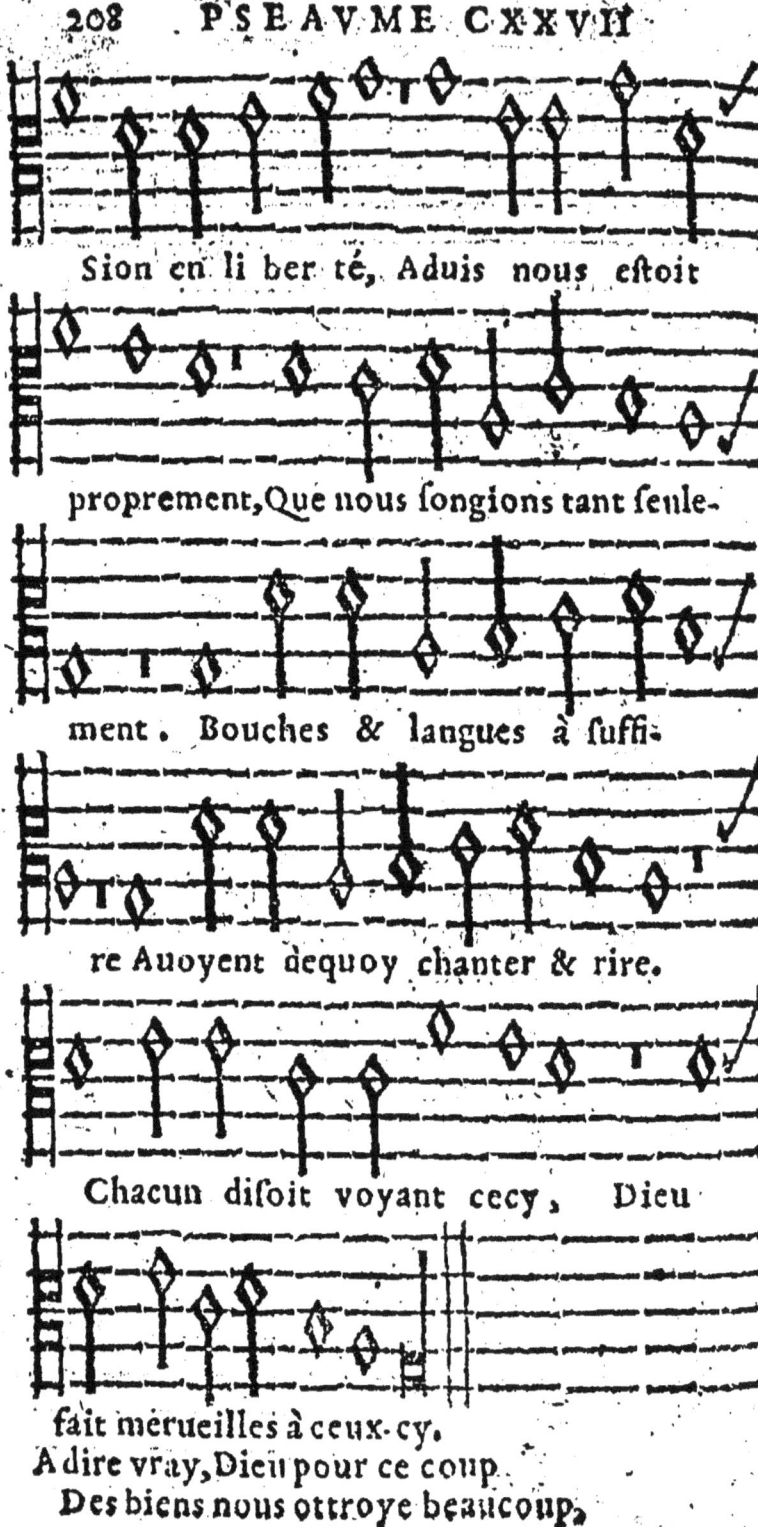

Sion en li ber té, Aduis nous estoit

proprement, Que nous songions tant seule-

ment. Bouches & langues à suffi-

re Auoyent dequoy chanter & rire.

Chacun disoit voyant cecy, Dieu

fait merueilles à ceux-cy.
A dire vray, Dieu pour ce coup
Des biens nous ottroye beaucoup.

Et d'iceluy nous receuons
Tout le plaisir que nous auons.
  Poursuy donc, Seigneur, & nous change
  Du tout ceste prison estrange:
  Ainsi qu'vn ruisseau desiré
  Arrouse vn païs alteré.
Ceux qui auecques larmes d'œil
  Auront semé, perdront le deuil,
  Se trouuans ioyeux & contens,
  Quand de moissonner sera temps.
  Vray est qu'en douleur bien amere
Semeront leur semence chere:
Mais tous ioyeux ils porteront
Les gerbes qu'ils en cueilleront.

Nisi Dominus ædificauerit domum.

PSEAVME CXXVII. TH. BE.

¶ Ce n'est point le bon sens, ny la force, ny le trauail des hommes, mais la bonté de Dieu qui baille les biens, garde les païs, donne la nourriture & les enfans.

ON a beau sa maison bastir, Si le Seigneur n'y met la main, Cela n'est que bastir en vain. Quand on veut villes garentir, On

O.

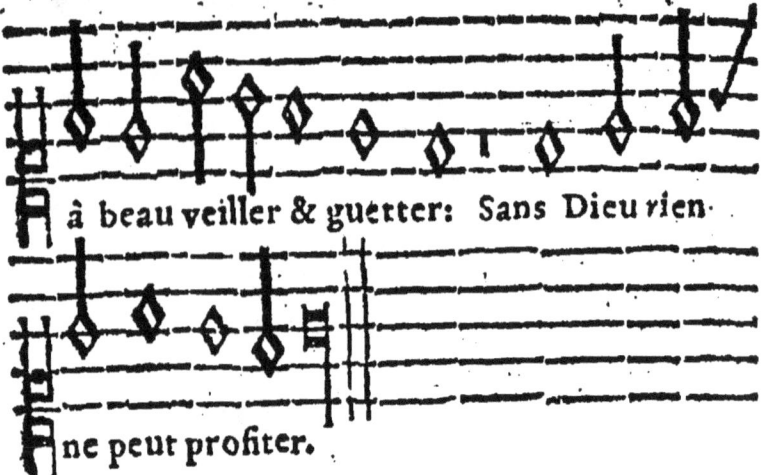

A à beau veiller & guetter: Sans Dieu rien

A ne peut profiter.

Quoy qu'auant iour soyez leuez,
  Et bien tard retourniez aux licts,
  N'ayant souppé que de pain bis,
  Vousmesmes en vain vous greuez:
  Mais à tout cœur Dieu bien aimant,
  Dieu donne tout comme en dormant.
Voila, quand l'homme peut auoir
  Pour heritier quelque enfant sien,
  C'est de Dieu que luy vient ce bien.
  C'est Dieu qui luy fait receuoir
  Par sa grand' liberalité
  Le guerdon de posterité.
Puis les enfans venus en fleur,
  Deuiennent gens rudes & forts,
  Et si bien dispos de leurs corps,
  Qu'vn traict decoché de roideur
  D'vn bras robuste & bien adroit
  Ne frappe plus fort ne plus droit.
Heureux qui leurs carquois auront
  De telles flesches bien fournis:
  Car en estant si bien munis,
  Iamais confondus ne seront:
  Ains confondront ouuertement
  Leurs haineux en plain iugement.

Beati

PSEAVME CXXVIII.
Beati omnes qui timent Dominum.

PSEAVME CXXVIII. CL. MA.

¶ Il dit que ceux qui vrayement craignent & aiment Dieu, sont heureux, soit en public, soit en priué.

Bien-heureux est quicōques Sert à Dieu volontiers, Et ne se lassa onques De suyure ses sentiers. Du labeur que scais faire Vi-uras cōmodemēt, Et ira ton affaire Bien & heureusement.
Quand à l'heur de ta ligne,

O. ii.

Ta femme en ta maiſon
Sera comme vne vigne,
Portant fruict à foiſon.
Et autour de ta table
Seront tes enfans beaux,
Comme vn rang delectable
D'oliuiers tous nouueaux.
Ce ſont les benefices
Dont ſera iouiſſant
Celuy qui fuyant vices
Craindra le Tout-puiſſant.
De Sion Dieu ſublime
Te fera tant de bien,
De voir Ieroſolyme
En tes iours aller bien:
Et verras de ta race
Double poſterité,
Et ſur Iſrael grace,
Paix & felicité.

Sæpe expugnauerunt me à iuuentute.

PSEAV. CXXIX.

TH. BE.

¶ Il admoneſte l'Egliſe de ſe reſiouir de ce qu'apres a-
uoir eſté dés le commencement affligée par les aduer-
ſaires, Dieu l'a deliurée. En apres il predit la de-
ſtruction des meſchans, nonobſtant leur vaine apparence.

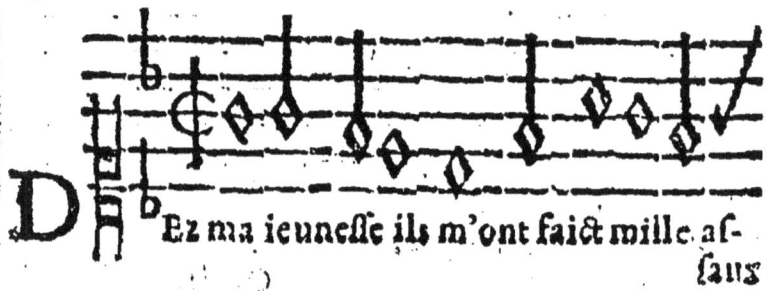

Ez ma ieuneſſe ils m'ont faict mille aſ-
ſaus

PSEAVME CXXIX.

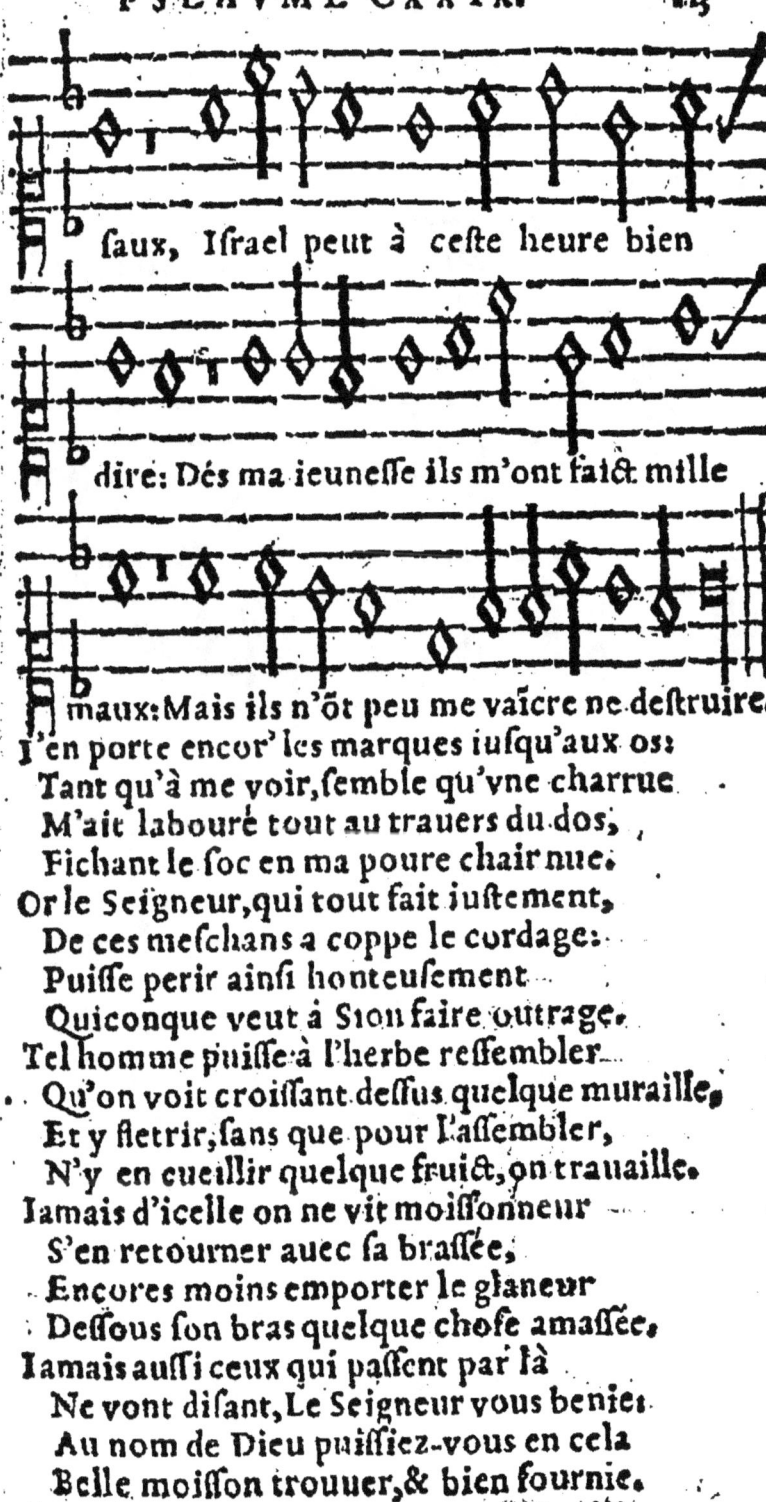

faux, Ifrael peut à ceſte heure bien

dire: Dés ma ieuneſſe ils m'ont faict mille

maux: Mais ils n'ôt peu me vaicre ne deſtruire.
I'en porte encor' les marques iuſqu'aux os:
  Tant qu'à me voir, ſemble qu'vne charrue
  M'ait labouré tout au trauers du dos,
  Fichant le ſoc en ma poure chair nue.
Or le Seigneur, qui tout fait iuſtement,
  De ces meſchans a coppé le cordage:
  Puiſſe perir ainſi honteuſement
  Quiconque veut à Sion faire outrage.
Tel homme puiſſe à l'herbe reſſembler
  Qu'on voit croiſſant deſſus quelque muraille,
  Et y fletrir, ſans que pour l'aſſembler,
  N'y en cueillir quelque fruict, on trauaille.
Iamais d'icelle on ne vit moiſſonneur
  S'en retourner auec ſa braſſée,
  Encores moins emporter le glaneur
  Deſſous ſon bras quelque choſe amaſſée.
Iamais auſſi ceux qui paſſent par là
  Ne vont diſant, Le Seigneur vous benie:
  Au nom de Dieu puiſſiez-vous en cela
  Belle moiſſon trouuer, & bien fournie.

                    O. iii.

PSEAVME CXXX.

De profundis clamaui ad te.

PSEAVME. CXXX. CL. MA.

¶ *Affectueuse priere de celuy qui par son peché a beaucoup d'aduersitez, & toutesfois par esperance ferme se promet obtenir de Dieu remission de ses pechez, & deliurance de ses maux.*

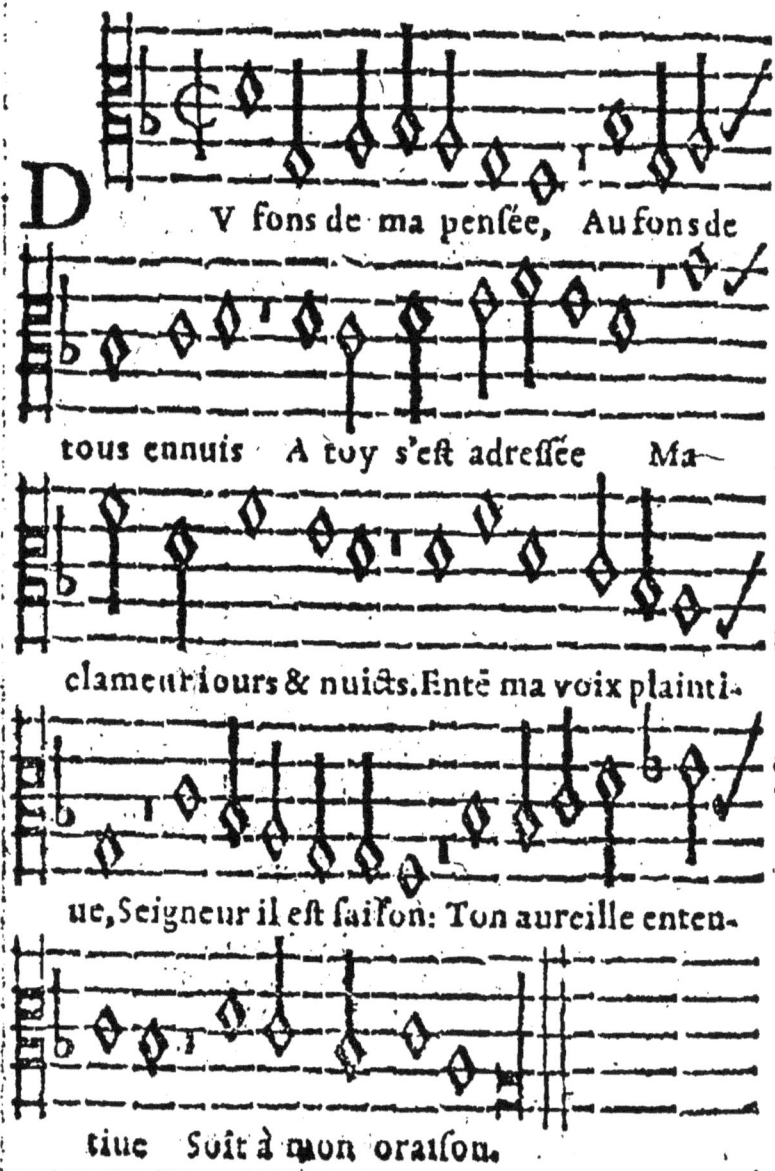

D V fons de ma pensée, Au fons de tous ennuis A toy s'est adressée Ma clameur iours & nuicts. Entē ma voix plainti-ue, Seigneur il est saison: Ton aureille enten-tiue Soit à mon oraison.

PSEAVME CXXXI.

Si ta rigueur expresse
En noz pechez tu tiens,
Seigneur, Seigneur, qui est-ce
Qui demeurra des tiens?
Or n'es-tu point severe,
Mais propice à mercy:
C'est pourquoy on revere
Toy & ta Loy aussi.
En Dieu ie me console,
Mon ame s'y attend,
En sa ferme parolle
Tout mon espoir s'estend.
Mon ame à Dieu regarde
Matin & sans seiour,
Plus matin que la garde
Assise au poinct du iour.
Qu'Israel en Dieu fonde
Hardiment son appuy:
Car en Dieu grace abonde,
Et secours est en luy.
C'est celuy qui sans doute
Israel iettera
Hors d'iniquité toute,
Et le rachetera.

Domine, non est exaltatum.

PSEAV. CXXXI. TH. BES

¶ *Il proteste de son humilité & mortification, & s'asseu-*
re du secours du Seigneur,

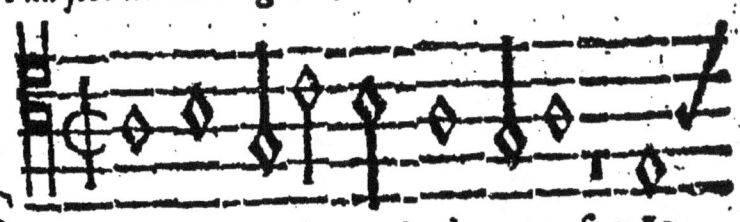

S   Eigneur ie n'ay point le cœur fier, Ie
              O. iiii.

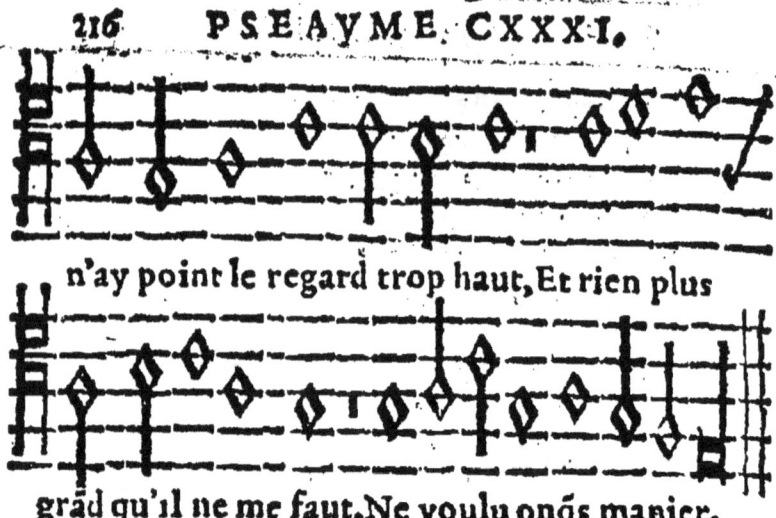

n'ay point le regard trop haut, Et rien plus

grād qu'il ne me faut, Ne voulu onqs manier.

Si ie n'ay faict taire, & donté
  De si prés tout mon appetit,
  Que ie semble à l'enfant petit,
  Qui de sa mere est delaité.
Si ie ne suis, dy-ie, rendu
  Pareil à l'enfant tout foiblet,
  Auquel on a osté le laict,
  Content suis de n'estre entendu.
Atten du Seigneur le soulas
  Iusques à perpetuité:
  Et d'esperer en sa bonté
  Israel iamais ne soit las.

Memento, Domine, Dauid.

PSEAVME CXXXII.

TH. BES.

¶ *David paisible de son royaume, se resiouit de la venue de l'arche de l'alliance en Ierusalem, selon le vœu qu'il en auoit faict, & s'asseure de la promesse receuë de Dieu, touchant l'eternité du regne de celuy qui sortiroit de sa race, c'est à dire, du Messias, comme il est exposé Act. 2.*

PSEAVME CXXXII.

Veuilles, Seigneur, estre recors De David & de son tourment, Luy qui à Dieu a faict serment, Dieu de Iacob le fort des forts, Et

faict veu solennellement.
Voila que ie promets, dit-il,
Iamais en ma maison n'iray,
N'y sur mon lict ne monteray:
Ie ne clorray iamais sourcil,
Iamais les yeux ne fermeray,
Que ie ne trouue vn certain lieu,
Qu'au Seigneur ie puisse assigner:
Et qu'vn lieu ne voye ordonner,
Ou de Iacob le puissant Dieu
Desormais veuille seiourner.
Or voila doncques, nous auons
Maintenant entendu ou c'est,
Sur tous lieux Ephrata te plaist,

Et ta demeure nous trouuons
  Dedans le champ de la forest.
Là nous irons te visiter:
  Deuant le siege ou te veux seoir,
  De t'adorer ferons deuoir.
  Sus donc, vien pour y habiter,
  Toy & l'arche de ton pouuoir.
Soyent de iustice en bien viuant,
  Vestus les prestres de ta Loy:
  Tes saincts se tiennent loing d'esmoy.
  Soustien pour Dauid ton seruant,
  Le Roy oinct & regnant par toy.
Dieu a iuré en verité
  A Dauid, voire & le fera,
  Disant, En ton throne serra
  Quelcun de ta posterité,
  Que ma main y establira.
Et si mon contract & edicts,
  Ainsi que monstrez leur seront,
  Tes enfans gardent, ils auront
  Encores ce bien, que leurs fils
  Sans fin en ton throne serront.
Car Dieu a choisi & voulu
  Sion, à fin de s'y loger.
  Ie ne veux plus, dit-il, changer:
  Ce lieu me plaist, ie l'ay eleu,
  Afin de iamais n'en bouger.
Ses poures souleray de pains,
  De tous biens ie la fourniray:
  Ses prestres i'enuironneray
  De mon salut, & tous ses saincts
  A plein resiouir ie feray.
Dauid y florira par moy,
  Et ses cornes y leuera.
  Là dedans posée sera.
  La lampe apprestée à mon Roy,
  Et sa clarté y donnera.
Ie veux de honte & deshonneur

Enueloppee

PSEAVME CXXXIII.

Enuelopper ſes enuieux,
Faiſant florir deuant leurs yeux
Deſſus ſon chef remply d'honneur,
Son diademe precieux.

Ecce quàm bonum.

PSEAV. CXXXIII. TH. BES.

¶ Il n'y a rien ſi precieux que paix & concorde, quand elle eſt faicte au nom de Dieu.

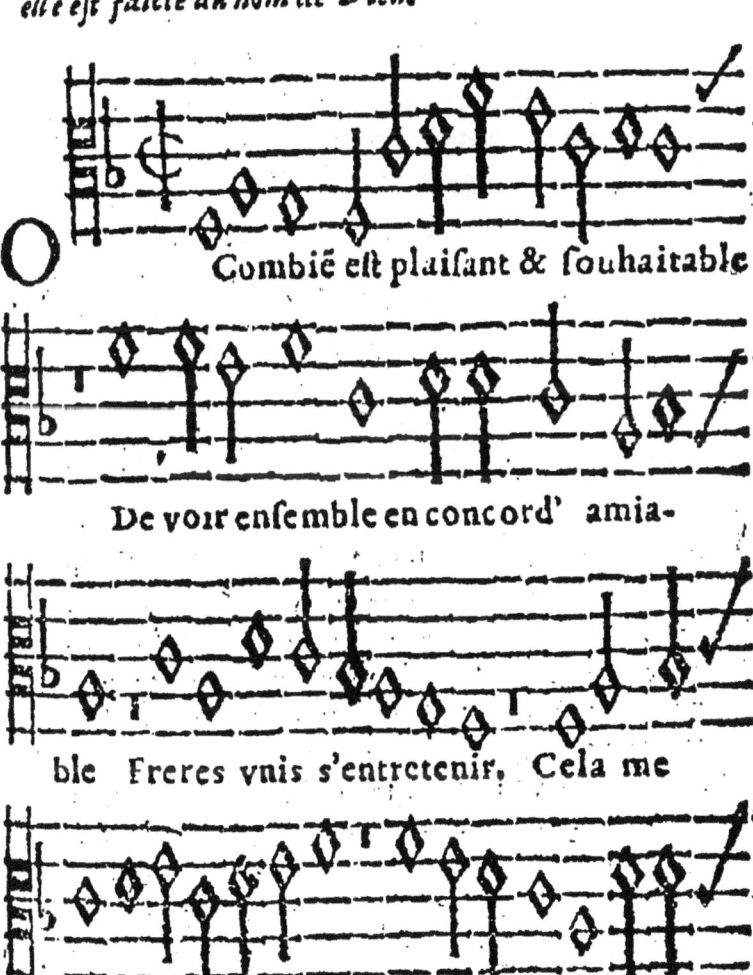

O Combien eſt plaiſant & ſouhaitable
De voir enſemble en concord' amiable Freres vnis s'entretenir. Cela me
fait de l'onguét ſouuenir Tát precieux, dőt perfu-

PSEAVME CXXXIIII.

mer ie voy Aaron le prestre de la Loy.
Et qui depuis la teste vient descendre
  Iusqu'à la barbe, & en fin se vient rendre
  Aux bords du sacré vestement.
Comme l'humeur se voit iournellement
  Du mont Hermon & Sion decourir
  Et le païs d'embas nourrir.
Ainsi pour vray, ceste assemblée heureuse
  Sent du Seigneur la faueur planteureuse,
  Voire pour iamais ne mourir.

Ecce nunc benedicite Dominum
PSEAV. CXXXIIII. TH. BES.

¶ Il admoneste les Leuites de faire leur deuoir, les asseurant de la faueur de Dieu.

OR sus, seruiteurs du Seigneur, Vous
qui de nuict en son honeur Dedans sa maison le
seruez, Louez-le, & son nom esseuez.

PSEAVME CXXXVII.

Leuez les mains au plus sainct lieu
  De ce tressainct temple de Dieu:
  Et le los qu'il a merité
  Soit par voz bouches recité.
Dieu, qui fait & entretient
  Et terre & ciel par son pouuoir,
  Du mont Sion, ou il se tient,
  Ses biens te face apperceuoir.

Super flumina Babylonis.

PSEAV. CXXXVII. CL. MA.

¶ C'est le Cantique des Prestres, Leuites & chantres sacrez de Ierusalem, captifs en Babylone

E Stans assis aux riues aquatiques

De Babylon, plorions melancoliques, Nous

souuenant du païs de Sion: Et au milieu de

l'habitation, Ou de regret tant de pleurs espā-

dismes, Aux saules verds noz harpes nous pendismes.

Lors ceux qui là captifs nous emmenerent,
  De les sonner fort nous importunerent,
  Et de Sion les chansons reciter.
    Las, dismes-nous, qui pourroit inciter
  Noz tristes cœurs à chanter la louange
  De nostre Dieu en vne terre estrange?
Or toutesfois puisse oublier ma dextre
  L'art de harper, auant qu'on te voye estre,
  Ierusalem, hors de mon souuenir:
    Ma langue puisse à mon palais tenir
  Si ie t'oubli', & si iamais i'ay ioye,
  Tant que premier ta deliurance i'oye.
Mais donc, Seigneur, en ta memoire imprime
  Les fils d'Edom, qui sur Ierosolyme
  Crioyent au iour que lon la destruisoit.
    Souuienne-toy que chacun d'eux disoit,
  A sac, à sac, qu'elle soit embrasée,
  Et iusqu'aux pied des fondemens rasée.
Aussi seras, Babylon mis en cendre,
  Et tresheureux qui te saura bien rendre
  Le mal dont trop de pres nous viens toucher:
    Heureux celuy qui viendra arracher
  Les tiens enfans d'entre tes mains impures,
  Pour les froisser contre les pierres dures.

PSEAVME CXXXVIII. 223

Confitebor tibi, Domine, in toto corde.

PSEAVME CXXXVIII. CL. MA.

¶ Il celebre la bonté de Dieu, qui l'auoit retiré de tous perils, & heureusement esleué en dignité royale. Puis chante qu'il en rendra graces à Dieu, & que mesme tous autres Rois luy en donneront louange: se promet aussi qu'à l'aduenir le secours de Dieu ne luy faudra point.

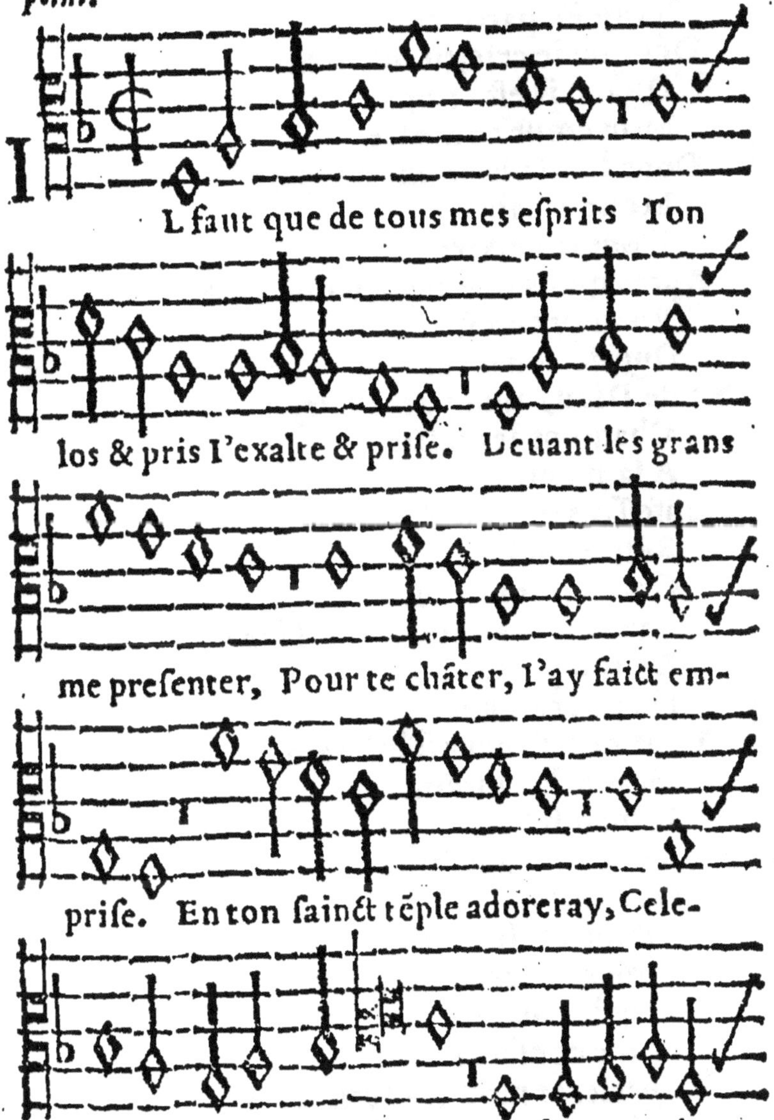

Il faut que de tous mes esprits Ton los & pris l'exalte & prise. Deuant les grans me presenter, Pour te chăter, I'ay faict emprise. En ton sainct téple adoreray, Celebreray ta renommée, Pour l'amour de ta

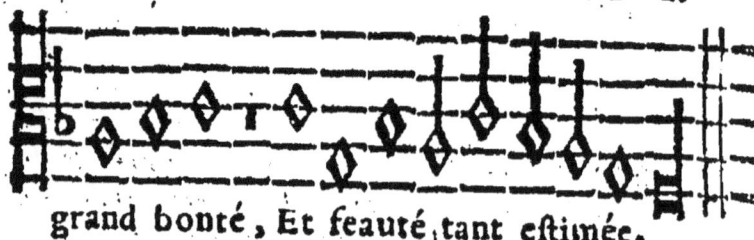

grand bonté, Et feauté, tant estimée.

Car tu as faict ton nom mout grand,
  En te monstrant
  Vray en parolles:
Dés que ie crie, tu m'entens:
  Quand il est temps
  Mon cœur consoles.
Dont les Rois de chacun païs
  Mout esbahis,
  T'ont loué, Sire:
Apres qu'ils ont cogneu que c'est
  Vn vray arrest,
  Que de ton dire.
Et de Dieu, ainsi que ie fais,
  Chantent les faicts
  A sa memoire:
Confessans que du Tout-puissant
  Resplendissant
  Grande est la gloire,
De voir si bas tout ce qu'il faut,
  De son plus haut
  Throne celeste:
Et de ce qu'estant si lointain,
  Grand & hautain,
  Se manifeste.
Si au milieu d'aduersité
  Suis agité,
  Vif me preserues:
Sur mes ennemis inhumains
  Iette les mains,
  Et me conserues.
Et parferas mon cas tout seur:

Car

PSEAVME CXLIII.

Car ta douceur
Iamais n'abaisses:
Ce qu'vne fois as commencé,
Et auancé,
Tu ne delaisses.

Domine, exaudi orationem meam.

PSEAV. CXLIII. CL. M A.

¶ C'est la priere qu'il fit, quand par crainte de Saul il se cacha en vne fosse, ou il s'attendoit d'estre prins, dont il estoit en grande angoisse.

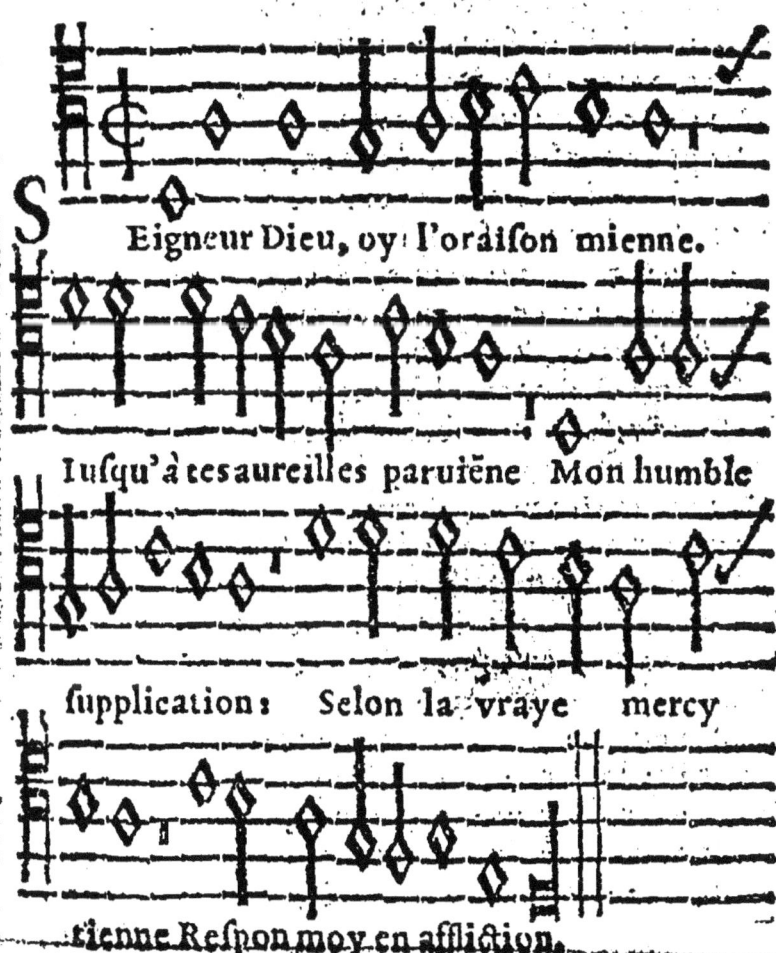

SEigneur Dieu, oy l'oraison mienne.
Iusqu'à tes aureilles paruiēne Mon humble supplication: Selon la vraye mercy tienne Respon moy en affliction.

Avec ton seruiteur n'estriue,
　Et en plein iugement n'arriue,
　Pour ses offenses luy prouuer:
　Car deuant toy homme qui viue
　Iuste ne se pourra trouuer.
Las mon ennemy m'a faict guerre,
　A prosterné ma vie en terre:
　Encor ne luy est pas assez:
　En obscure fosse m'enserre,
　Comme ceux qui sont trespassez.
Dont mon ame ainsi empressée,
　De douleur se trouue oppressée,
　Cuidant que m'as abandonné:
　I'en sens dedans moy ma pensée
　Troublée, & mon cœur estonné.
En ceste fosse obscure & noire,
　Des iours passez i'ay eu memoire,
　Là i'ay tes œuures meditez:
　Et pour confort consolatoire,
　Les faicts de tes mains recitez.
Là dedans à toy ie souspire,
　A toy ie tens mes mains, ô Sire,
　Et mon ame en sa grand' clameur,
　A soif de toy, & te desire
　Comme seche terre l'humeur.
Haste-toy, sois-moy secourable,
　L'esprit me faut, de moy damnable
　Ne cache ton visage beau:
　Autrement ie m'en vay semblable
　A ceux qu'on deualle au tombeau.
Fay-moy donc ouir de bonne heure
　Ta grace: car en toy m'asseure,
　Et du chemin que tenir doy,
　Donne-m'en cognoissance seure:
　Car i'ay leué mon cœur à toy.
O Seigneur Dieu, mon esperance,
　Donne-moy pleine deliurance
　De mes poursuyuans ennemis:

Puis

PSEAVME CXLIII.

Puis que chez-toy pour asseurance,
Ie me suis à refuge mis.
Enseigne-moy comme il faut faire,
Pour bien ta volonté parfaire:
Car tu es mon vray Dieu entier:
Fay que ton Esprit debonnaire
Me guide & meine au droit sentier.
O Seigneur, en qui ie me fie,
Restaure moy & viuifie,
Pour ton Nom craint & redouté:
Retire de langueur ma vie,
Pour monstrer ta iuste bonté.
Tous les ennemis qui m'assaillent,
Fay par ta mercy, qu'ils defaillent:
Et rend confondus & destruits
Tous ceux qui ma vie trauaillent:
Car ton humble seruiteur suis.

Fin des Pseaumes mis en rithme.

P. ii.

LE CANTIQVE DE SIMEON.

Nunc dimittis seruum tuum, Domine.
LVC II.
CLEM. MAR.

OR laisse Createur En paix ton seruiteur, En suyuant ta promesse, Puis que mes yeux ont eu Ce credit d'auoir veu De ton salut l'adresse.
Salut mis au deuant
De tout peuple viuant
Pour l'ouir & le croire.
Resource des petis
Lumiere des Gentils,
Et d'Israel la gloire.

LES COMMANDEMENS DE DIEV.

Audi Israel.

EXODE XX.
CL. MA.

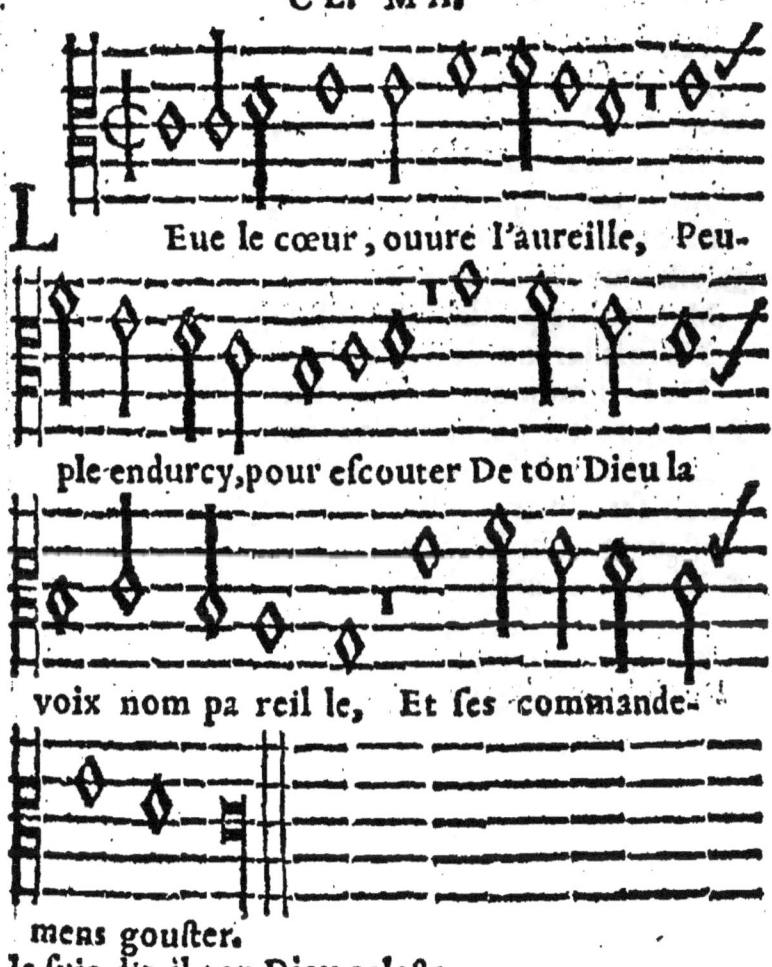

Leue le cœur, ouure l'aureille, Peuple endurcy, pour escouter De ton Dieu la voix nompareille, Et ses commandemens gouster.

Ie suis, dit-il, ton Dieu celeste,
Qui t'ay retiré hors d'esmoy,
Et de seruitude moleste,
Tu n'auras autre Dieu que moy.
Tailler ne te feras image
De quelque chose que ce soit:

P. iij.

Si honneur luy fais & hommage,
 Ton Dieu ialousie en reçoit.
En vain son nom tant venerable
 Ne iureras:car c'est mespris:
 Et Dieu ne tiendra incoulpable
 Qui en vain son nom aura pris.
Six iours trauaille,& au septieme
 Sois du repos obseruateur,
 Toy & les tiens:car ce iour mesme
 Se reposa le Createur.
Honneur à pere & mere porte,
 Afin de tes iours alonger
 Sur la terre qui tout apporte,
 Là ou Dieu t'a voulu loger.
D'estre meurtier ne te hasarde,
 Mets toute paillardise au loing.
 Ne sois larron,donne-t'en garde.
 Ne sois menteur,ne faux tesmoing.
De conuoiter point ne t'aduienne
 La maison & femme d'autruy,
 Son seruant,ne la beste sienne,
 N'aucune chose estant à luy.
O Dieu,ton parler d'efficace
 Sonne plus clair que fin alloy:
 En noz cœurs imprime la grace
 De t'obeir selon ta Loy.

Priere

Priere devant le repas.

O Souuerain Pasteur & Maistre
regarde ce troupeau petit: Et de tes biens
souffre le paistre Sans desordōné appetit
Nourrissant petit à petit A ce iourdhuy ta
Creature, Par celuy qui pour nous vestit
Vn corps subiect à nourriture.

P. iiij.

Priere apres le repas.

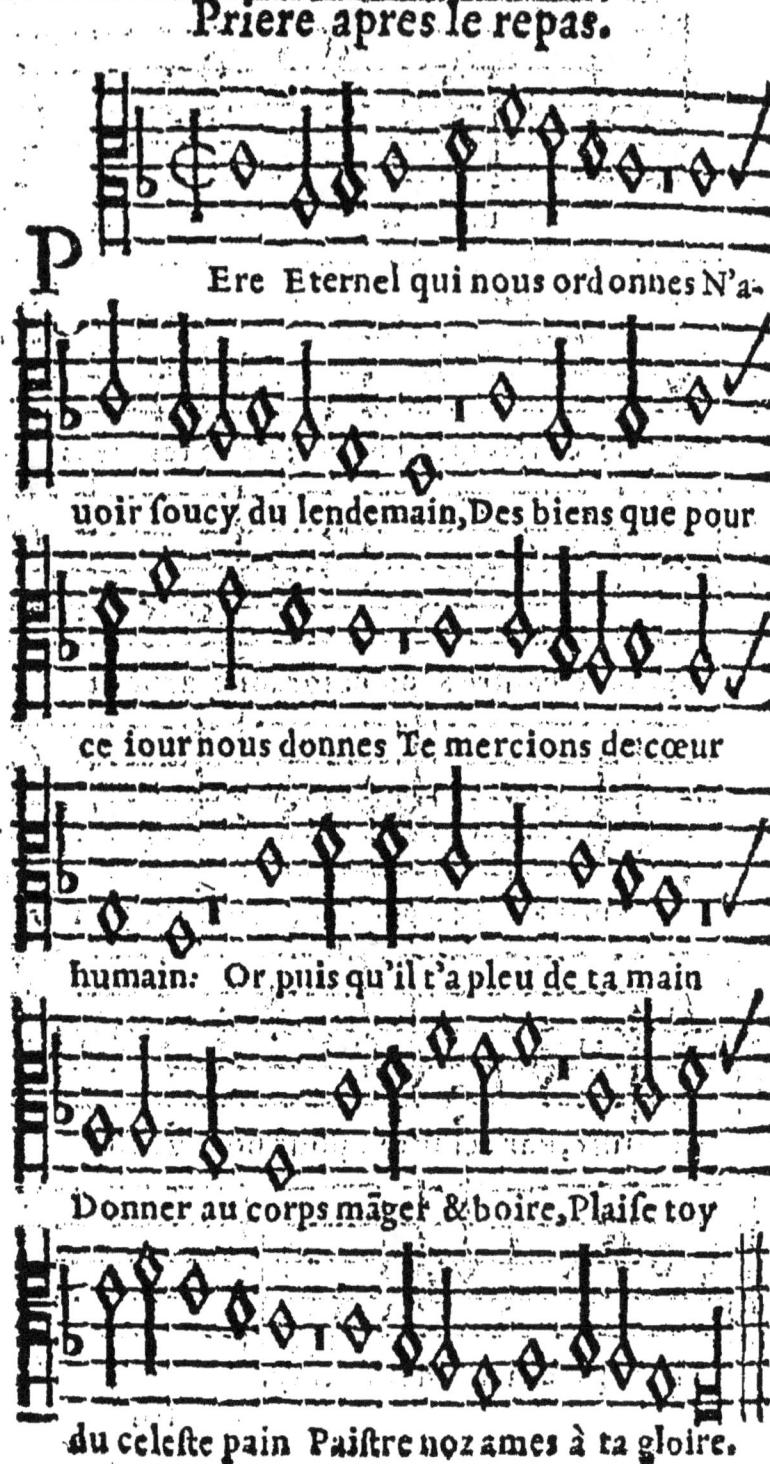

Pere Eternel qui nous ordonnes N'a-uoir soucy du lendemain, Des biens que pour ce iour nous donnes Te mercions de cœur humain: Or puis qu'il t'a pleu de ta main Donner au corps māger & boire, Plaise toy du celeste pain Paistre noz ames à ta gloire.

LES ARTICLES DE LA FOY.
C L. MA.

JE croy en Dieu le Pere tout-puissant,
Qui crea terre & ciel resplendissant:
Et en son Fils vnique Iesus Christ,
Nostre Seigneur, conçeu du sainct Esprit,
Et de Marie entiere vierge né:
Dessous Pilate à tort passionné:
Crucifié, mort en croix estendu:
Au tombeau mis, aux enfers descendu:
Et qui de mort reprint vie au tiers iour:
Monta là sus au celeste seiour,
Là ou il sied à la dextre du Pere,
Pere eternel, qui tout peut & tempere:
Et doit encor de la venir icy
Iuger les morts & les viuans aussi.

AV sainct Esprit ma ferme foy est mise:
Ie croy la saincte & catholique Eglise,
Estre des saincts & des fideles, vne
Vraye vnion, entre eux en tout commune:
De noz pechés pleine remission:
Et de la chair la resurrection.
Finalement, croy la vie eternelle.
Telle est ma foy, & veux mourir en elle.

L'ORAISON DE NOSTRE SEIgneur Iesus Christ. Matt. 6.

PEre de nous, qui es là haut és cieux,
Sanctifié soit ton nom precieux.
Aduienne tost ton sainct regne parfaict.
Ton veuil en terre ainsi qu'au ciel soit faict.
A ce iourdhuy sois nous tant debonnaire,
De nous donner nostre pain ordinaire.
Pardonne nous les maux vers toy commis,
Comme faisons à tous noz ennemis.
Et ne permets en ce bas territoire,
Tentation sur nous auoir victoire:
Mais du malin cauteleux & subtil
Deliure nous, ô Pere: Ainsi soit-il.

TABLE DES PSEAVMES, TANT
de ceux de Clement Marot, que de Theodore
de Besze.

A
Aux parolles que ie veus dire. 5
A toy mon Dieu. 25
Apres auoir constamment attendu. 40
Ainsi que la biche rée. 42
Ayes pitié. 57
Alors qu'affliction. 120
A toy, ô Dieu. 123
Alors que de captiuité. 126

B
Bien-heureuse est la personne. 119
Bien-heureus est quiconques. 128

D
De tout mon cœur t'exalteray. 9
D'ou vient cela, Seigneur. 10
Donne secours, Seigneur. 12
Deba contre mes debateurs. 35
Du malin les faicts vicieux. 36
Dés qu'aduersité nous offense. 46
Di moy malheureux. 51

Donnez au Seigneur gloire 29
Du Seigneur. 111
Des ma ieunesse ils m'ont faict mille maus. 129
Du fons de ma pensée. 130

E
Enten cela. 64
Enfans qui le Seigneur. 113
Estans assis aux. 137

I
Iusques a quand as. 13
Ie t'aimeray en toute obeissance 18
I'ay mis en toy mon esperance 31
Iamais ne cesseray. 34
I'ay dict en moy. 39

Incontinent que i'eus ouï. 122
Il faut que de tous. 138

L

Le fol malin en son. 14
Les cieux en chacun. 19
Le Seigneur ta priere. 20
La terre au Seigneur. 24
Le Seigneur est. 27
L'as en ta fureur. 38
Le Dieu, le fort 50
Les gens entrez. 79
L'Onipotent a mon Seigneur, 110

M

Mon Dieu i'ay en toy esperance, 7
Mon Dieu, mon Dieu. 22
Mon Dieu me paist. 23
Misericorde au poure vicieus. 51
Mon Dieu, preste moy l'aureille. 26

N

Ne veuille pas, ô Sire. 6
Ne sois fasché. 37
Non point à nous. 115

O

O Seigneur que de gens. 3
O nostre Dieu & Seigneur 8
O Dieu qui es. 28
O bien heureux celuy. 32
O bien heureux qui. 41
Or auons-nous. 44
Or sus tous humains. 47
O Dieu tu nous 63
O Dieu la gloire. 65
Or peut bien dire. 124
On a beau sa maison. 127
O combien est. 133
Or sus seruiteurs. 134

P

Pourquoy font bruit. 2
Propos exquis. 45

Q
Qui au conseil des.	1
Quand ie t'inuoque.	4
Qui est-ce qui.	15
Qui en la garde.	91
Quand Israël.	114

R
Resueillez vous.	33
Reuenge moy.	43
Rendez à Dieu.	118

S
Sois moy Seigneur.	16
Seigneur enten.	17
Seigneur le Roy.	21
Seigneur garde.	26
Seigneur, puis que.	30
Si est-ce que Dieu.	73
Sus louez Dieu, mon ame.	103
Sus, sus, mon ame.	104
Seigneur, ie n'ay point.	131
Seigneur Dieu, oy l'oraison miene.	143

T
Tes iugemens, Dieu veritable.	72
Tu as esté, Seigneur.	90
Tout homme qui.	125

V
Veu que du tout en Dieu.	11
Vous tous Princes.	29
Vouloir m'est pris.	101
Vers les monts i'ay.	121
Veuilles, Seigneur, estre recors.	132

FIN.

SIX PSEAVMES NOVVELLEMENT
traduits par Theodore de Besze.

Quid gloriaris in malitia.
PSEAVME LII.

DI moy malheureux qui te fies
 En ton auctorité,
  D'ou vien que tu te glorifies
   De ta meschanceté?
 Quoy que soit, de Dieu le secours
  A tous les iours son cours.
Ta langue à mal faire s'adresse,
  Et semble proprement
Vn rasoir affilé qui blesse
  Et coupe finement.
Malice aimes mieux que bonté,
  Le faux que verité.
De tous propos qui peuuent nuire,
  A parler tu te mets:
 Aussi Dieu te viendra destruire
  Fausse langue à iamais.
Tranchée, arrachée de Dieu
  Seras hors de ton lieu.
Meschant, iusques à la racine
  Tu seras arraché.
 Les iustes voyans ta ruine
  Auront le cœur touché:
 De tes malheurs ils se riront,
  Et voila qu'ils diront,
C'est celuy qui n'a daigné prendre
  L'Eternel pour soustien:
 Car il a mieux aimé s'attendre
  Et fier en son bien.
 C'est luy qui s'est fortifié
  De sa grand' mauuaistié.
Mais moy, qui n'ay & n'auray onques
  Qu'en la benignité
 De l'Eternel espoir quelconques,

Seray ainſi planté
Qu'vn verd oliuier, au milieu
De la maiſon de Dieu.
Lors, Seigneur, de ceſte vengeance
Sans fin te beniray,
A ton ſainct nom plein de puiſſance
Du tout m'arreſteray:
Car ta bonté faict mille biens
A tous ceux qui ſont tiens.

Eripe me de inimicis meis
PSEAVME LVII.

Ayes pitié, ayes pitié de moy,
  Car, ô mon Dieu mon ame eſpere en toy
Et iuſqu'à tant que ces meſchans rebelles
Soyent tous paſſez, eſperance ne ſoy
Iamais n'auray qu'en l'ombre de tes ailes.
Au Dieu treshaut mon cri s'adreſſera,
  Au Dieu lequel tout mon cas parfera
Bonté & foy, ce grand Dieu que i'adore.
A mon ſecours du ciel venir fera,
Rendant confus celuy qui me deuore.
Mon ame, helas, eſt parmi des lions:
  Boutefeus m'ont enclos par milions,
Lances & dards ſont leurs dents emoulues,
Leurs langues ſont en leurs detractions,
Glaiues perceans de leurs poinctes aigues.
Eleue toy, ô Dieu, deſſus les cieux,
  Cy bas partout ton los ſoit glorieux.
Ils ont tendu des rets pour me ſurprendre.
Il m'a foullé: ils ont ces enuieux
Fait vn foſſé deuant moy pour me prendre.
Eux-meſmes ſon tombés en leur foſſe:
  Mon cœur en eſt, ô Dieu, tout redreſſé:
Mon cœur s'eſgaye eſtant plein d'aſſeurance:
Voire, Seigneur, pour ton los exaucé
Chanter, preſcher de telle deliurance.
Sus donc ma langue, ores reueille toy,

Psalterions leuez vous auec moy.
Au poinct du iour ie laisseray ma couche,
Et ton hôneur par tout, mon Dieu, mon Roy.
Ouir feray des doigts & de la bouche:
Car iusqu'au ciel s'esleue ta bonté,
Iusqu'au plus haut de l'air ta verité
Dresse la teste. Or donc, Seigneur, demonstre
Que sur les cieux se tient ta Deité,
Et fay par tout que ta gloire se monstre.

Deus, Deus meus, ad te de luce.

PSEAVME. LXIII. SVR LE CHANT
du XVII, Seigneur entens.

O Dieu, ie n'ay Dieu fors que toy,
Dés le matin ie te reclame,
Et de ta soif ie sens mon ame
Toute pasmée dedans moy.
Les poures sens d'humeur tout vuides
De mon corps mat & alteré
Tousiours, Seigneur, t'ont desiré
En ces lieux deserts & arides.
A fin qu'encores vne fois
Ie voye ta force & ta gloire,
Comme dedans ton Sanctuaire
Ie l'ay contemplée autrefois.
Car mieux vaut que la vie, mesme
Ta grace & ta benignité:
Dont par ma bouche recité
Sans fin sera ton los supreme.
Ainsi ton los ie chanteray
Tant que ma vie soit esteincte:
Ton nom & puissance tressaincte
A ioinctes mains i'inuoqueray.
Ainsi que de moelle & de gresse,
Ie me sens tout rassasié,
Et d'vn chant à toy dedié
Tout ioyeux de chanter ne cesse.

Lors qu'en mon lict il me souuient
  De ta souueraine puissance,
  Et que de toy la souuenance
  Le long de la nuict m'entretient,
    Car en mes destresses mortelles
  De ton secours m'as faict iouir,
  Qui me fait ores resiouir
  Caché soubs l'ombre de tes ailes.
Mon ame de si pres te suit
  Que nullement ne t'abandonne,
  Et ta main soustient ma personne
  Contre tout homme qui me nuit.
    Mais ces gens qui me font la guerre,
  Taschans ma vie consumer,
  On verra fondre & abysmer
  Iusqu'au plus profond de la terre.
En pieces vn iour sera mis
  Au fil du glaiue, & par la voye
  Aux renards seruira de proye
  L'amas de tous mes ennemis.
    Adonc ioyeux de la victoire
  Le Roy en Dieu s'esiouira:
  Tout homme aussi Dieu benira,
  Qui recognoist le Dieu de gloire.
Car quelque mensonge au sortir
  Que la fausse bouche propose:
  Il faut qu'vn iour elle soit close,
  Sans qu'on l'en puisse garentir.

Exaudi, Deus, orationem meam.

PSEAVME LXIIII. SVR LE
chant du Pseaume V. Aux parolles.

ENten cela que ie veux dire:
  Quand ie te prie sauue moy,
  Que de mes ennemis l'effroy
  Ne vienne ma vie destruire,
    Souuerain Sire.

Cache

PSEAVME LXIIII.

Cache moy loing de l'entreprise
  Des ennemis fins & couuers,
  Et des complots de ces peruers,
  Dont la vie à tout mal apprise
    Est tant reprise.
Ils ont des langues affetées,
  Aussi perceantes que poignars:
  En lieu de flesches & de dars
  Parolles aigrement iettées
    Ont atteintées.
Afin d'en donner vne atteinte
  A l'innocent couuertement:
  De sorte que soudainement
  Mainte personne ils ont attainte
    Sans peur ne crainte.
Ils sont obstinez à mesfaire,
  Parlent de me tendre leurs rets,
  Disans comme gens asseurez,
  Qui sçaura rien de c'est affaire
    Que voulons faire?
Pour trouuer finesses subtiles
  Ils sont curieux iusqu'à tout,
  Et vont cerchans iusques au bout
  Mesmement les plus difficiles
    Aux plus habiles.
Mais Dieu sur lequel ie m'asseure
  Son traict sur eux decochera.
  Quand pas vn d'eux n'y pensera:
  Dont suyura tantost la blesseure
    Soudaine & seure.
Par leur propre langue execrable
  Eux mesmes se ruineront,
  Adonc plusieurs s'estonneront
  Voyans la ruine importable
    Qui les accable.
Tous alors rendront tesmoignage
  Des hauts effects du Souuerain,
  Et tous craintifs dessous sa main,

Q.

Recognoistront en leurs courages
  Ses grans ouurages.
Mais le iuste en resiouissance
  A l'Eternel s'arrestera.
  Et qui de cœur entier sera
Chantera de Dieu la puissance
  En asseurance.

Te decet hymnus, Deus, in Sion.

PSEAVME LXV. SVR LE CHANT
du LXXII, commenceant, Tes iugemens.

O Dieu la gloire qui t'est deue
  T'attend dedans Sion:
En ce lieu te sera rendue
  De vœux oblation
  Et d'autant que la voix entendre
Des tiens il te plaira,
Tout droit à toy se venir rendre
  Toutes gens on verra.
Toutes manieres de malices
  Auoyent gaigné sur moy.
Mais tous noz pechez & noz vices
  Sont abolis de toy.
  Heureux cil que tu veux eslire
Et pres de toy loger,
Afin que chez toy se retire
  Pour iamais n'en bouger.
Des biens du Palais de ta gloire
  A plein nous soulerons:
Des biens de ton sainct Sanctuaire
  Tous repeus nous serons.
  Selon ta bonté indicible,
O Dieu qui nous maintiens
En haute façon & terrible
  Tu respondras aux tiens.
En toy espere tout le monde
  Iusqu'aux lointains pays,

PSEVAME LXV.

Qui sont de la grand mer profonde
 Enclos & circuis.
  De tes puissances redoutables
 Tout ceinct & reuestu
 Tu tiens les monts fermes & stables
 Par ta grande vertu.
Les flots de la grand mer bruyante
 Tu peux faire cesser:
 Des peuples l'emeute inconstante
 Soudain peux rabaisser.
  Voyans tes œuures nompareilles
 Peuples de tous costez
 Sont estonnez de tes merueilles,
 Tant soyent-ils escartez.
Au matin la clarté tant nette
 Du beau Soleil partant,
 Au soir mainte belle planette
 Leur vient ioye apportant.
  Si la terre est de soy tarie,
 Tu la viens visiter,
 Et les grans thresors de ta pluye
 Sur elle degoutter.
L'eau qui de tes ruisseaux regorge
 Vient la terre nourrir
 A fin que le froment & l'orge
 Puissent croistre & meurir.
  Ses rayons enyures & trempes,
 Ses sillons applanis,
 Tu l'amollis & la destrempes
 Et son germe beniss.
La saison coronnée & ceincte
 De tes biens on peut voir
 Des hauts cieux ta demeure saincte
 La gresse fais pleuuoir.
  Les deserts auec leurs logettes
 De pluye fais iouir:
 Dont les coustaux & môtaguettes
 Semblent se resiouir
                Q. ii.

Adonc reueſtent les campagnes
   Mille troupeaux diuers,
   Et les entredeux des montagnes
   De bleds ſont tous couuers.
      Quoy voyant la troupe champeſtre,
   Reſiouit de ſes chants
   En voyant ſes richeſſes naiſtre,
   Et montagnes & champs.

Confitebor tibi, Domine, in toto.

PSEAVME CXI. SVR LE CHANT
du Pſeaume XXIIII. commenceant, La
terre au Seigneur appartient.

DV Seigneur Dieu en tous endroits,
   En l'aſſemblée des plus droits
Soit publique ou particuliére,
L'excellence confeſſeray
   Et ſa louange annonceray
D'vne affection toute entiere.
Du Seigneur ſont grans les effects
   Et qui bien contemple ſes faicts
Vray contentement y rencontre.
Ce n'eſt que gloire & maieſté
De ce qu'il faict, & ſa bonté
Par tout eternelle ſe monſtre.
Le Seigneur par ſes faicts exquis
   A iamais vn bruit s'eſt acquis
De douceur & de bienueuillance:
Il a ſouſtenu & ſouſtient
Ceux qui l'ont craint, & ſe ſouuient
   A iamais de ſon alliance.
A ſon peuple il a faict ſçauoir
   Quel eſt l'effect de ſon pouuoir,
Leur donnant des gens l'heritage,
   Ce n'eſt que ſeure loyauté,
   Ce n'eſt que treſiuſte equité
Quand il met la main à l'ouurage.
Tous les mandemens qu'il a faicts

Sont

PSEAVME CXI.

Sont seurs & fermes à iamais
Faicts en verité & droicture.
Il a son peuple deliuré,
Accord auec luy a iuré,
Voire vn accord qui tousiours dure.
Son nom est redoutable & sainct.
Reuerer Dieu de cœur non feint,
C'est commencement de sagesse.
Sage est celuy qui faict cecy,
Et se peut asseurer aussi
Qu'il en sera loué sans cesse.

Q. iii.

LA FORME DES PRIERES ECCLE-SIASTIQVES,

Auec la maniere d'admininistrer les Sacremens, & celebrer le mariage, & la visitation des malades.

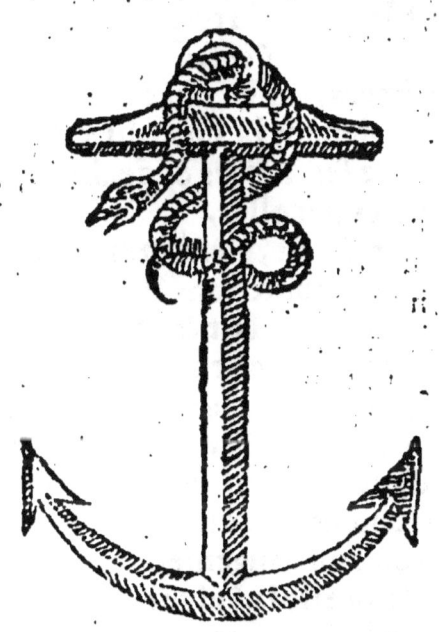

LVC XVIII.

Il faut tousiours prier, & ne se lasser point.

M. D. LIIII.

LA FORME DES PRIE-
RES ECCLESIASTIQVES.

Les iours ouuriers, le Ministre fait telle exhortation à prier, que bon luy semble: l'accommodant au temps & à la matiere qu'il traicte en sa predication.

Pour les Dimanches au matin, on vse communement de la forme qui s'ensuit.

Nostre aide soit au nom de Dieu, qui a faict le ciel & la terre, Amen.

Confession.

Mes freres, qu'vn chacun de vous se presente deuant la face du Seigneur, auec confession de ses fautes & pechez, suyuant de son cœur mes parolles.

SEigneur Dieu, Pere eternel & tout-puissant, nous confessons & recognoissons sans feintise, deuant ta saincte Maiesté, que nous sommes poures pecheurs, conceus & naiz en iniquité & corruption: enclins à mal faire, inutilez à tout bien : & que de nostre vice nous transgressons sans fin & sans cesse tes saincts commandemens. En quoy faisant, nous acquerons par ton iuste iugement ruine & perdition sur nous. Toutesfois, Seigneur, nous auons desplaisir en nous-mesmes de t'auoir offensé, & condamnons nous & noz vices, auec vraye repentance, desirans que ta grace subuiene à nostre calamité. Veuilles donc auoir pitié de nous, Dieu & Pere tresbening & plein de misericorde, au nom de ton Fils Iesus Christ nostre Seigneur. Et en effaçant noz vices & macules, eslargy nous & augmente de iour en iour les graces de ton sainct Esprit, à fin que recognoissans de tout nostre cœur nostre iniustice, nous soyons touchez de desplaisir, qui engedre droi-
&c

&e penitence : laquelle nous mortifiant à tous pechez, produise fruicts de iustice & innocence, qui te soyent aggreables, par iceluy Iesus Christ, &c.

Cela faict, on chante en l'assemblée quelque Pseaume : puis le Ministre commence derechef à prier, pour demander à Dieu la grace de son sainct Esprit : à fin que sa parolle soit fidelement exposée à l'honneur de son nom, & à l'edification de l'Eglise, & qu'elle soit receue en telle humilité & obeissance qu'il appartient. La forme est à la discretion du Ministre.

En la fin du sermon, le Ministre, apres auoir faict les exhortations à prier, commence en ceste maniere.

Dieu tout-puissant, Pere celeste, tu nous as promis de nous exaucer en noz requestes, que nous te ferions au nom de ton Fils Iesus Christ bien-aimé, nostre Seigneur : & aussi nous sommes instruits par la doctrine de luy & de ses Apostres, de nous assembler en son nom, auec promesses qu'il sera au milieu de nous, & qu'il sera nostre Intercesseur enuers toy, pour impetrer toutes choses dont nous consentirons sur la terre.

Premierement, nous auons ton commandement de prier pour ceux que tu as constituez sur nous superieurs & gouuerneurs : en apres pour toutes les necessitez de ton peuple, & mesmes de tous hommes. Parquoy en confiance de ta saincte doctrine, & de tes promesses, d'autant que deuant ta face, & au nom de ton Fils nostre Seigneur Iesus, nous sommes icy congregez, nous te supplions affectueusement nostre bon Dieu & Pere, au nom de nostre Sauueur unique & Mediateur, veuille nous par ta clemence infinie gratuitement pardonner noz offenses, & tellemẽt attirer & esleuer à toy noz pensées & noz desirs, que de tout nostre cœur nous te puissions requerir, voire selon tõ bon plaisir & volonté, laquelle seule est raisonable.

Nous te prions donc, Pere celeste, pour tous Prices & Seigneurs tes seruiteurs, ausquels tu as commis le regime de ta iustice, & singulierement pour les Seigneurs de ceste cité, qu'il te *Pseau.51* plaise leur communiquer ton Esprit, seul bon & vrayemẽt principal, iournellement leur augmenter, tellement que recongnossans en vraye foy Iesus Christ ton Fils nostre Seigneur, estre *1,Tim.6* le Roy des Rois, & Seigneur sur tous seigneurs: *Act.17.* comme tu luy as donné toute puissance au ciel *19.* & en terre, ils cerchẽt de le seruir & exalter son *Matt.28* regne en leur domination: gouuernans leurs suiets, qui sont les creatures de tes mains, & brebis de ta pasture, selon ton bon plaisir: à fin que tant icy que par toute la terre, estans maintenus en bonne paix, nous te seruions en toute *Luc 2.* saincteté & honnesteté: & estans deliurez de la crainte de noz ennemis, te puissions rendre louanges en toute nostre vie.

Aussi nous te prions, Pere veritable & Sauueur, pour tous ceux que tu as ordonnez Pasteurs à tes fideles, & ausquels tu as commis la charge des ames, & la dispensation de ton sacré Euangile, que tu les conduises par ton sainct Esprit, à fin qu'ils soyent trouuez fideles & loyaux Ministres de ta gloire: ayans tousious ce but, que toutes les poures ouailles esgarées, soyent recueillies & reduites au *1.Pier.5.* Seigneur Iesus Christ, principal Pasteur, & Prince des Euesques: à fin que de iour en iour elles profitent & accroissent en luy, à toute iustice & saincteté. D'autrepart, veuilles deliurer

urer toutes tes Eglises de la gueule des loups raniſſans, & de tous mercenaires, qui cerchét leur ambition ou profit, & non point l'exaltation de ſainct nom tant ſeulement, & le ſalut de ton troupeau.

Apres nous te prions, Dieu tresbenin & Pere miſericordieux, pour tous hommes generalement, que comme tu veux eſtre recogneu Sauueur de tout le monde, par la redemption faicte de ton Fils Ieſus Chriſt, que ceux qui ſont encores eſtranges de ſa cognoiſſance, eſtans en tenebres & captiuité d'erreur & ignorance, par l'illumination de ton ſainct Eſprit, & la predication de ton Euangile, ſoyent reduicts à la droite voye de ſalut, qui eſt de te cognoiſtre ſeul vray Dieu, & celuy que tu as enuoyé Ieſus Chriſt: que ceux que tu as deſia viſitez par ta grace, & illuminez par la cognoiſſance de ta parolle, croiſſent iournellement en bien, eſtans enrichis de tes benedictiōs ſpirituelles: a fin que tous enſemble t'adorions d'vn cœur & d'vne bouche, & donnions honneur & hommage à ton Chriſt, noſtre Maiſtre, Roy & Legiſlateur.

Pareillement, ô Dieu de toute conſolation, nous te recommandons tous ceux que tu viſites & chaſties par croix & tribulation: les peuples que tu affliges par peſte, ou guerre, ou famine: les perſonnes batues de poureté, ou priſon, ou maladie, ou banniſſement, ou autre calamité de corps, ou affliction d'eſprit: que tu leur veuilles faire entendre ton affection paternelle, qui eſt de les chaſtier pour leur amendement à fin que de tout leur cœur ils ſe conuertiſſent à toy: & eſtans conuertis, reçoiuent entiere conſolation, & ſoyent deliurez de tous maux.

Singulierement nous te recommandons tous noz poures freres qui sont dispersez sous la tyrannie de l'Antechrist, estans destituez de la pasture de vie, & priuez de la liberté de pouuoir inuoquer publiquement ton nom: mesme qui sont detenus prisonniers, ou persecutez par les ennemis de ton Euangile, qu'il te plaise, ô Pere de grace, les fortifier par la vertu de ton Esprit, tellement qu'ils ne defaillent iamais: mais qu'ils persistent constamment en ta saincte vocation: les secourir & leur asister, comme tu cognois qu'il en est besoing, les consoler en leurs afflictions, les maintenir en ta garde contre la rage des loups, les augmenter en tous les dons de ton Esprit, à fin qu'ils te glorifient tant en la vie qu'en la mort.

Ce qui est enclos par ces 2 marques ( ) ne se dit que le iour de la Cene.

Finalement, ô Dieu & Pere, ottroye nous aussi à nous, qui sommes icy assemblez au nom de ton Fils Iesus, à cause de sa parolle, (& de sa saincte Cene) que nous recognoissions droictement, & sans hypocrisie, en quelle perdition nous sommes naturellement, & quelle condamnation nous meritons & amassons de iour en iour sur nous, par nostre malheureuse vie & desordonée: à fin que voyant qu'il n'y a rien de bien en nous, & que nostre chair & nostre sang ne sont point capables de posseder en heritage ton royaume, de toute nostre affection, & en ferme fiance nous nous rendions entierement à ton cher Fils Iesus nostre Seigneur, seul Sauueur & Redempteur: à fin que luy habitant en nous, mortifie nostre vieil Adam, nous renouuellant en vne meilleure vie, par laquelle ton nom, selon qu'il est sainct & digne, soit exalté & glorifié par tout & en toutes places. Pareillement que tu ayes la seigneurie & le gouuernement sur nous tous: & que iournellement de plus en plus nous apprenions

Matt.6 Ton nom soit sanctifié. To regne aduiene.

de noº submettre & assubiettir à ta Maiesté. Tel
lemēt que tu sois Roy & dominateur par tout,
conduisant ton peuple par le sceptre de ta parolle, & par la vertu de ton Esprit : confondant
tes ennemis par la force de ta verité & iustice.

Et ainsi que toute puissance & hautesse cō-
treuenante à ta gloire, soit de iour en iour destruite & abolie, iusques à ce que l'accomplissement de ton royaume vienne, & la perfection
en soit du tout establie, quād tu apparoistras en
iugemēt en la personne de tō Fils. Que noº auec *Ta volō-*
toutes creatures, te rēdiōs vraye & parfaicte o- *té soit*
beissance, ainsi que tes Anges celestes ne de- *faicte.*
mandent sinon d'executer tes commandemens:
& par ce moyen, que ta volonté soit accomplie, sans quelque contradiction, & que tous se
rengent à te seruir & complaire, renonçans à
leur ppre vouloir, & à tōº desirs de leur chair.
Que nous cheminans en l'amour & en la crain- *Donne*
te de tō nom, soyons nourris par ta bonté : & *nous au-*
que tu nous dōnes toutes choses qui nous sont *iourd'huy*
necessaires & expedientes, pour manger nostre *nostre pai*
pain paisiblement, à fin que voyans que tu as *quotidian*
soing de nous, te recognoissions mieux nostre
Pere, & attendions tous biens de ta main: ostās
& retirans nostre fiance de toutes creatures,
pour la mettre entierement en toy & en ta benignité. Et pource que durant ceste vie mor- *Pardon-*
telle, nous sommes poures pecheurs, si pleins *ne-nous*
de fragilité, que nous defaillons assiduellemēt, *noz offen*
& nous foruoyons de la droite voye, qu'il te *ses*
plaise nous pardonner noz fautes, par lesquelles nous sommes redeuables à ton iugement:
& que par ceste remission tu nous deliures de
l'obligatiō de mort eternelle, en laquelle nous
sommes. Qu'il te plaise donc ne nous impu-
ter point le mal qui est en nous: tout ainsi que
par ton commandement nous oublions les in *Mat. 6.*

iures qu'on nous fait:& au lieu de cercher vengeance, procurons le bien de noz ennemis. Finalement qu'il te plaise, pour l'aduenir, nous
souftenir par ta vertu : à fin que par l'infirmité
de noftre chair, nous ne trebufchions. Et d'autant que de nouf-mefmes nous fommes fi de-
biles, que nous ne pourrions demeurer fermes
vne minute de temps : d'autrepart, que nous
fommes circuis & affaillis continuellement de
tant d'ennemis, que le diable, le monde, le peché, & noftre propre chair ne ceffent de nous
faire la guerre : veuilles nous fortifier par ton
fainct Efprit, & nous armer de tes graces, à fin
que puiffions conftamment refifter à toutes té-
tations, & perfeuerer en cefte bataille fpiri-
tuelle, iufques à ce qu'obtenions pleine victoire, pour triompher vne fois en ton royaume,
auec noftre Capitaine & protecteur noftre Seigneur Iefus Chrift, Amen.

Ne nous induy point en tentation

Le iour qu'on doit celebrer la Cene, on adiouste au precedent ce qui s'enfuit.

ET comme noftre Seigneur Iefus, non feu-
lement t'a vne fois offert en la croix fon
corps & fon fang, pour la remiffion de noz pechez, mais auffi les nous veut communiquer,
pour nourriture en vie eternelle : fay-nous cefte grace, que de vraye fyncerité de cœur, &
d'vn zele ardent, nous receuions de luy vn fi
grand benefice : c'eft, qu'en certaine foy nous
iouiffions de fon corps & fon fang, voire de luy
tout entierement : comme luy, eftant vray Dieu
& vray homme, eft veritablement le fainct
Pain celefte, pour nous viuifier : à fin que nous
ne viuions plus en nouf-mefmes, & felon noftre nature, laquelle eft toute corrompue &
vicieufe : mais que luy viue en nous, pour nous
conduire à la vie fainéte, bien-heureufe & per-
manente

manente à iamais. Par ainsi, que nous soyons faicts vrayement participans du nouueau & eternel Testament, à sçauoir l'alliance de grace: estans certains & asseurez, que ton bon plaisir est de nous estre eternellement Pere propice, ne nous imputant point noz fautes: & comme à tes enfans & heritiers bien-aimez, de nous pouruoir de toutes choses necessaires tant au corps, comme à l'ame: à fin qu'incessamment nous te rendions gloire & action de graces, & magnifiōs ton Nō par œuures & par parolles. Donne-nous doncques en ceste maniere, Pere celeste, de celebrer auiourd'huy la memoire bié-henreuse de tō cher Fils: nous exerciter en icelle, & annoncer le benefice de sa mort: à fin qu'en receuant nouuel accroissement & fortification en foy & en tout bien, de tant plus grande fiance nous te renommions nostre Pere, & nous glorifions en toy. Amen.

Apres auoir acheué la Cene, on vse de ceste action de graces, ou semblable.

PEre celeste, nous te rendons louanges & graces eternelles, que tu nous as eslargy vn tel bien, à nous poures pecheurs, de nous auoir attiré en la communion de ton Fils Iesus Christ nostre Seigneur, l'ayant liuré pour nous à la mort, & le nous donnant en viande & nourriture de vie eternelle. Maintenant aussi ottroye nous ce bien, de ne permettre que iamais nous mettions en oubly ces choses: mais plustost les ayans imprimées en noz cœurs, nous croissions & augmentions asiduellement en la foy, laquelle besongne en toutes bonnes œuures: & en ce faisant, ordonnions & poursuyuions toute nostre vie à l'auancement de ta gloire, & edification de noz prochains, & par iceluy Iesus Christ ton Fils, qui en l'vnité du sainct Esprit, vit & regne auec toy Dieu eternellement, Amen.

La benediction qu'on fait au depart du peuple, selon que nostre Seigneur auoit ordonné en la Loy.

Nomb.6 LE Seigneur vous benisse, & vous conserue. Le Seigneur face luire sa face sur vous, & vous soit propice. Le Seigneur retourne son visage enuers vous, & vous maintiene en bonne prosperité, Amen.

D'autant que l'Escriture nous enseigne que pestes, guerres, & autres telles aduersitez, sont visitations de Dieu, par lesquelles il punit noz pechez: quand nous les voyons venir, il nous faut recognoistre que Dieu est courroucé contre nous: & lors, si nous sommes vrais fideles, nous auons à recognoistre noz fautes, pour nous desplaire en nousmesmes, retournans au Seigneur en penitence, & amendement de vie, & en vraye humilité le prier: à fin de obtenir pardon.

A ceste cause, si nous voyons quelquefois que Dieu nous menace, à fin de ne tenter sa patience, mais plustost preuenir son iugement, lequel autrement nous voyons estre lors appareillé, il est bon de auoir vn iour ordonné toutes les sepmaines, auquel specialement ces choses soyent remonstrées: & auquel on face prieres & supplications, selon l'exigence du temps.

Dont s'ensuit vne forme propre à cela.

Pour le commencement du sermon, il y a la confesse generale des Dimanches, cy dessus mise.

En la fin du sermon, ayant faict les remonstrances, comme Dieu afflige maintenant les hommes, à cause des crimes qui se commettent sur toute la terre: & que le monde est abandonné à toute iniquité

apres aussi auoir exhorté le peuple à se reduire & a-
mender sa vie: pareillement à prier Dieu, pour impetrer mercy, on vse de la forme d'oraison qui s'ensuit.

Dieu Tout-puissant, Pere celeste, nous recognoissons en nous-mes., & confessons,
comme la verité est, que nous ne sommes pas
dignes de leuer les yeux au ciel, pour nous presenter deuant ta face: que nous ne deuons pas
tant presumer, que noz oraisons soyent exaucées de toy, si tu regardes ce qui est en nous.
Car noz consciences nous accusent, & noz pechez rendent tesmoignage contre nous: & nous
sçauons que tu es iuste iuge, qui ne iustifies pas
les pecheurs & iniques, mais puniz les fautes
de ceux qui ont transgressé tes commandemens. Ainsi, Seigneur, en considerant toute
nostre vie, nous sommes confus en noz cœurs,
& ne pouuons autre chose, sinon nous abattre
& desesperer, comme si nous estions desia és a-
bysmes de mort. Toutesfois, Seigneur, puis
qu'il t'a pleu par ta misericorde infinie, de
nous commander que nous t'inuoquions, mesme du profond des enfers, & d'autant plus que
nous defaillons en nous-mesmes, que nous ayons nostre refuge à ta souueraine bonté: puis
aussi que tu nous as promis de receuoir noz requestes & supplications, non point en considerant quelle est nostre propre dignité, mais au
nom & par le merite de nostre Seigneur Iesus
Christ, lequel tu nous as constitué Intercesseur
& Aduocat: renonçant à toute fiance humaine,
nous prenons hardiesse en ta seule bonté, pour
nous adresser deuant toy, & inuoquer ton sainct
Nom, pour obtenir misericorde.

Premierement, Seigneur, outre les benefices infinis, que tu distribues communement

à tous hommes de la terre, tu nous as faict tant de graces speciales, qu'il nous est impossible de les reciter, ne mesme suffisamment comprendre. Singulierement il t'a pleu nous appeller à la cognoissance de ton sainct Euangile, nous retirant de la miserable seruitude du diable, ou nous estions: nous deliurant de la maudicte idolatrie, & des superstitions ou nous estions plongez, pour nous conduire en la lumiere de ta verité. Et neantmoins par ingratitude & mescognoissance, ayans oublié les biens que nous auons receus de ta main, nous auons decliné, nous destournans de toy apres noz concupiscences: n'auons pas rendu l'honneur, ne l'obeissance à ta saincte parolle, telle que nous deuions: ne t'auons point exalté & magnifié comme il appartenoit: & combien que tu nous ayes tousiours fidelement admonestez par ta parolle, nous n'auons point escouté tes remonstrances. Nous auons donc peché, Seigneur, nous t'auons offensé. Pourtant nous receuons confusion sur nous & ignominie, recognoissans que nous sommes grieuement coulpables deuant ton iugement: & que si tu nous voulois traicter selon que nous en sommes dignes, que nous ne pouuons attendre que mort & damnation. Car quand nous voudrions nous excuser, nostre conscience nous accuse, & nostre iniquité est deuant toy pour nous condamner. Et de faict, Seigneur, nous voyons comment par les chastimens qui nous sont desia aduenus, tu as esté à bon droict courroucé contre nous. Car puis que tu es iuste & equitable, ce n'est pas sans cause que tu affliges les tiens. Ayans donc esté batus de tes verges, nous recognoissons que t'auons irrité à l'encontre de nous. Et maintenant nous voyons encores ta main leuée pour nous punir:

car

car les glaiues dont tu as accoustumé d'executer ta vengeance, sont maintenant desployez: & les menaces que tu fais contre les pecheurs & iniques, sont toutes appareillées.

Or quand tu nous punirois beaucoup plus rigoreusement que tu n'as faict iusqu'à ceste heure: & que pour vne playe nous aurions à en receuoir cent, mesmes que les maledictions, desquelles tu as autresfois corrigé les fautes de ton peuple d'Israel, tomberoyent sur nous: nous confessons que ce seroit à bon droict, & ne contredisons pas que nous ne le ayons bien merité.

Toutesfois, Seigneur, tu es nostre Pere, & nous ne sommes que terre & fange: tu es nostre Createur, & nous sommes les œuures de tes mains: tu es nostre Pasteur, nous sommes ton troupeau: tu es nostre Redempteur, nous sommes le peuple que tu as racheté: tu es nostre Dieu, nous sommes ton heritage. Parquoy ne te courrouce point contre nous, pour nous corriger en ta fureur. Que tu ne ayes point memoire de nostre iniquité, pour la punir: mais chastie nous doucement en ta benignité. Pour noz demerites ton ire est enflambée: mais qu'il te souuienne que ton Nom est inuoqué sur nous, & que nous portons ta marque & tõ enseigne. Entretien plustost l'œuure que tu as commencée en nous par ta grace, à fin que toute la terre cognoisse que tu es nostre Dieu & Sauueur. Tu sçais que les morts qui sont és enfers, & ceux que tu auras deffaicts & confondus, ne te loueront point: mais les ames tristes & desolées, les cœurs abbatus, les consciences oppressées du sentiment de leur mal, & assamées du desir de ta grace, te donneront gloire & louange,

Ton peuple d'Israel t'a prouoqué à ire plusieurs fois par son iniquité, tu l'as affligé par ton iuste iugement : mais quand il s'est reduit à toy, tu l'as tousiours receu à pitié. Et quelques grieues que fussent ses offenses, pour l'amour de ton alliance que tu auois faicte auec tes seruiteurs Abraham, Isaac & Iacob, tu as destourné tes verges & maledictions, lesquelles leur estoyent preparées: tellement que leurs oraisons n'ont iamais esté repoussées de toy. Nous auós par ta grace vne alliance beaucoup meilleure, que nous te pouuons alleguer : c'est celle que tu nous as faicte & establie en la main de Iesus Christ nostre Sauueur, laquelle tu as voulu estre escrite de son sang, & ratifiée par sa mort & passion. Pourtant, Seigneur, renonçans à nous-mesmes, & à toute esperance humaine, nous recourons à ceste alliance bienheureuse, par laquelle nostre Seigneur Iesus t'offrant son corps en sacrifice, nous a reconciliez à toy. Regarde donc, Seigneur, en la face de ton Christ, & non pas en nous : à fin que par son intercession ton ire soit appaisée, & que ton visage reluise sur nous en ioye & en salut: & d'orenauant veuille-nous receuoir en ta saincte conduite, & nous gouuerner par ton Esprit, qui nous regenere en vne meilleure vie, par laquelle *Ton nom soit sanctifié, Ton regne aduienne, Ta volonté soit faicte en la terre comme au ciel. Donne-nous auiourd'huy nostre pain quotidian. Et nous quitte noz debtes, comme nous quittons à ceux qui nous doyuent. Et ne nous induy point en tentasion: mais deliure-nous du mal. Car à toy est le regne, la puissance, & la gloire aux siecles des siecles, Amen.*

Et combien que nous ne soyons pas dignes d'ouurir la bouche pour nous-mesmes, & se requerir en nostre necessité, neantmoins,
puis

puis qu'il t'a pleu nous commander de prier les vns pour les autres, nous te prions pour tous noz poures freres & membres, lesquels tu visites de tes verges & chastimens: te supplians de destourner ton ire d'eux: nommément pour N. & N. Qu'il te souuienne, Seigneur, qu'ils sont tes enfans côme nous: & s'ils t'ont offensé, que tu ne laisses point de poursuiure sur eux ta bonté & misericorde, laquelle tu as promise deuoir estre perpetuelle enuers tous tes fideles. Veuilles donc regarder en pitié toutes tes Eglises, & tous les peuples que tu as maintenant affligez, ou par peste, ou par guerre, ou par tes autres verges: les personnes battues de tes verges, soit de maladie, prison, ou poureté: les consolant tous, selon que tu cognois qu'ils en ont besoing: & en leur faisant profiter tes chastimens à leur correction, les confermer en bonne patience, & moderer ta rigueur: & en la fin, en les deliurant, leur donner pleine matiere de se resiouir en ta bonté, & benir ton sainct Nom. Singulierement qu'il te plaise d'auoir l'œil sur ceux qui trauaillent pour la querelle de ta verité, tant en general qu'en particulier, pour les confermer en constance inuincible: les defendre, leur assister en tout & par tout: renuersant toutes les pratiques & complots de leurs ennemis & les tiens: tenant leur rage bridée, les rendant confus en l'audace qu' ils entreprenent contre toy & les membres de ton Fils. Et ne permets que la Chrestienté soit du tout desolée: ne permets que la memoire de ton Nom soit abolie en terre: ne permets que ceux, sur lesquels tu as voulu ton Nom estre inuoqué, perissent: & que les Turcs, Payens Papistes, & autres infideles se glorifient en te blasphemant.

Nous te prions aussi, Pere celeste, pour

tous Princes & seigneurs tes seruiteurs, ausquels tu as commis le regime de ta iustice : & singulierement pour les Seigneurs de ceste cité, qu'il te plaise leur communiquer ton E-

Pseau. 51   sprit, seul bon & vrayement principal, iournellement leur augmenter: tellement que recognoissás en vraye foy Iesus Christ tõ fils nostre

1. Tim. 6.   Seigneur, estre le Roy des rois, & Seigneur sur
Apo. 17.   tous seigneurs, comme tu luy as donné toute
19.   puissance au ciel & en terre, ils cerchent de
Mat. 28.   le seruir & exalter son regne en leur domination : gouuernans leurs subiets, qui sont les creatures de tes mains, & brebis de ta pasture, selon ton bon plaisir : à fin que tant icy, que par toute la terre, estans maintenus en bon-

Luc 2.   ne paix, nous te seruions en toute saincteté & honnesteté : & estans deliurez de la crainte de noz ennemis, te puissions rendre louange en toute nostre vie.

     Aussi nous te prions, Pere veritable & Sauueur, pour tous ceux que tu as ordonnez Pasteurs à tes fideles, & ausquels tu as commis la charge des ames, & la dispensation de ton sacré Euangile, que tu les conduises par ton sainct Esprit, à fin qu'ils soyent trouuez fideles & loyaux Ministres de ta gloire: ayans tousiours ce but, que toutes les poures ouailles esgarées, soyent recueillies & reduictes au Sei-

1. Pier. 5   gneur Iesus Christ, principal Pasteur, & Prince des Euesques : à fin que de iour en iour elles profitent & accroissent en luy, à toute iustice & saincteté. D'autre part, veuilles deliurer toutes tes Eglises de la gueule des loups rauissans, & de tous mercenaires, qui cerchent leur ambition ou profit, & non point l'exaltation de ton sainct nom tant seulement, & le salut de ton troupeau.

     Aprés nous te prions, Dieu tresbenin,

& Pere misericordieux, pour tous hômes generalement, que comme tu veux estre recogneu Sauueur de tout le monde, par la redemption faicte de ton Fils Iesus Christ, que ceux qui sont encores estranges de sa cognoissance, estans en tenebres & captiuité d'erreur & ignorance, par l'illumination de ton sainct Esprit, & la predication de ton Euangile, soyent reduits à la droicte voye de salut, qui est de te cognoistre seul vray Dieu, & celuy que tu as enuoyé Iesus Christ: que ceux que tu as desia visitez par ta grace, & illuminez par la cognoissance de ta parolle, croissent iournellement en bien, estans enrichis de tes benedictions spirituelles: à fin que tous ensemble t'adorions d'vn cœur & d'vne bouche, & donnions honneur & hommage à ton Christ, nostre Maistre, Roy & Legislateur.

LA FORME D'ADMINISTRER LE BAPTESME.

Il est à noter, qu'on doit apporter les enfans pour baptizer, ou le Dimanche à l'heure du Catechisme, ou les autres iours au sermon: à fin que comme le Baptesme est vne reception solennelle en l'Eglise, qu'il se face en la presence de l'assemblée.

Le sermon paracheué, on presente l'enfant. Et lors le Ministre commence à dire,

Nostre aide soit au nom de Dieu, qui a faict le ciel & la terre, Amen.
Presentez-vous cest enfant pour estre baptizé?

Response.

Ouy.

Le ministre.

R. iiii.

Nostre Seigneur nous monstre en quelle pourete & misere nous naissons tous, en nous disant, qu'il nous faut renaistre. Car s'il faut que nostre nature soit renouuelée, pour auoir entrée au royaume de Dieu: c'est signe qu'elle est du tout peruerse & maudicte. En cela donc il nous admoneste de nous humilier, & nous desplaire en nous-mesmes: & en ceste maniere il nous prepare à desirer & requerir sa grace: par laquelle toute la peruersité & malediction de nostre premiere nature soit abolie. Car nous ne sommes point capables de la receuoir, que premierement nous ne soyons vuides de toute fiance de nostre vertu, sagesse & iustice, iusques à condamner tout ce qui est en nous.

Or quand il nous a remonstré nostre malheureté, il nous console semblablement par sa misericorde, nous promettant de nous regenerer par son sainct Esprit en vne nouuelle vie: laquelle nous soit comme vne entrée en son royaume. Ceste regneration consiste en deux parties: c'est que nous renoncions à nous-mesmes, ne suyuans point nostre propre raison, nostre plaisir & propre volonté: mais captiuant nostre entendement & nostre cœur à la sagesse & iustice de Dieu, mortifions tout ce qui est de nous, & de nostre chair: puis apres que nous suyuions la lumiere de Dieu, pour complaire & obtemperer à son bon plaisir, comme il nous le monstre par sa parolle, & nous y conduit par son Esprit. L'accomplissement de l'vn & de l'autre est en nostre Seigneur Iesus, duquel la mort & passion a telle vertu, qu'en participant à icelle, nous sommes comme enseuelis à peché, à fin que noz concupiscences charnelles soyent mortifiées. Pareillement par la vertu de sa resurrection nous ressuscitons

suscitons en nouuelle vie, qui est de Dieu, entant que son Esprit nous conduit & gouuerne, pour faire en nous les œuures lesquelles luy sont aggreables. Toutesfois le premier & principal poinct de nostre salut, c'est que par sa misericorde il nous remette toutes noz fautes, ne nous les imputant point : mais en effaçant la memoire, à fin qu'elles ne nous vienet point en compte en son iugement. Toutes ces graces nous sont conferées, quand il luy plaist nous incorporer en son Eglise par le baptesme. Car en ce Sacrement il nous testifie la remission de noz pechez. Et pour ceste cause il a ordonné le signe de l'eau, pour nous figurer, que comme par cest element les ordures corporelles sont nettoyées, ainsi il veut lauer & purifier noz ames, à fin qu'il n'y apparoisse plus aucune macule. Puis apres il nous y presente nostre renouuellement : lequel gist, comme dict a esté, en la mortification de nostre chair, & la vie spirituelle, laquelle il produit en nous.

Ainsi, nous receuons double grace & benefice de nostre Dieu au Baptesme, moyennant que nous n'aneantissions point la vertu de ce Sacrement par nostre ingratitude. C'est que nous y auons certain tesmoignage que Dieu nous veut estre Pere propice, ne nous imputant point toutes noz fautes & offenses. Secondement, qu'il nous assistera par son sainct Esprit, à fin que nous puissions batailler contre le diable, le peché, & les concupiscences de nostre chair, iusques à en auoir victoire, pour viure en la liberté de son regne, qui est le regne de iustice.

Puis donc qu'ainsi est, que ces deux choses sont accomplies en nous par la grace de Iesus Christ, il s'ensuit que la vertu & substance du Baptesme est en luy comprise. Et de faict, nous n'auons point d'autre lauement que son sang, & n'auons point d'autre renouuellement qu'en sa mort & resurrection. Mais comme il nous communique ses richesses & benedictions par sa parolle, ainsi il nous les distribue par ses Sacremens.

Or nostre bon Dieu ne se contentant point de nous auoir adoptez pour ses enfans, & receus en la communion de son Eglise, a voulu encore estendre plus amplement sa bonté sur nous. C'est en nous promettant qu'il sera nostre Dieu, & de nostre lignée, iusques en mille generations. Pourtant, combien que les enfans des fideles soyent de la race corrompue d'Adam, si ne laisse-il point toutesfois de les accepter, par la vertu de ceste alliance, pour les aduouer au nombre des siens. A ceste cause il a voulu dés le commencement, qu'en son Eglise les enfans receussent le signe de la Circoncision, par lequel il representoit lors tout ce qui nous est auiourdhuy monstré par le Baptesme. Et comme il commandoit qu'ils fussent circōcis, aussi il les aduouoit pour ses enfans, & se disoit estre leur Dieu, cōme de leurs peres.

Maintenant donc, puis que le Seigneur Iesus est descendu en terre, non point pour amoindrir la grace de Dieu son Pere, mais pour espandre l'alliance de salut par tout le monde, laquelle estoit pour lors enclose entre le peuple des Iuifs: il n'y a doute que noz enfans ne soyent heritiers de la vie, qu'il nous a promise. Et pourtant sainct Paul dit que Dieu les sanctifie dés les ventre de la mere, pour les discerner d'entre les enfans des Payens & infideles. Pour ceste raison, nostre Seigneur Iesus Christ a receu les enfans qu'on luy presentoit: comme il est escrit au 19. chap. de sainct Matthieu,

Lors

DV BAPTESME.

Lors luy furent presentez des petis enfans, à fin qu'il mist les mains sur eux, & qu'il priast, mais les disciples les reprenoyent. Et Iesus leur dit, Laissez les petis enfans venir à moy: & ne les empeschez point: car à tels est le royaume des cieux.

Puis qu'il denonce que le royaume des cieux leur appartient, qu'il leur impose les mains, & les recommande à Dieu son Pere, il nous instruit suffisamment, que nous ne les deuons point exclure de son Eglise. Ensuyuant donc ceste reigle, nous receurons cest enfant en so Eglise, à fin qu'il soit faict participāt des biēs que Dieu a promis à ses fideles. Et premierement le luy presenterons par nostre oraison, disans tous de cœur humblement,

Seigneur Dieu, Pere eternel & tout-puissant, puis qu'il t'a pleu par ta clemence infinie, nous promettre que tu seras Dieu de nous & de noz enfans: nous te prions qu'il te plaise de confermer ceste grace en l'enfant present, engendré de pere & de mere, lesquels tu as appellez en ton Eglise: & comme il t'est offert & consacré de par nous, que tu le veuilles receuoir en ta saincte protection, te declairant estre son Dieu & Sauueur, en luy remettant le peché originel, duquel est coulpable toute la lignée d'Adam: puis apres les sanctifiant par ton Esprit: à fin que quand il viendra en aage de cognoissance, il te recognoisse & adore comme son seul Dieu, te glorifiant en toute sa vie, pour obtenir tousiours de toy remission de ses pechez. Et à fin qu'il puisse obtenir telles graces, qu'il te plaise l'incorporer en la communion de nostre Seigneur Iesus, pour estre participant de tous ses biens, comme l'vn des membres de son corps. Exauce-nous, Pere de misericorde, afin que le Baptesme que nous luy communiquons, selon ton ordonnance, produise son fruict & sa vertu, telle qu'elle nous est declairée par ton Euangile.

Nostre Pere qui es és cieux: Ton nom soit sanctifié: Ton regne aduienne: Ta volonté soit faite en la terre comme au ciel. Donne nous auiourdhuy nostre pain quotidian: Pardonne nous noz offenses, comme nous pardonnons à ceux qui nous ont offensez: Et ne nous induy point en tentation, mais nous deliure du mal: Car à toy est le regne, la puissance & la gloire, aux siecles des siecles: Amen.

Puis qu'il est question de receuoir c'est enfant en la compagnie de l'Eglise Chrestienne, vous promettez, quand il viendra en aage de discretion, de l'instruire en la doctrine laquelle est receuë au peuple de Dieu, comme elle est sommairement comprise en la confession de foy que nous auos tous: à scauoir,

IE croy en Dieu le Pere tout-puissant, Createur du ciel & de la terre. Et en Iesus Christ son seul Fils, nostre Seigneur: Qui a esté conceu du sainct Esprit nay de la vierge Marie. A souffert sous Ponce Pilate, a esté crucifié: mort & enseuely. Est descendu aux enfers: Le tiers iour est ressuscité des morts: Il est monté aux cieux: Est assis, à la dextre de Dieu le Pere tout-puissant: & de la viendra iuger les vifs & les morts.

Ie croy au sainct Esprit. Ie croy la saincte Eglise catholique: la communion des Saincts: la remission des pechez: la resurrection de la chair: la vie eternelle: Amen.

Vous promettez donc, de mettre peine de l'instruire en toute ceste doctrine: & generalement en tout ce qui est contenu en la saincte Escriture du vieil & nouueau Testament: à ce qu'il le reçoiue comme certaine Parolle de
Dieu

Dieu venante du ciel. Item, vous l'exhorterez à viure selon la reigle que nostre Seigneur nous a baillée en sa Loy: laquelle sommairement consiste en ces deux poincts, Que nous aimions Dieu de tout nostre sens, nostre cœur & puissance: & nostre prochain comme nousmesmes. Pareillement selon les admonitions qu'il a faictes par ses Prophetes & Apostres, à ce que renonçant à soy-mesme & à ses propres concupiscences, il se desdie & consacre à glorifier le Nom de Dieu & de Iesus Christ, & à edifier ses prochains.

Exod. 20
Deut. 5
Mat. 22.
Marc 12.

Apres la promesse faicte, on impose le nom à l'enfant: & lors le Ministre le baptize, disant:

N. Ie te baptize au nom du Pere, & du Fils, & du sainct Esprit.

Le tout se dit à haute voix en langage vulgaire: d'autant que le peuple qui assiste là, doit estre tesmoing de ce qui s'y fait: à quoy est requise l'intelligence: & aussi afin que tous soyent edifiez, en recognoissant & reduisant en memoire quel est le fruict & l'vsage de leur baptesme.

Nous sçauons qu'on fait ailleurs beaucoup d'autres ceremonies, lesquelles nous ne nions pas auoir esté fort anciennes. Mais pource qu'elles ont esté inuentées à plaisir, ou pour le moins, par quelque consideration legiere: quoy qu'il soit, puis qu'elles ont esté forgées sans la parolle de Dieu: d'autre part, veu que tant de superstitions en sont sorties: nous n'auōs point faict difficulté de les abolir: afin qu'il n'y eust plus nul empeschement, qui destournast le peuple de aller droictement à Iesus Christ. Premierement ce qui ne nous est point commandé de Dieu, est en nostre liberté. D'auantage, tout ce qui ne sert de rien à edification, ne doit estre receu en l'Eglise: & s'il auoit esté introduict, il doit estre osté. Par plus forte raison, ce qui ne sert qu'à scandalizer, & est comme instrument d'idolatrie & de fausses opinions, ne doit estre nullement tolleré. Or il est certain que le chresme, luminaire, & telles autres pompes, ne sont point de l'ordonnance de Dieu: mais ont esté adioustées par les hommes: & en la fin sont venues iusques là, qu'on s'y est plus arresté, & les a on eu en plus grande estime, que la propre institution de Iesus Christ. Pour le moins, nous auons telle forme de Baptesme, que Iesus Christ a ordonée, que les Apostres ont gardée & suyuie, que l'Eglise a euë en vsage: & ne nous peut-on reprendre d'autre chose, sinon que nous ne voulons pas estre plus sages que Dieu mesme.

LA MANIERE DE CELEBRER la Cene.

Il faut noter, que le Dimanche deuant que la Cene soit celebrée, on le denonce au peuple premierement, afin que chacun se prepare & dispose à la receuoir dignement, & en telle reuerence qu'il appartient. Secondement, qu'on n'y presente point les enfans, sinon qu'ils soyent bien instruicts & ayent faict profession de leur foy en l'Eglise. Tiercement, afin que s'il y a des estrangiers, qui soyent encores rudes & ignorans, qu'ils viennent se presenter pour estre instruicts en particulier. Le iour qu'on la fait, le Ministre en touche en la fin du sermon: ou bien, si mestier est, en fait le sermon entierement, pour exposer au peuple ce que nostre Seigneur veut dire & signifier par ce mystere, & en quelle sorte il le nous faut receuoir.

Puis apres auoir faict les prieres & la confession de foy, pour testifier au nom du peuple, que tous veulent viure & mourir en la doctrine & religion Chrestienne, il dit à haute voix,

EScoutons comme Iesus Christ nous a institué sa saincte Cene, selon que sainct Paul le recite

DE LA CENE. 271

recite au chapitre onzieme de la premiere Epistre aux Corinthiens.

I'ay receu, dit-il, du Seigneur, ce que ie vous ay baillé: C'est que le Seigneur Iesus en la nuict qu'il fut liuré, print du pain: & apres auoir rēdu graces, le rompit, & dit, Prenez, mangez: cecy est mon corps, qui est rompu pour vous: faictes cecy en memoire de moy. Semblablement, apres auoir souppé, print le calice, disant, Ce calice est le nouueau Testament en mon sang: faictes cecy, toutesfois & quantes que vous en beurez, en memoire de moy. C'est, que quand vous mangerez de ce pain, & beurez de ce calice, vous annoncerez la mort du Seigneur iusqu'à ce qu'il vienne. Pourtant quiconque mangera de ce pain, ou beura de ce calice indignemēt, il sera coulpable du corps & du sang du Seigneur. Mais que l'hōme s'esprouue soymesme, & ainsi qu'il māge de ce pain & boiue de ce calice. Car quiconque en mange & boit indignement, il prend sa condamnation, ne discernant point le corps du Seigneur.

Nous auons ouy, mes freres, comment nostre Seigneur fait sa Cene entre ses disciples: & par cela nous demonstre que les estrangers, c'est à dire ceux qui ne sont pas de la compagnie de ses fideles, n'y doiuēt point estre admis. Parquoy, suyuāt ceste reigle, au nom & en l'authorité de nostre Seigneur Iesus Christ, i'excommunie tous idolatres, blasphemateurs, contempteurs de Dieu, heretiques, & toutes gens qui font sectes à part pour rompre l'vnité de l'Eglise, tous periures, tous ceux qui sont rebelles à peres & à meres, & à leurs superieurs, tous seditieux, mutins, bateurs, noiseux, adulteres, paillards, larrons, auaricieux, rauisseurs, yurongnes, gourmans, & tous ceux qui meinent vie scandaleuse: leur denonçant qu'ils ayent à s'abstenir de ceste saincte Table, de peur de polluer & contaminer les viandes sacrées, que nostre Seigneur Iesus Christ ne donne sinon à ses domestiques & fideles.

Pourtant, selon l'exhortation de sainct Paul, qu'vn chacun esprouue & examine sa conscience, pour sçauoir s'il a vraye repentance de ses fautes, & s'y desplaist, desirant de viure dorenauant sainctement, & selon Dieu. Sur tout, s'il a sa fiance en la misericorde de Dieu, & cerche entieremēt son salut en Iesus Christ & renonçant à toute inimitié & rancune, a bonne intention & courage de viure en concorde & charité fraternelle auec ses prochains.

Si nous auons ce tesmoignage en noz cœurs deuant Dieu, ne doutons nullement que il ne nous aduoue pour ses enfans, & que le Seigneur Iesus n'adresse sa parolle à nous, pour nous introduire à sa Table, & nous presenter ce sainct Sacrement, lequel il a communiqué à ses disciples.

Et combien que nous sentions en nous beaucoup de fragilité & misere : comme de n'auoir point la foy parfaicte : mais estre enclins à incredulité & deffiance : comme de n'estre point entierement si addonnez à seruir à Dieu & d'vn tel zele que nous deurions, mais auoir à batailler iournellement contre les cōcupiscences de nostre chair : neantmoins puis que nostre Seigneur nous a faict ceste grace de auoir son Euangile imprimé en nostre cœur, pour resister à toute incredulité : & nous a donné ce desir & affection de renoncer à noz propres desirs, pour suyure sa iustice & ses saincts commandemens : soyons tout certains, que les vices & imperfections qui sont en nous, n'empescheront point qu'il ne nous reçoyue,

pour

& nous face dignes d'auoir part en ceste Table spirituelle. Car nous n'y venons point pour protester que nous soyons parfaicts ne iustes en nous-mesmes: mais au contraire, en cerchant nostre vie en Iesus Christ, nous confessons que nous sommes en la mort. Entendons donc que ce Sacrement est vne medecine pour les poures malades spirituels, & que toute la dignité que nostre Seigneur requiert de nous, c'est de nous bien recognoistre, pour nous desplaire en noz vices, & auoir tout nostre plaisir, ioye & contentement en luy seul.

Premierement donc, croyons à ces promesses, que Iesus Christ, qui est la verité infalible, a prononcé de sa bouche: à sçauoir, qu'il nous veut vrayement faire participans de son corps & de son sang, afin que nous le possedions entierement: en telle sorte, qu'il viue en nous, & nous en luy. Et combien que nous ne voyons que du pain & du vin, toutesfois ne doutons point qu'il accomplit spirituellement en noz ames, tout ce qu'il nous demonstre exterieurement par ces signes visibles : C'est à dire, qu'il est le pain celestiel, pour nous repaistre & nourrir à vie eternelle. Ainsi, que nous ne soyons point ingrats à la bonté infinie de nostre Sauueur, lequel desploye toutes ses richesses & ses biens en ceste table, pour nous les distribuer. Car en se donnant à nous, il nous rend tesmoignage, que tout ce qu'il a, est nostre. Pourtant, receuons ce Sacrement comme vn gage, que la vertu de sa mort & passion nous est imputée à iustice, tout ainsi que si nous l'auions soufferte en noz propres personnes. Que nous ne soyons point si peruers, de nous reculer, ou Iesus Christ nous conuie si doucement par sa parolle. Mais en reputant la dignité de ce don precieux, qu'il nous fait, presentons-nous à luy

S.

d'vn zele ardent, à fin qu'il nous face capables de le receuoir.

Pour ce faire, esleuons noz esprits & noz cœurs en haut, ou est Iesus Christ en la gloire de son Pere, & dont nous l'attendons en nostre redemption. Et ne nous amusons point à ces elemens terriens & corruptibles, que nous voyons à l'œil, & touchons à la main, pour le cercher là, comme s'il estoit enclos au pain ou au vin. Car lors noz ames seront disposées à estre nourries & viuifiées de sa substance, quand elles seront ainsi esleuées par dessus toutes choses terrestres, pour atteindre iusques au ciel, & entrer au royaume de Dieu, ou il habite. Contentons-nous doncques d'auoir le pain & le vin pour signes & tesmoignages, cerchans spirituellement la verité, ou la Parolle de Dieu promet que nous la trouuerons.

Ce faict, les Ministres distribuent le pain & le calice au peuple, ayans aduerty qu'on y viëne auec reuerence & par ordre. Cependant on chante quelques Pseaumes, ou on lit quelque chose de l'Escriture, cõuenable à ce qui est signifié par le Sacrement.

En la fin, on vse d'action de graces, comme il a esté dict.

Nous sçauons bien quelle occasion de scandale plusieurs ont prins du changement que nous auons faict en cest endroit. Car pource que la Messe a esté long temps en telle estime, qu'il sembloit aduis au pouure monde, que ce fust le principal poinct de la Chrestienté: ce a esté vne chose bien estrange que nous l'ayons abolie.

Et pour ceste cause, ceux qui ne sont pas dexment aduertis, estiment que nous ayons destruit le Sacrement. Mais quand on aura bien consideré ce que

nous tenons, on trouuerra que nous l'auons restitué
en son entier. Qu'ainsi soit, qu'on regarde quelle con-
formité il y a entre la Messe & l'institution de Iesus
Christ. C'est chose claire, qu'il y a autant à dire, comme du iour à la nuict. Combien que ce ne soit nostre in
tention de traitter icy au long cest argument : toutesfois pour satisfaire à ceux qui par simplicité se scan
dalizeroyẽt de nous, il nous a semblé aduis bon d'en
toucher en passant. Comme voyans le Sacrement de
nostre Seigneur corrompu de tant de vices & horribles abus, qu'on auoit introduits, nous auons esté con
traints pour y remedier, de changer beaucoup de choses, lesquelles auoyent esté mal introduites, ou pour le
moins destournées en mauuais vsage. Or pour ce faire
nous n'auõs trouué meilleur moyẽ ne plus propre, que
de reuenir à la pure institution de Iesus Christ, laquelle nous ensuyuons simplement, comme il appert.
Car c'est la reformation que sainct Paul nous monstre.

S. II.

LA MANIERE DE CELE-
BRER LE MARIAGE.

Il fault noter, que deuant que celebrer le mariage, on le publie en l'eglise par trois Dimanches: afin que si quelcũ y sauoit empeschemẽt, qu'il le vint denoncer de bonne heure : ou si aucun y auoit interest, qu'il s'y peust opposer.

Cela faict, les parties se viennent presenter au commencement du sermon. Lors le Ministre dit:

NOstre aide soit au nom de Dieu, qui à faict le ciel & la terre: Amen.

DIeu nostre Pere, apres auoir crée le ciel & la terre, & tout ce qui est en iceux, crea & forma l'hōme à son image & semblance, qui eust la dominatiō & seigneurie sur les bestes de la terre, les poissons de la mer, les oiseaux du ciel: disant apres auoir crée l'hōme, Il n'est pas bon que l'homme soit seul, faisons luy vne aide semblable à luy. Et nostre Seigneur feit tomber vn gros sommeil sur Adā: & ainsi qu'Adam dormoit, Dieu print vne des costes d'iceluy, & en forma Eue, donnāt à entendre que l'homme & la féme ne sõt qu'vn corps, vne chair & vn sāg.

Mat.19 Parquoy, l'homme laisse pere & mere, & est ad-
Ephes.5 herent à sa femme, laquelle il doit aimer, ain-
Coloss.3 si que Iesus *aime son Eglise: c'est à dire, les vrais fideles & Chrestiens, pour lesquels il est
1.Tim.2 mort. Et aussi, la femme doit seruir & obeir à
2.Pier.3 son mari, en toute saincteté & honnesteté. Car elle est subiette, & en la puissance du mari tant qu'elle vit auec luy. Et ce sainct mariage institué de Dieu, est de telle vertu, que par iceluy

le

le mari n'a point la puiſſance de ſon corps, mais la femme : auſſi la femme n'a point la puiſſance de ſon corps mais le mari. Parquoy, conioincts de Dieu, ne peuuent eſtre ſeparez, fors que par aucun temps, du conſentemēt de l'vn & de l'autre, pour vaquer à ieune & oraiſon : gardans bien d'eſtre tentez de ſatan, par incontinence. Et pourtant doyuent retourner enſemble. Car pour euiter fornication, vn chacun doit auoir ſa femme, & vne chacune femme ſon mari : tellement que tous ceux qui n'ont le don de continence, ſont obligez par le commandement de Dieu, de ſe marier, afin que le ſainct temple de Dieu c'eſt à dire noz corps, ne ſoyent violez & corrompus. Car puis que noz corps ſont membres de Ieſus Chriſt, ce ſeroit vn trop grand outrage d'en faire membres d'vne paillarde. Parquoy on les doit garder en toute ſainĉteté. Car ſi aucun viole le temple de Dieu, Dieu le deſtruira.

Ge.1.2.3
1.Cor.7.
Heb.13.
Mat.19
1.Cor.7
1.Cor.6
1.Cor.3
2.Cor.6

Vous donc (nommant l'eſpoux & l'eſpouſe). N. N. ayans la cognoiſſance, que Dieu l'a ainſi ordonné, voulez vous viure en ce ſainct eſtat de mariage, que Dieu a ſi grandement honoré : auez vous vn tel propos comme vous teſmoignez icy deuant ſa ſainĉte aſſemblée, demādans qu'il ſoit approuué?

Respondant: Ouy.
Le miniſtre.

Ie vous pren tous, qui eſtes icy preſens en teſmoings, vous priant en auoir ſouuenance: toutesfois s'il y a aucun qui y ſache quelque empeſchement, ou qu'aucun d'eux ſoit lié par mariage auec autre, qu'il le die.

Si perſonne n'y contredit, le miniſtre dit ainſi.
Puis qu'il n'y a perſonne qui contrediſe,

S. iii.

& qu'il n'y a point d'empeschement, nostre Seigneur Dieu conferme vostre sainct propos, qu'il vous a donné: & vostre commencement soit au nom de Dieu, qui a faict le ciel & la terre: Amen.

Le Ministre parlant à l'espoux, dit ainsi,

Vous N. confessez icy deuant Dieu & sa saincte congregation, que vous auez prins & prenez, pour vostre femme & espouse N. icy presente, laquelle promettez garder, en l'aimāt & entretenāt fidelemēt, ainsi que le debuoir d'vn vray & fidele mari est à sa femme: viuant sainctement auec elle, luy gardant foy & loyauté en toutes choses, selon la Parolle de Dieu & son sainct Euangile.

Respond, Ouy.

Puis parlant à l'espouse, dit,

Vous N. confessez icy deuant Dieu & sa saincte assemblée, que vous auez prins & prenez N. pour vostre legitime mari, auquel promettez obeir, luy seruant & estant subiette, viuant sainctement, luy gardant foy & loyauté en toutes choses: ainsi qu'vne fidele & loyale espouse doit à son mari, selon la Parolle de Dieu & son sainct Euangile.

Respond, Ouy.

Puis le Ministre dit,

Le Pere de toute misericorde, qui de sa grace vous a appellez à ce sainct estat, pour l'amour de Iesus Christ son Fils, qui par sa saincte presence a sanctifié le mariage, faisant là le premier miracle deuant ses Apostres, vous doint son sainct Esprit, pour le seruir & honorer ensemble d'vn commun accord: Amen.

Escou-

DV MARIAGE.

Escoutez l'Euangile, côme nostre Seigneur veut que le sainct mariage soit gardé, & comme il est ferme & indissoluble, selon qu'il est escrit en sainct Matthieu au dixneusieme chapitre.

Les Pharisiens s'approcherent de luy, le tentás & disans, Est-il loisible à l'homme de laisser sa fême pour quelconque occasion? Luy respondant leur dit, N'auez vous point leu, que celuy qui feit l'homme dés le commencement, il feit le masle & la femelle? & dit, Pour ce l'hôme delaissera pere & mere, & s'adioindra à sa femme, & seront deux en vne chair: & par ainsi, ils ne sont pl⁹ deux, mais vne chair. Donc ce que Dieu a conioinct, l'homme ne le separe point.

Croyez à ses sainctes parolles, que nostre Seigneur Iesus a proferées, comme l'Euangeliste les recite: & soyez certains que nostre Seigneur Dieu vous a conioincts au sainct mariage: parquoy viuez sainctement ensemble, en bonne dilection, paix & vnion, gardás vraye charité, foy & loyauté l'vn à l'autre, selon la Parolle de Dieu.

Prions tous d'vn cœur nostre Pere.

Dieu tout-puissant, tout bon & tout sage, qui dés le commencement as preueu qu'il n'estoit point bô que l'homme fust seul, à cause de quoy tu luy as créé vn aide semblable à luy & as ordôné que deux fussent vn: nous te prions & humblement requerons, puis qu'il t'a pleu appeller ceux icy au sainct estat de mariage, que de ta grace & bonté leur veuilles donner & enuoyer tô S. Esprit: à fin qu'en vraye & ferme foy, selô ta bône volôté, ils y viuent sainctemêt surmôtás toutes mauuaises affectiôs, edifians les autres en toute honesteté & chasteté leur donnant ta benediction, ainsi qu'à tes fideles serui-

S. iiii.

teurs Abraham, Isaac & Iacob: qu'ayans saincte lignée ils te louent, & seruent: apprenans icelle, & la nourrisans en ta louange & gloire & à l'vtilité du prochain, en l'aduancement & exaltation de ton sainct Euangile. Exauce nous Pere de misericorde, par nostre Seigneur Iesus Christ ton trescher Fils, Amen.

Nostre Seigneur vous remplisse de toutes graces, & en tout bien vous doint viure ensemble longuement & sainctement.

DE LA VISITATION
DES MALADES.

L'Office d'vn vray & fidele ministre est non seulement d'enseigner publiquemét le peuple, auquel il est ordonné pour pasteur, mais entant que faire se peut, d'admonester, exhorter, reprendre & consoler vn chacun en particulier. Or le plus grand besoin qu'a iamais l'homme de la doctrine spirituelle de nostre Seigneur: c'est quand il est visité de la main d'iceluy par affliction: soit de maladies ou autres maux, principallement à l'heure de la mort: car lors il se sent plus fort, qu'en toute sa vie, pressé en la conscience, tát du iugemét de Dieu auquel il se voit presentement estre appellé, que des assaux du diable, lequel fait adonc tous ses efforts pour abatre la poure personne, & la ietter & abymer en confusion. Et pourtant le deuoir d'vn ministre est de visiter les malades & les consoler par la Parolle du Seigneur, leur remonstrant que tout ce qu'ils souffrent & endurent, vient de la main de Dieu, & de sa bonne prouidence, lequel n'enuoye rien à ses fideles, sinon pour leur bien & salut. Et prendra les tesmoignages de l'Escriture à ce conuenables. D'auantage s'il les voit en maladie dangereuse, de leur donner consolation qu'il passe encor outre: & ce selõ qu'ils les verra touchez en leur affection: c'est à sçauoir s'il les cognoit estre espouantez de l'horreur de la mort, de leur remonstrer qu'en icelle il n'y a nulle matiere de desolation aux fideles, lesquels ont Iesus Christ leur guide & protecteur: qui par icelle les conduira à la vie, en laquelle il est entré. Et par semblables remonstráces leur oster ceste crainte & terreur qu'ils ont du iugement de Dieu.

S'il ne les voit point assez abbatus & angoissez du sentimēt de leurs pechez, leur declarer quelle est la iustice de Dieu: deuant laquelle ils ne peuuent consister, sinon par sa misericorde, embrassans Iesus Christ pour leur salut. Au contraire, les voyant affliges en leurs consciences & troublez de leurs offenses, qu'il leur monstre & represente Iesus Christ au vif, & comment en luy tous poures pecheurs, qui se desians de eux-mesmes, se reposent en sa bonté, trouuent soulagement & refuge. Donques vn bon & fidele Ministre aura à considerer le moyen qui sera bon de prendre, pour consoler les patiens & affligez, selon l'affection qu'il verra en eux, & le tout par la Parolle de nostre Seigneur. Et mesme si le Ministre a quelque chose, dequoy il puisse aussi consoler & aider corporellement les poures affligez, qu'il ne s'y espargne, monstrant à tous vraye exemple de charité.

ORAISON

ORAISON DV FIDELE DETENV
en captiuité.

SEigneur Dieu, qui es iuste iuge pour punir tous ceux qui continuent à t'offenser, comme tu es Pere pitoyable pour receuoir à mercy to° ceux qui se reduisent à toy: fay moy la grace q̃ ie soye vrayemẽt touché de la cognoissance de mes pechez: & qu'au lieu de me flatter ou endormir, ie soye confus de cœur en ma poureté, & que aussi ie la confesse de bouche, pour te donner gloire en me humiliant. Et comme tu nous instruis à cela par ta parolle, fay que elle m'esclaire tellemẽt en ma conscience, que en examinant toute ma vie, i'apprenne à me desplaire. Aussi que tous les chastimens que tu m'enuoyes, me seruent à vne mesme fin, & que par tous moyẽs ie soye induit à penser de plus prés à moy, à fin de te requerir tant que tu me pardonnes mes fautes passées : qu'il te plaise pour l'aduenir m'adresser au bõ chemin, & me reformer à vne droicte obeissance de ta iustice. Sur tout que ie recognoisse que la malheureuse captiuité ou ie suis detenu sous la tyrannie de l'Antechrist, est vne iuste punition de ce que ie ne t'ay point seruy & adoré comme ie deuoye : & qu'encores de present ie suis grandement defaillãt enuers ta maiesté. Et de faict, si tu n'as pas iadis permis sans cause, que ton peuple fust transporté en Babylone, pour estre assubietty quant au corps au ioug des infideles: par plus forte raison, ceste tant dure & cruelle seruitude que no° portõs sur nos ames, procede de noz iniquitez, en tãt que nous auons prouoqué ton ire, & sommes indignes que tu regnes pleinement sur nous. Touteffois Seigneur qu'il te plaise auoir pitié de tāt de poures ames q̄ tu as si cheremēt rachetées,& ne permets que satā les mene à perditiō. Entre les autres puis q̄ desia tu m'as faict ce bien de me monstrer comment ie te doy glorifier, donne moy aussi vne affection entiere de m'employer à ce faire: tellement que ie dedie & corps & ame à exalter ton sainct nom. Et pource que ie m'en acquite mal, craignant plustost les menaces des hōmes que ta voix, & me laissant conduire par l'infirmité de ma chair, plustost que par la vertu de ton Esprit, ne permets poīt que ie m'entretienne en vn si grand vice, nourrissant ton ire & ta vengeance contre moy par mon hypocrisie: mais plustost touche moy au vif, afin qu'en aspirant a vne vraye repentance, ie souspire cōtinuellement à toy. Et encores, Seigneur, cōbien que ie ne soye du tout bien disposé à te requerir comme ie doy, que tu ne laisses point de me tendre ta main puissante pour me retirer de ceste fāge & ordure & me deliurer de cest abyme. Et pource que selon ma rudesse & sensualité, ie ne voy nuls moyens, qu'il te plaise de les trouuer par ton conseil admirable: comme il t'est facile de faire ce qui semble impossible aux hommes. Et quād il te plaira me faire quelque ouuerture ne permets que ie sois lasche & paresseux à sortir de ceste prison maudite, pour cercher la liberté de seruir à ta gloire. Fay moy la grace que i'oublie toutes mes commoditez charnelles: voire que ie m'oublie moymesme, à ce que rien ne m'empesche de suyure ta volonté. Deliure moy de toute defiance & trop grande sollicitude, afin qu'en pleine hardiesse ie me laisse guider par ta Parolle. Et afin que ie puisse obtenir vne telle misericorde de toy, qu'il te plaise n'auoir esgard à ma fragilité que tu cognois,& laquelle se mōstre

ſtre par trop, ſinō pour la corriger: & ainſi, que l'imperfectiō qui eſt en moy, n'empeſche point que tu ne perfaces ce que tu y as commencé. Et à cauſe que nous ne ſommes pas dignes de nous preſenter deuant ta maieſté, exauce moy au Nom de noſtre Seigneur Ieſus, ton Fils, comme tu nous l'as ordonné aduocat: & que le merite de ſon interceſsion ſupplie au defaut qui eſt en nous: Amen.

CATECHISME,

C'est à dire,

Le formulaire d'instruire les enfans en la Chrestienté: faict en maniere de dialogue, ou le Ministre interrogue, & l'Enfant respond.

EPHES. II.

Le fondement de l'Eglise est la doctrine des Prophetes & des Apostres

De l'imprimerie de Iean Crespin.

M. D. LIIII.

EPISTRE AV
Lecteur.

C'A esté vne chose que tousiours l'Eglise a eue en singuliere recommādatiō, d'instruire les petis enfans en la doctrine Chrestienne. Et pource faire, non seulement on auoit anciennement les escholes, & commandoit-on à vn chacun de bien endoctriner sa famille, mais aussi l'ordre publique estoit par les temples, d'examiner les petis enfans sur les poincts qui doiuent estre cōmans entre tous les Chrestiēs. Et à fin de proceder par ordre, on vsoit d'vn formulaire, qu'ō nōmoit Catechisme. Depuis, le diable en dissipant l'Eglise, & faisant l'horrible ruine, dont on voit encores les enseignes en la plus part du mōde, a destruict ceste saincte police: & n'a laissé que ie ne say quelles reliques, qui ne peuuent sinon engendrer superstition, sans aucunement edifier. C'est la Conmation qu'on appelle, ou il n'y a que singerie, sans aucun fondement. Ainsi ce que nous mettons en auant, n'est sinon l'vsage qui de toute ancienneté a esté obserué entre les Chrestiens: & n'a iamais esté delaissé, que quand l'Eglise a esté du tout corrompue.

DES ARTICLES

de la Foy.
Le ministre.

Velle est la principale *Le 1. Dimanche* fin de la vie humaine?
L'enfant.
c'est de cognoistre Dieu
Le ministre.
Pourquoy dis-tu cela?
L'enfant.
Pource qu'il nous a creez & mis au monde pour estre glorifié en nous. Et c'est bien raison que nous rapportions nostre vie à sa gloire, puis qu'il en est le commencement.

Le ministre.
Et quel est le souuerain bien des hommes?
L'enfant.
Cela mesme.

Le ministre.
Pourquoy l'appelles-tu le souuerain bien?
L'enfant.
Pourceque sans cela nostre condition est plus malheureuse que celle des bestes brutes.

Le ministre.
Par cela donc nous voyons qu'il n'y a nul si grãd malheur, que de ne viure pas selon Dieu.
L'enfant.
Voire.

Le ministre.
Mais quelle est la vraye & droite cognoissance de Dieu?
L'enfant.
Quand on le cognoist à fin de l'honnorer.
Le ministre.
Quelle est la maniere de le bien honnorer?

T.

L'enfant.

C'est que nous ayons toute nostre fiance en luy: que nous le seruions en obeissant à sa volonté: que nous le requerions en toutes noz necessitez, cerchant en luy salut & tous biens: & que nous recognoissions, tant de cœur que de bouche que tout bien procede de luy seul.

Le ministre.

Le 2. Dimanche.

Or à fin que ces choses soyent deduites par ordre, & exposées plus au long, Quel est le premier poinct?

L'enfant.

C'est d'auoir nostre fiance en Dieu.

Le ministre.

Comment cela se peut-il faire?

L'enfant.

C'est premierement de le cognoistre tout puissant & tout bon.

Le ministre.

Suffit-il de cela?

L'enfant.

Non.

Le ministre.

La raison.

L'enfant.

Pource que nous ne sommes pas dignes qu'il demostre sa puissance pour nous aider, ne que il vse de sa bonté enuers nous.

Le ministre.

Que faut-il donc plus?

L'enfant.

Que nous soyons certains qu'il nous aime, & nous veut estre Pere & Saueur.

Le ministre.

Comment cognoissons-nous cela?

L'enfant.

Par sa parolle, ou il nous declare sa misericorde en Iesus Christ, & nous asseure de sa dilection

lection enuers nous.
Le ministre.
Le fondement donc d'auoir vraye fiance en Dieu, c'est de le cognoistre en Iesus Christ.
L'enfant.
Voire.
Le ministre.
Mais quelle est en somme la substāce de ceste cognoissance?
L'enfant.
Elle est comprise en la confession de Foy que font tous Chrestiens: laquelle on appelle communement le Symbole des Apostres ; pource que c'est vn sommaire de la vraye creance, qu'on a tousiours tenue en la Chrestiēté: & aussi qui est tirée de la pure doctrine Apostolique.
Le ministre.
Recite ce qui y est dict.
L'enfant.

IE croy en Dieu le Pere tout-puissant, Createur du ciel & de la terre: & en Iesus Christ son Fils vnique, nostre Seigneur: Qui a esté conçeu du sainct Esprit, nay de la vierge Marie : A souffert sous Ponce Pilate, a esté crucifié, mort, & enseuely. Est descendu aux enfers: Le tiers iour est ressuscité des morts: Il est monté aux cieux : Est assis à la dextre de Dieu le Pere tout-puissant : De là viendra iuger les vifs & les morts.

Ie croy au sainct Esprit : Ie croy la saincte Eglise catholique: la communiō des saincts: la remißion des pechez: la resurrection de la chair: la vie eternelle.

Le ministre.
Pour bien expliquer ceste confession par le menu, en combien de parties la diuiserons nous?

Le 3. Dimanche.

L'enfant.
En quatre principales.
Le ministre.

T. ii.

Quelles?
L'enfant.
La premiere sera de Dieu le Pere. La seconde de son Fils Iesus Christ: en laquelle est recitée toute l'histoire de nostre redemption. La troisieme, du sainct Esprit. La quatrieme, de l'Eglise, & des graces de Dieu enuers icelle.
Le ministre.
Veu qu'il n'y a qu'vn Dieu, qui te meut de reciter le Pere, le Fils, & le sainct Esprit, qui sont trois?
L'enfant.
Pource qu'en vne seule essence diuine, nous auons à considerer le Pere, comme le commencement & origine, ou la cause premiere de toutes choses: puis apres son Fils, qui est sa sagesse eternelle: le sainct Esprit, qui est sa vertu & puissance, laquelle est espádue sur toutes creatures: & neantmoins reside tousiours en luy.
Le ministre.
Par cela tu veux dire, qu'il n'y a nul inconuenient, qu'en vne mesme Diuinité nous comprenions distinctement ces trois personnes: & que Dieu n'est pas pourtant diuisé.
L'enfant.
Il est ainsi.
Le ministre.
Recite maintenant la premiere partie.
L'enfant.
Ie croy en Dieu le Pere tout-puissant, Createur du ciel & de la terre.
Le ministre.
Pourquoy le nommes-tu Pere?
L'enfant.
C'est au regard de Iesus Christ, qui est la Parolle eternelle, engendrée de luy deuant les siecles: puis estant manifesté au monde, a esté approuué & declairé estre son Fils. Mais entant
que

DE LA FOY.

que Dieu est pere de Iesus Christ, de là s'ensuit qu'il est aussi le nostre.

Le ministre.

Comment entens-tu qu'il est tout-puissant?

L'enfant.

Ce n'est pas seulement à dire, qu'il ait le pouuoir, ne l'exerçant pas: mais qu'il a toutes creatures en sa main & subiection: qu'il dispose toutes choses par sa prouidence: gouuerne le monde par sa volonté: & conduit tout ce qui se fait, selon que bon luy semble.

Le ministre.

Ainsi selon ton dire, la puissance de Dieu ne est pas oisiue, mais emporte d'auantage: à sauoir, qu'il a tousiours la main à la besogne, & que rien ne se fait, sinon par luy, ou auec son congé & son ordonnance.

L'enfant.

Il est ainsi.

Le ministre.

Pourquoy adioustes-tu qu'il est Createur du ciel & de la terre? *Le 4. Dimanche.*

L'enfant.

Pource qu'il s'est manifesté à nous par ses œuures, il faut qu'en icelles nous le cerchions. Car nostre entendemēt n'est pas capable de cōprendre son essence: mais le monde nous est comme vn miroir, auquel nous le pouuons contempler selon qu'il est expedient de le cognoistre. *Pse. 14 Rom. 1.*

Le ministre.

Par le ciel & la terre n'entens-tu pas le residu des creatures?

L'enfant.

Si fay: mais elles sont comprises sous ces deux mots, à cause qu'elles sont toutes celestes ou terriennes.

Le ministre.

T iij.

Et pourquoy appelles-tu Dieu seulemēt Createur, veu qu'entretenir & conseruer tousiours les creatures en leur estat, est beaucoup plus que les auoir vne fois créées?

L'enfant.
Aussi par cela n'est-il pas seulement signifié qu'il ait pour vn coup mis ses œuures en nature, à fin de les delaisser puis apres sans s'en soucier plus : mais faut entendre que comme le mōde a esté faict par luy au cōmencemēt, aussi que maintenant il l'entretient en son estat: tellement que le ciel, la terre, & toutes creatures ne consistent en leur estre, sinon par sa vertu. D'auantage puis qu'il tient ainsi toutes choses en sa main, il sensuit qu'il en a le gouuernement & maistrise. Parquoy entāt qu'il est Createur du ciel & de la terre, c'est luy qui conduit par sa bonté, vertu, & sagesse, tout l'ordre de nature : enuoye & la pluye & la secheresse, les gresles, les tempestes & le beau temps: fertilité & sterilité: santé & maladies. En sōme, il a toutes choses à commandement pour s'en seruir selon qu'il luy semble bon.

Le ministre.
Touchant des diables, & des meschās: luy sont ils aussi bien subiets?

L'enfant.
Combien qu'il ne les conduise pas par son sainct Esprit, toutesfois il leur tient la bride en telle sorte, qu'ils ne se pourroyent bouger, sinon autant qu'il leur permet. Et mesme il les contrainct d'executer sa volonté, combien que ce soit contre leur intention & propos.

Le ministre.
De quoy te sert-il de sçauoir cela?
L'enfant.
Beaucoup: car ce seroit poure chose si les diables

bles, & les iniques auoyent le pouuoir de rien faire maugré la volonté de Dieu. Et mesme nous ne pourrions iamais auoir repos en noz consciences d'autant que nous serions en leur danger: mais quád nous sçauōs, que Dieu leur tient la bride serrée, tellemét qu'ils ne peuuent rien que par son congé: en cela nous auons occasion de nous reposer & resiouir: veu que Dieu promet d'estre nostre protecteur & de nous defendre.

Le ministre.
Venons maintenant à la seconde partie.

Le 5. Dimanche.

L'enfant.
Et en Iesus Christ son Fils vnique, &c.

Le ministre.
Que contient-elle en somme?

L'enfant.
C'est que nous recognoissions le Fils de Dieu pour nostre Sauueur: & le moyen cōme il nous a deliurez de la mort, & acquis salut.

Le ministre.
Que signifie ce mot Iesus, par lequel tu le nommes?

L'enfant.
C'est à dire Sauueur: & luy a esté imposé de l'Ange, par le commandement de Dieu.

Mat. 1.

Le ministre.
Cela vaut-il plus, que s'il eut receu ce nom des hommes?

L'enfant.
Ouy bien: Car puis que Dieu veut qu'il soit ainsi appellé, il faut qu'il soit tel à la verité.

Le ministre.
Que veut dire puis apres le mot de Christ?

L'enfant.
Par ce tiltre est encores mieux declairé sō office: c'est qu'il a esté oinct du Pere celeste, pour

T. iiii.

estre ordonné Roy, Prestre, ou Sacrificateur, & Prophete.

Le ministre.

Comment scais-tu cela?

L'enfant.

Pource que selon l'Escriture l'onction doit seruir à ces trois choses. Et aussi elles luy sont attribuées plusieurs fois.

Le ministre.

Mais de quel genre d'huile a il esté oinct?

L'enfant.

Ce n'a pas esté d'vn huile visible, comme les anciens Rois, Prestres, & Prophetes: mais c'a esté des graces du sainct Esprit, qui est la verité de ceste onction exterieure, qui se faisoit le temps passé.

Le ministre.

Quel est ce royaume dont tu parles?

L'enfant.

Il est spirituel, & consiste en la parolle & en l'Esprit de Dieu, qui contient iustice & vie.

Le ministre.

Et la prestrise?

L'enfant.

C'est l'office & authorité de se represéter deuant Dieu, pour obtenir grace & faueur, appaiser son ire, en offrant sacrifice qui luy soit aggreable.

Le ministre.

Comét est-ce que tu dis Ies° Christ Prophete?

L'enfant.

Isa.7.
Heb.1.

Pource qu'en descendant au monde, il a esté messager & ambassadeur souuerain de Dieu son pere: pour exposer plainement la volonté d'iceluy au monde, & ainsi mettre fin à toutes propheties & reuelations.

Le 6. Dimanche.

Le ministre.

Te reuient-il quelque profit de cela?

L'enfant

L'enfant.

Le tout eſt à noſtre vtilité. Car Ieſus Chriſt a reçeu tous ces dons, pour nous en faire participans: à fin que nous reçeuions tous de ſa plenitude. *Ian 1.*

Le miniſtre.

Declaire moy cela plus au long.

L'enfant.

Il a reçeu le ſainct Eſprit auec toutes ſes graces en perfectiō, pour nous en eſlargir & diſtribuer à chacun ſelon la meſure & portion que Dieu cognoit eſtre expediēte. Et ainſi nous puiſons de luy, comme d'vne fontaine tout ce que nous auons de biens ſpirituels. *Eph. 4.*

Le miniſtre.

Son royaume dequoy nous ſert-il?

L'enfant.

C'eſt qu'eſtans par luy mis en liberté de conſciences, & remplis de ſes richeſſes ſpirituelles pour viure en iuſtice & ſainctete, nous auons auſsi la puiſſance pour veincre le diable, le peché, la chair & le monde, qui ſont les ennemis de noz ames.

Le miniſtre.

Et ſa preſtriſe?

L'enfant.

Premierement entant qu'il eſt noſtre Mediateur, pour nous reconcilier à Dieu ſon Pere: puis apres que par ſon moyē nous auons accez pour nous preſenter auſsi à Dieu, & nous offrir en ſacrifice, auec tout ce qui procede de nous. Et en cela nous ſommes compagnons de ſa Preſtriſe. *Heb. 7. 8. 9. 10. 13.*

Le miniſtre.

Il reſte la Prophetie.

L'enfant.

Puis que ceſt office a eſté donné au Seigneur Ieſus pour eſtre maiſtre & docteur des ſiens, la

fin est de nous introduire à la vraye cognoissan
ce du Pere & de sa verité : tellement que nous
soyons escholiers domestiques de Dieu.

Le ministre.
Tu veux donc cõclure, que ce tiltre de Christ,
comprend trois offices, que Dieu a données à
son Fils, pour en communiquer le fruict & la
vertu à ses fideles.

L'enfant.
Voire.

Le 7. Di-   *Le ministre.*
manche.   Pourquoy l'appelles-tu Fils vnique de Dieu,
veu que Dieu nous appelle tous ses enfans?

L'enfant.
Ce que nous sommes enfans de Dieu, ce n'est
pas de nature : mais seulement par adoption &
par grace : entant que Dieu nous veut reputer
tels. Mais le Seigneur Ieso, qui est engédré de la
Ephe.1.   substance de son Pere, & est d'vne mesme essen-
Iean 1.   ce, à bon droict est dict Fils vnique. Car il n'y a
Heb.1.   que luy seul qui soit naturel.

Le ministre.
Tu veux donc dire, que cest honneur est propre à luy seul, & luy appartient naturellemēt
mais il nous est communiqué de don gratuit,
entant que nous sommes ses membres.

L'enfant.
C'est cela. Et pourtant au regard de ceste cõ-
municatiõ, il est dit ailleurs le premier nay entre plusieurs freres.

Le ministre.
Que veut dire ce qui s'ensuit apres?

L'enfant.
Il declaire comme le Fils de Dieu a esté oinct
du Pere pour noº estre Sauueur. C'est à sçauoir
en prenant nostre chair humaine, & accomplis-
sant

sant les choses requises à nostre redemption, comme elles sont icy recitées.

Le ministre.

Qu'entens-tu par ces deux mots, Conceu du sainct Esprit, Nay de la vierge Marie?

L'enfant.

Qu'il a esté formé au ventre de la vierge Marie, de la propre substance d'icelle, pour estre semence de David, comme il avoit esté predict: & neantmoins que cela s'est faict par operation miraculeuse du sainct Esprit sans compagnie d'homme. *Pseau.32 Matt.1. Luc 1.*

Le ministre.

Estoit-il donc requis, qu'il vestist nostre propre chair?

L'enfant.

Ouy: d'autant qu'il falloit que la desobeissance commise contre Dieu par l'homme, fust reparée en la nature humaine. Et aussi il ne pouvoit estre autrement nostre Mediateur, pour nous conioindre à Dieu son Pere. *Rom.5. 1.Tim.2. Hebr.4.*

Le ministre.

Tu dis donc, qu'il falloit que Iesus Christ fust home, pour accomplir l'office de Sauueur, comme en nostre propre personne.

L'enfant.

Voire. Car il nous faut recouvrer en luy tout ce qui nous defaut en nous-mesmes. Ce qui ne se peut autrement faire.

Le ministre.

Mais pourquoy cela s'est-il faict par le sainct Esprit, & non point par œuure d'homme, selon l'ordre de nature?

L'enfant.

Pource que la semence humaine est d'elle-mesme corrompue, il falloit que la vertu du sainct Esprit entreuint en ceste conception, pour preseruer noſtre Seigneur de toute corruptiõ, & le remplir de saincteté.

Le miniſtre.

Ainſi, il nous eſt demonſtré que celuy qui doit ſanctifier les autres, eſt exempt de toute macule: & du ventre de ſa mere eſt conſacré à Dieu en purité originelle, pour n'eſtre point ſubiet à la corruption vniuerſelle du genre humain.

L'enfant.

Ie l'enten ainſi.

Le miniſtre.

Le 8. Di-
manche.

Comment eſt-ce qu'il eſt noſtre Seigneur?

L'enfant.

Comme il a eſté conſtitué du Pere, à fin qu'il nous ait en ſon gouuernement, pour exercer le royaume & la ſeigneurie de Dieu au ciel & en la terre, & pour eſtre chef des Anges & des fideles.

Epheſ. 5.
Coloſ. 1.

Le miniſtre.

Pourquoy de la natiuité viens-tu incontinẽt à la mort, laiſſant toute l'hiſtoire de ſa vie?

L'enfant.

Pource qu'il n'eſt icy parlé que de ce qui eſt proprement de la ſubſtance de noſtre redemption.

Le miniſtre.

Pourquoy n'eſt-il dit ſimplement en vn mot, qu'il eſt mort, mais eſt parlé de Ponce Pilate, ſous lequel il a ſouffert?

L'enfant.

Cela n'eſt pas ſeulement pour nous aſſeurer de la certitude de l'hiſtoire: mais eſt auſsi pour ſignifier que ſa mort emporte condamnation.

Le miniſtre.

Comment cela?

L'enfant.

Il est mort pour souffrir la peine qui nous estoit deuë, & par ce moyen nous en deliurer. Or pource que nous estions coulpables deuant le iugement de Dieu, comme malfaicteurs, pour representer nostre personne, il a voulu comparoistre deuant le siege d'vn iuge terrien: & estre condamné par la bouche d'iceluy, pour nous absoudre au throne du Iuge celeste.

Le ministre.

Neantmoins Pilate le prononce innocent: & ainsi il ne le condamne pas comme s'il en estoit digne. *Mat. 27 Luc 23.*

L'enfant.

Il y a l'vn & l'autre. C'est qu'il est iustifié par le tesmoignage du iuge, pour mõstrer qu'il ne souffre point pour ses demerites, mais pour les nostres: & cependant est condamné solennellement par la sentence d'iceluy-mesme, pour denoter qu'il est vrayement nostre pleige, receuant la condamnation pour nous, à fin de nous en aquitter.

Le ministre.

C'est bien dict: car s'il estoit pecheur, il ne seroit pas capable de souffrir la mort pour les autres: & neantmoins, à fin que sa condamnation nous soit deliurance, il faut qu'il soit reputé entre les iniques. *Isa. 53.*

L'enfant.

Ie l'enten ainsi.

Le ministre.

Ce qu'il a esté crucifié, emporte-il quelque chose, plustost que si on l'eust autrement faict mourir? *Le 9. Dimanche.*

L'enfant.

Ouy, comme l'Apostre le monstre, disant, qu'il a esté pendu au bois pour transporter nostre malediction sur soy-mesme, pour nous en descharger, Car ce genre de mort estoit mau- *Deut. 28 Gal. 3.*

dict de Dieu.

Le ministre.

Comment? n'est-ce pas deshonnorer le Seigneur Iesus, de dire qu'il a esté subiect à malediction, mesme deuant Dieu?

L'enfant.

Nenny: car en la receuant, il l'a aneantie par sa vertu: tellement qu'il n'a pas laissé d'estre tousiours beneist, pour nous remplir de sa benediction.

Le ministre.

Expose ce qui s'ensuit.

L'enfant.

D'autant que la mort estoit vne malediction sur l'homme, à cause du peché, Iesus Christ l'a endurée, & en l'endurant l'a vaincue. Et pour demonstrer que c'estoit vne vraye mort que la sienne, il a voulu estre mis au sepulchre, comme les autres hommes.

Le ministre.

Mais il ne semble pas qu'il nous reuiene quelque bien de ceste victoire, veu que nous ne laissons point de mourir.

L'enfant.

Cela n'empesche de rien: car la mort des fideles n'est maintenant autre chose qu'vn passage pour les introduire à vne vie meilleure.

Le ministre.

De cela il s'ensuit, qu'il ne nous faut plus craindre la mort, comme vne chose horrible: mais suyure volontairement nostre Chef & Capitaine Iesus Christ, qui nous y precede: non pas pour nous faire perir: mais pour nous sauuer.

L'enfant.

Il est ainsi.

Le ministre.

Le 10. Dimanche.

Que signifie ce qui est adiousté de sa descente

te és enfers?

L'enfant.

C'eſt que non ſeulemẽt il a ſouffert la mort naturelle, qui eſt ſeparation du corps & de l'ame : mais auſsi que ſon ame a eſté enſerrée en angoiſſe merueilleuſe: que ſainct Pierre appelle les douleurs de mort. *Act. 2*

Le miniſtre.

Pour quelle raiſon cela s'eſt-il faict, & comment?

L'enfant.

Pource qu'il ſe preſentoit à Dieu pour ſatisfaire au nom des pecheurs: il falloit qu'il ſen tiſt ceſte horrible deſtreſſe en ſa conſcience, cõme s'il eſtoit delaiſſé de Dieu: & meſme comme ſi Dieu eſtoit courroucé contre luy. Eſtant en ceſt abyſme, il a crié, Mon Dieu, mon Dieu, pourquoy m'as-tu laiſſé? *Matt. 27 Marc 15*

Le miniſtre.

Dieu eſtoit-il donc courroucé contre luy?

L'enfant.

Non: mais il falloit toutesfois qu'il l'affligeaſt ainſi, pour verifier ce qui a eſté predict par Iſaie, Qu'il a eſté frappé de la main du Pere, pour noz pechez: & qu'il a porté noz iniquitez. *Iſa. 53 1. Pier. 2*

Le miniſtre.

Mais comment pouuoit-il eſtre en telle frayeur, comme s'il eſtoit abandonné de Dieu, luy qui eſt Dieu meſme?

L'enfant.

Il faut entendre que ſelon ſa nature humaine, il a eſté en ceſte extremité, & pour ce faire, que ſa diuinité ſe tenoit pour vn peu de temps, comme cachée, c'eſt à dire, qu'elle ne demonſtroit point ſa vertu.

Le miniſtre.

Mais comment ſe peut-il faire, que Ieſus Chriſt, qui eſt le ſalut du mõde, ait eſté en telle damnation?

L'enfant.

Il n'y a pas esté pour y demourer : car il a tellement senty cest horreur que nous auons dict, qu'il n'en a point esté oppressé : mais a bataillé contre la puissance des enfers, pour la rompre & destruire.

Le ministre.

Par cela nous voyons la difference entre le tourment qu'il a souffert, & celuy que sentent les pecheurs, que Dieu punit en son ire. Car ce qui a esté temporel en luy, est perpetuel aux autres : & ce qui a esté seulement vn aiguillon pour le poindre, leur est vn glaiue pour les naurer à mort.

L'enfant.

C'est cela : car Iesus Christ n'a pas laissé d'esperer tousiours en Dieu, au milieu de telles destresses : mais les pecheurs que Dieu damne, se desesperent & despitent contre luy, iusqu'à le blasphemer.

Le ministre.

Le II. Dimanche.

Pouons nous pas bien deduire de cela quel fruict nous receuõs de la mort de Iesus Christ?

L'enfant.

Ouy bien. Et premierement nous voyons que c'est vn sacrifice, par lequel il a satisfaict pour nous au iugement de Dieu : & ainsi il a appaisé l'ire de Dieu enuers nous, & nous a reconciliez à luy. Pour le second, que son sang est le lauement, par lequel noz ames ont esté purgées de toutes macules. Finalement, que par ceste mort noz pechez sont effacez, pour ne point venir en memoire deuant Dieu : & ainsi, que l'obligation qui estoit contre nous, est abolie.

Le ministre.

N'en auons-nous pas quelque autre v-
tilité?

L'enfant.

Si auons: c'est que si nous sommes vrais
membres de Christ, nostre vieil homme est
crucifié, nostre chair est mortifiée: à fin que
les mauuaises concupiscences ne regnent plus
en nous.

Le ministre.

Declaire l'article suyuant.

L'enfant

C'est que le troisieme iour il est ressusci- 1.Pie.8.
té. En quoy il s'est demonstré vainqueur de la
mort & de peché. Car par sa resurrection il a
englouty la mort, & a rompu les liens du diable, & destruit toute sa puissance.

Le ministre.

En combien de sortes nous profite ceste resurrection?

L'enfant.

La premiere est, que la iustice nous a   Rom.4.
esté pleinement acquise en icelle. La secon- 1.Cor.15.
de, que ce nous est vn certain gage, que nous
ressusciterons vne fois en immortalité glorieuse. La troisieme, que si nous communiquons Rom.6.
vrayement à icelle, nous ressuscitons dés à present en nouueauté de vie, pour seruir à Dieu,
& viure sainctement selon son plaisir.

Le ministre.

Poursuyuons outre.

L'enfant.

Il est monté au ciel.

Le ministre.   Le 12.Di
Est-il monté en telle sorte, qu'il ne soit plus manche.
en terre?

V.

L'enfant.

Ouy. Car puis qu'il a faict tout ce qui luy estoit enioinct du Pere, & qui estoit requis à nostre salut, il n'estoit plus mestier qu'il conuersast au monde.

Le ministre.

Que nous profite ceste ascension?

L'enfant.

Le profit en est double: Car d'autant que Iesus Christ est entré au ciel en nostre nom, ainsi qu'il en estoit descendu pour nous, il nous y donne entrée, & nous a asseurés que la porte nous est maintenant ouuerte, laquelle nous estoit close pour noz pechez. Secondement, il apparoist là deuant la face du Pere, pour estre nostre Intercesseur & Aduocat.

Rom.6
Hebr.7

Le ministre.

Mais Iesus Christ montant au ciel, s'est-il tellement retiré du monde, qu'il ne soit plus auec nous?

L'enfant.

Mat.28

Non: car il a dict le contraire, C'est qu'il sera pres de nous iusques à la fin.

Le ministre.

Est-ce de presence corporelle, qu'il demeure auec nous?

L'enfant.

Luc 24
Act.1

Non: Car c'est autre chose de son corps, qui a esté eleué en haut, & de sa vertu, laquelle est par tout espandue.

Le ministre.

Comment entens-tu qu'il est assis à la dextre de Dieu son Pere?

L'enfant.

Mat.28

C'est qu'il a receu la seigneurie du ciel & de la terre: à fin de regir & gouuerner tout.

Le ministre.

Mais que signifie la dextre, & ceste assiete, dont il est parlé?

L'enfant.

C'est vne similitude tirée des princes terriens, qui font seoir à leur costé dextre, ceux qu'ils ordonnent lieutenans pour gouuerner en leur nom.

Le ministre.

Tu n'entés donc sinon ce que dit sainct Paul: c'est, qu'il a esté cõstitué chef de l'Eglise, & exalté dessus toute principauté, & qu'il a receu vn nom par dessus tout nom. *Ephes.1 Philip.2*

L'enfant.

Voire.

Le ministre.

Poursuy outre.

L'enfant.

De la viendra iuger les vifs & les morts. Qui est à dire, qu'il apparoistra vne fois du ciel en iugement: ainsi qu'on l'y a veu monter. *Le 13. Dimanche Act.1*

Le ministre.

Puis que le iugemẽt sera en la fin du siecle: comment dis-tu que les vns viuront lors, & les autres seront morts, veu qu'il est ordõné à tous hommes de mourir vne fois?

L'enfant.

Sainct Paul respond à ceste question: disant, Que ceux qui seront lors suruiuãs, seront subitement changez: à fin que leur corruption soit abolie, & que leur corps soit renouuellé, pour estre incorruptible.

Le ministre.

Tu entens donc que ceste mutation leur sera cõme vne mort, pource qu'elle abolira leur premiere nature, pour les faire ressusciter en autre estat. *1.Cor.15 1.Thess.4*

V. ii.

L'enfant.
C'est cela.
Le ministre.
Nous reuient-il quelque consolation de ce que Iesus Christ doit vne fois venir iuger le monde?
L'enfant.
Ouy singuliére: car nous sommes certains qu'il n'apparoistra sinon en nostre salut.
Le ministre.
Nous ne deuons pas donc craindre le dernier Iugement, pour l'auoir en horreur.
L'enfant.
Non pas: puis qu'il ne nous faudra venir deuant autre iuge, que celuy mesme qui est nostre aduocat, & a prins nostre cause en main pour la defendre.
Le ministre.

Le 14. Dimanche.
Venons à la troisieme partie.
L'enfant.
C'est la foy au sainct Esprit.
Le ministre.
A quoy nous profite-elle?
L'enfant.
A ce que nous recognoissions que comme Dieu nous a rachetez & sauuez par Iesus Christ, aussi il nous fait par son sainct Esprit participans de ceste redemption, & du salut.
Le ministre.
Comment cela?
L'enfant.

1. Pier. 1.
Comme le sang de Iesus Christ est nostre lauement: aussi faut-il que le sainct Esprit en arrouse noz consciences, à ce qu'elles soyent lauées.

Le ministre.
Il faut à cecy declaration plus certaine.
L'enfant.

L'enfant.

C'est à dire, que le sainct Esprit habitant en noz cœurs, nous fait sentir la vertu de nostre Seigneur Iesus. Car il nous illumine pour nous faire cognoistre ses graces: il les selle & imprime en noz ames, & leur donne lieu en nous. Il nous regenere & fait nouuelles creatures: tellement que par son moyen nous receuons tous les biens & dons qui nous sont offerts en Iesus Christ.

Rom.5.
Ephes.1.

Le ministre.
Que s'ensuit-il?

L'enfant.
La quatrieme partie: ou il est dict, que nous croyons l'Eglise catholique.

Le 15. Dimanche.

Le ministre.
Qu'est-ce que l'Eglise catholique?

L'enfant.
C'est la compagnie des fideles que Dieu a ordonnez & eleus à la vie eternelle.

Le ministre.
Est-il necessaire de croire cest article?

L'enfant.
Ouy bien, si nous ne voulons faire la mort de Iesus Christ oisiue, & tout ce qui a desia esté recité: car le fruict qui en procede, est l'Eglise.

Le ministre.
Tu dis donc, que iusques à ceste heure, il a esté parlé de la cause & du fondement de salut, entant que Dieu nous a receus en dilection par le moyen de Iesus Christ, & conferme en nous ceste grace par son sainct Esprit: mais que maintenant est demonstré l'effect & l'accomplissement de tout cela, pour en donner meilleure certitude.

V. iii.

L'enfant.

Il est ainsi.

Le ministre.

En quel sens nommies-tu l'Eglise saincte?

L'enfant.

Rom.8.
Ephe.5.

Pource que ceux que Dieu a esleus, il les iustifie & purifie à saincteté & innocence, pour faire en eux reluire sa gloire. Et ainsi, Iesus Christ, ayant racheté son Eglise, l'a sanctifiée: à fin qu'elle fust glorieuse & sans macule.

Le ministre.

Que veut dire ce mot Catholique, ou vniuerselle?

L'enfant.

1.Cor.12.
Ephe.4.

C'est pour signifier, que comme il n'y a que vn chef des fideles: aussi tous doyuet estre vnis en vn corps. Tellement qu'il n'y a pas plusieurs Eglises, mais vne seule, laquelle est espandue par tout le monde.

Le ministre.

Et ce qui s'ensuit de la communion des Saincts, qu'emporte-il?

L'enfant.

Cela est adiousté pour mieux exprimer l'vnité qui est entre les membres de l'Eglise. Et aussi par cela nous est donné à entendre, que tout ce que nostre Seigneur fait de bien à son Eglise, est pour le profit & salut de chacun fidele: pource que tous ont communion ensemble.

Le ministre.

Le 16. Dimanche.

Mais ceste saincteté que tu attribue à l'Eglise, est-elle maintenant parfaicte?

L'enfant.

Non pas cependant qu'elle bataille en ce monde. Car il y a tousiours des reliques d'imperfection: lesquelles ne seront iamais ostées, iusques à ce qu'elles soit pleinement conioincte à son chef Iesus Christ, duquel elle est sanctifiée.

Le ministre.
Et ceste Eglise ne se peut-elle autrement cognoistre qu'en la croyant?
L'enfant.
Il y a bien Eglise de Dieu visible, selon que il nous a dōné les enseignes pour la cognoistre: mais il est icy parlé proprement de la compagnie de ceux que Dieu a esleus pour les sauuer: laquelle ne se peut pas plainemēt voir à l'œil.
Le ministre.
Que s'ensuit-il?
L'enfant.
Ie croy la remission des pechez.
Le ministre.
Qu'entens-tu par ce mot de remission?
L'enfant.
Que Dieu par sa bonté gratuite remet & quitte à ses fideles leurs fautes : tellement que elles ne vienent point en conte deuant son iugement pour les en punir.
Le ministre.
De cela il s'ensuit que nous ne meritōs pas par satisfactions, que Dieu nous pardonne.
L'enfant.
Voire: Car le Seigneur Iesus a faict le payement, & en a porté la peine. De nostre part, nous ne pouuons apporter aucune recompense: mais faut que receuions par la pure liberalité de Dieu, pardon de tous noz mesfaicts.
Le ministre.
Pourquoy mets-tu c'est article apres l'Eglise?
L'enfant.
Pource que nul n'obtient pardon de ses pechez, que premierement il ne soit incorporé au peuple de Dieu, & perseuere en vnité & cōmunion auec le corps de Christ, & ainsi qu'il soit vray membre de l'Eglise.

V. iiii.

Le ministre.

Ainsi hors de l'Eglise il n'y a que damnatiõ & mort.

L'enfant.

Il est certain. Car tous ceux qui se separent de la communauté des fideles, pour faire secte à part, ne doyuent esperer salut, cependant que ils sont en diuision.

Le ministre.

Que s'ensuit-il?

L'enfant.

Le 17. Dimanche. La resurrection de la chair, & la vie eternelle.

Le ministre.

Pourquoy cest article est-il mis?

L'enfant.

Pour nous monstrer que nostre felicité ne gist pas en la terre: ce qui sert à double fin. Premierement, à fin que nous apprenions de passer par ce monde, comme par vn païs estrãge, contemnans toutes choses terriennes, & n'y mettans point nostre cœur: puis aussi, que combien que nous n'apperceuons pas encore le fruict de la grace que le Seigneur nous a faicte en Iesus Christ, que nous ne perdions pas courage pourtant: mais l'attendions en patience, iusqu'au temps de la reuelation.

Le ministre.

Comment se fera ceste resurrection?

L'enfant.

Ceux qui seront morts au parauant, reprendront leurs corps, neantmoins d'autre qualité à sçauoir, qui ne seront plus subiets à mortalité & corruption: combien que ce sera la mesme substance. Et ceux qui suruiuront encore, Dieu les ressuscitera miraculeusement, par vn changement subit, dont il a esté parlé.

Le ministre.

Et

DE LA FOY.

Et ceste resurrection ne sera-elle pas commune tant aux mauuais comme aux bons?

L'enfant.

Ouy bien: mais ce sera bien en diuerse condition. Car les vns ressusciteront à salut & ioye: les autres à condamnation & mort.

Iean 5
Mat.25.

Le ministre.

Pourquoy donc est-il seulement parlé de la vie eternelle, & non point aussi bien d'enfer?

L'enfant.

Pource qu'il n'y a rien couché en ce sommaire, qui n'appartienne proprement à la consolation des consciences fideles, il nous recite seulement les biens que Dieu fait à ses seruiteurs: Et ainsi il n'y est faict nulle mention des iniques, qui sont exclus de son royaume.

Le ministre.

Puis que nous auons le fondement sur lequel la foy est appuyée: nous pourrons bien de la conclure, que c'est que la vraye foy.

Le 12. Dimanche.

L'enfant.

Voire, à sçauoir certaine & ferme cognoissance de la dilection de Dieu enuers nous, selon que par son Euangile il se declaire estre nostre Pere & Sauueur, par le moyen de Iesus Christ.

Le ministre.

La pouuons-nous auoir de nous-mesmes, ou si elle vient de Dieu?

L'enfant.

L'Escriture nous enseigne, que c'est vn don singulier du sainct Esprit, & l'experience aussi le monstre.

Le ministre.

Comment?

L'enfant.

Pource que nostre entendement est trop debile pour comprendre la sagesse spirituelle de Dieu, qui nous est reuelée par la foy: & nos cœurs sont enclins à defiance, ou bien à fiance peruerse de nous, ou des creatures. Mais le S. Esprit nous illumine, pour nous faire capables d'entendre ce qui autrement nous seroit incomprehensible : & nous fortifie en certitude, seellant & imprimant les promesses de salut en noz cœurs.

Le ministre.

Quel bien nous procede-il de ceste foy, quand nous l'auons?

L'enfant.

Elle nous iustifie deuant Dieu, pour nous faire obtenir vie eternelle.

Le ministre.

Comment donc? l'homme n'est-il pas iustifié par bonnes œuures, viuant sainctement, & selon Dieu?

L'enfant.

S'il s'en trouuoit quelcun si parfaict, on le pourroit bien nommer iuste : mais entant que nous sommes tous poures pecheurs, il nous faut cercher ailleurs nostre dignité pour respondre au iugement de Dieu.

Le ministre.

Le 19. Dimanche.
Mais toutes noz œuures sont-elles tellement reprouuées, qu'elles ne nous puissent meriter grace deuant Dieu?

L'enfant.

Premierement, toutes celles que nous faisons de nostre propre nature, sont vicieuses, & par consequent ne peuuent plaire à Dieu : mais il les condamne toutes.

Le ministre.

Tu dis donc que deuant que Dieu nous ait receus en sa grace, nous ne pouuons sinon pecher : comme vn mauuais arbre ne produit que mauuais fruicts.

L'enfant.

il

Il est ainsi : Car encores que noz œuures ayent belle apparence par dehors, si sont-elles mauuaises, puis que le cœur est peruers, lequel Dieu regarde.

Le ministre.

Par cela tu conclus, que nous ne pouuons preuenir Dieu par noz merites, pour l'induire à nous bien faire : mais au contraire ne faisons que l'irriter contre nous.

L'enfant.

Voire. Et pourtant ie di que par sa pure misericorde & bonté, sans aucune consideration de noz œuures, il nous a aggreables en Iesus Christ, nous imputant la iustice d'iceluy, & ne nous imputant point noz fautes. *Tite 3.*

Le ministre.

Comment donc dis-tu que l'homme est iustifié par foy?

L'enfant.

Pource qu'en croyant, & reçeuant en vraye fiance de cœur les promesses de l'Euangile, nous entrons en possession de ceste iustice.

Le ministre.

Tu entens, que comme Dieu nous la presente par l'Euangile : aussi le moyen de la receuoir, c'est par foy.

L'enfant.

Ouy.

Le ministre.

Mais puis que Dieu nous a vne fois receus, les œuures que nous faisons par sa grace, ne luy sont-elles pas plaisantes? *Le 20. Dimanche.*

L'enfant.

Ouy bien, entant qu'il les accepte liberalement, & non pas pour leur propre dignité.

Le ministre.

Comment? ne sont-elles pas dignes d'estre acceptées, puis qu'elles procedent du S. Esprit?

L'enfant.
Non pas: à cause qu'il y a tousiours quelque infirmité de nostre chair meslée parmi, dont elles sont souillées.

Le ministre.
Quel sera donc le moyen de les rendre aggreables?

L'enfant.
Si elles sont faictes en foy, c'est à dire, que la personne soit asseurée en sa conscience, que Dieu ne les examinera pas à la rigueur: mais en couurant les imperfectiõs & macules, par la purité de Iesus Christ, les tiendra comme parfaictes.

Le ministre.
Par cela dirons-nous que l'homme Chrestien est iustifié par ses œuures, apres que Dieu l'a appellé? ou que par icelles il merite que Dieu l'aime, pour obtenir salut?

L'enfant.
Non: mais au contraire il est dit, Que nul homme viuant ne sera iustifié deuant sa face. Pourtãt nous auons à prier qu'il n'entre point en iugement, n'en conte auec nous.

Pse.143

Le ministre.
Tu n'entens pas pourtant que les bonnes œuures de fideles soyent inutiles.

L'enfant.
Non: Car Dieu promet de les remunerer amplement, tant en ce monde, comme en paradis: mais tout cela procede de ce qu'il nous aime gratuitement & enseuelit toutes noz fautes pour n'en auoir point memoire.

Le ministre.
Mais pouuons-nous croire pour estre iustifiez, sans faire bonnes œuures?

L'enfant.
Il est impossible. Car croire en Iesus Christ,
c'est

c'est le receuoir tel qu'il se donne à nous. Or il nous promet non seulement de nous deliurer de la mort, & remettre en la grace de Dieu son Pere, par le merite de son innocence: mais aussi de nous regenerer par son Esprit, pour nous faire viure sainctement.

Le ministre.

La foy donc non seulement ne nous rend pas nonchalans à bonnes œuures: mais est la racine dont elles sont produictes.

L'enfant.

Il est ainsi: & pour ceste cause la doctrine de l'Euangile est comprise en ces deux poincts, asçauoir Foy & Penitence.

Le ministre.

Qu'est-ce que Penitence?

L'enfant.

C'est vne desplaisance du mal, & amour du bien, procedant de la crainte de Dieu, & nous induisant à mortifier nostre chair, pour estre gouuernez & conduits par le sainct Esprit au seruice de Dieu.

Le ministre.

C'est le second poinct que nous auons touché de la vie Chrestienne.

L'enfant.

Voire: & auons dict que le vray & legitime seruice de Dieu consiste en ce que nous obeissons à sa volonté.

Le ministre.

Pourquoy?

L'enfant.

D'autant qu'il ne veut pas estre serui selon nostre fantasie, mais à son plaisir.

Le ministre.

Qu'elle reigle nous a-il donnée pour nous gouuerner?

L'enfant.

Le 21. Dimanche

Sa Loy.

Le ministre.

Qu'est-ce quelle contient?

L'enfant.

Elle est diuisée en deux parties: dont la premiere contient quatre commandemens, & l'autre six: ainsi en tout ce sont dix.

Le ministre.

Qui a faict ceste diuision?

L'enfant.

Exod.32
& 34.
Deut.4.
& 10.

Dieu mesme, qui l'a donnée escrite à Moyse en deux tables, & a dict qu'elle se reduisoit en dix parolles.

Le ministre.

Quel est l'argument de la premiere table?

L'enfant.

Touchant la maniere de bien honnorer Dieu.

Le ministre.

Et de la seconde?

L'enfant.

Comment il nous faut viure auec noz prochains, & de ce que nous leur deuons.

Le ministre.

Recite le premier commandement.

L'enfant.

Le 22. Dimanche.

Escoute Israel: Ie suis le Seigneur ton Dieu, qui t'ay tiré hors de la terre d'Egypte, de la maison de seruitude. Tu n'auras point d'autres Dieux deuant moy.

Le ministre.

Expose le sens.

L'enfant.

Exo.20.
Deut.5.

Du commencement il fait comme vne preface sur toute la Loy. Car il s'attribue auctorité de commander, se nommant l'Eternel, & Createur du monde. Apres il se dit nostre Dieu, pour nous rendre sa doctrine amiable

Car s'il est nostre Sauueur, c'est bië raison que nous luy soyons peuple obeissant.

Le ministre.

Mais ce qu'il dit apres, de la deliurance de la terre d'Egypte, ne s'adresse-il pas particulierement au peuple d'Israel?

L'enfant.

Si fait bien, selon le corps. Mais il nous appartient aussi generalement à tous, entant que il a deliuré noz ames de la captiuité spirituelle de peché, & de la tyrannie du diable.

Le ministre.

Pourquoy fait-il mention de cela au commencement de sa Loy?

L'enfant.

C'est pour nous admonester combien nous sommes tenus de suyure son bon plaisir, & quelle ingratitude ce seroit de faire du contraire.

Le ministre.

Et qu'est-ce qu'il requiert en somme en ce premier commandement?

L'enfant.

Que nous luy reseruions à luy seul l'honneur qui luy appartient, sans le transporter ailleurs.

Le ministre.

Quel honneur est-ce qui luy est propre?

L'enfant.

De l'adorer luy seul, l'inuoquer, auoir nostre fiance en luy: & telles choses semblables, qui sont attribuées à sa maiesté.

Le ministre.

Pourquoy dit-il Deuant ma face?

L'enfant.

D'autant qu'il voit & cognoit tout, & est iuge des secrettes pensees des hommes: il signifie que non seulement par confession exterieure il veut estre aduoué Dieu: mais aussi en pure verité & affection de cœur.

Le ministre.
Di le second commandement.

L'enfant.

Le 23. Dimanche.

TU ne te feras image taillée, ne semblance aucune des choses qui sont au ciel là sus, ou en la terre cy bas, ou és eaux, qui sont sous la terre. Tu ne les honnoreras point.

Le ministre.
Veut-il du tout defendre de faire aucune image?

L'enfant.
Non: mais il defend de faire aucune image, ou pour figurer Dieu, ou pour adorer.

Le ministre.
Pourquoy est-ce qu'il n'est point licite de representer Dieu visiblement?

L'enfant.

Deut. 4.
Isa. 41.
Rom. 6.
Act. 17.

Pource qu'il n'y a nulle conuenance entre luy, qui est Esprit eternel, incomprehensible, & vne matiere corporelle, morte, corruptible & visible.

Le ministre.
Tu entens donc, que c'est faire deshonneur à sa maiesté, de la vouloir representer ainsi.

L'enfant
Voire.

Le ministre.
Quelle forme d'adoration est icy condamnée?

L'enfant.
C'est de se presenter deuant vne image, pour faire son oraison, de fleschir le genouil deuant icelle, ou faire quelque autre signe de reuerence, comme si Dieu se demonstroit là à nous.

Le ministre.
Il ne faut pas donc entendre, que toute tail
leure

leure ou peinture ſoit defendue en general: mais ſeulement toutes images, qui ſe font pour ſeruir Dieu, ou l'honorer en choſes viſibles, ou bien pour en abuſer à idolatrie, en quelque ſorte que ce ſoit.

L'enfant.

Il eſt ainſi.

Le miniſtre.

A quelle fin reduirons-nous ce commandement?

L'enfant.

Comme au premier Dieu à declairé qu'il eſtoit ſeul ſans autre, qu'on doit adorer: auſſi maintenãt il nous demonſtre quelle eſt la droicte forme, à fin de nous retirer de toutes ſuperſtitions, & façons charnelles.

Le miniſtre.

Paſſons outre.

L'enfant.

Il adiouſte vne menace, qu'il eſt l'Eternel noſtre Dieu, fort, ialoux, viſitant l'iniquité des peres ſur les enfans, en la troiſieme & quatrieme generation enuers ceux qui les haiſſent.

Le 24. Dimanche.

Le miniſtre.

Pourquoy fait-il mention de ſa force?

L'enfant.

Pour denoter qu'il eſt puiſſant à maintenir ſa gloire.

Le miniſtre.

Que ſignifie-il par la jalouſie?

L'enfant.

Qu'il ne peut endurer compagnon. Car comme il s'eſt donné à nous par ſa bonté infinie, auſſi veut-il que nous ſoyons entierement ſiens. Et c'eſt la chaſteté de noz ames, d'eſtre cõſacrées & dediées à luy. D'autre part c'eſt vne paillardiſe ſpirituelle, de nous deſtourner à quelque ſuperſtition.

X.

Le ministre.

Comment se doit-il entendre qu'il punit le peché des peres sur les enfans?

L'enfant.

Pour nous donner plus grand' crainte, il dit que non seulement il se vengera de ceux qui l'offensent: mais aussi que leur lignée sera maudicte apres eux.

Le ministre.

Et cela n'est-il pas contraire à la iustice de Dieu, de punir les vns pour les autres?

L'enfant.

Si nous considerons quelle est la condition de l'humain lignage, ceste question sera vuidée. Car de nature nous sommes tous maudicts, & ne nous pouuons plaindre de Dieu, quand il nous laissera cōme nous sommes. Or comme il demōstre sa grace & dilectiō sur ses seruiteurs, en benissant leurs enfans: aussi c'est vn tesmoignage de sa vengeance sur les iniques, quand il laisse leur semence en malediction.

Le ministre.

Que dit-il plus?

L'enfant.

A fin de nous inciter aussi par douceur, il dit, qu'il fait misericorde en mille generations à ceux qui l'aiment, & gardent ses commandemens.

Le ministre.

Entend-il que l'obeissance du fidele sauuera toute sa race, encore qu'elle soit meschāte?

L'enfant.

Non pas: mais qu'il estēdra iusques là sa bōté enuers ses fideles, que pour l'amour d'eux, il se dōnera à cognoistre à leurs enfans: & nō seulemēt les fera prosperer selon la chair: mais les sanctifiera par son Esprit, pour les rēdre obeissans à sa volonté.

COMMAND.

Le ministre.
Mais cela n'est pas perpetuel.
L'enfant.
Non. Car comme le Seigneur se reserue la liberté de faire misericorde aux enfans des iniques: aussi d'autre part, il retient le pouuoir de Rom.6 elire, ou reietter en la generation des fideles ceux que bon luy semble. Toutesfois, si fait-il Rom.2 tellement, qu'on peut cognoistre ceste promesse n'estre pas vaine ne frustratoire.

Le ministre.
Pourquoy nomme-il icy mille generatiõs, & en la menace il n'en nomme que trois ou quatre?

L'enfant.
C'est pour signifier, que son propre est d'vser plustost de bõté & douceur, que de rigueur ne rudesse: comme il tesmoigne, qu'il est enclin à bien faire, tardif à se courroucer. Exod.34
Psea.103

Le ministre.
Venons au troisieme commandement.
L'enfant.
TV ne prendras le nom du Seigneur ton Le 25. Dimanche.
Dieu en vain.

Le ministre.
Que veut-il dire?
L'enfant.
Il nous defend d'abuser du nom de Dieu, non seulement en pariuremens, mais aussi en sermens superflus & oisifs.

Le ministre.
En peut-on donc bien vser en sermens?
L'enfant.
Ouy, qui sont necessaires, c'est à dire, pour maintenir la vérité, quand il en est mestier: & pour entretenir charité & cõcorde entre nous.

Le ministre.
Ne veut-il sinon corriger les sermens qui

X. ii.

font au deshonneur de Dieu?
####### L'enfant.
Par vne espece, il nous instruit en general, de ne mettre iamais en auant le nom de Dieu, sinon en crainte & humilité, pour le glorifier. Car selō qu'il est sainct & digne, aussi nous faut il garder de le prendre en telle sorte, qu'il semble que nous l'ayons en mespris, ou que nous donnions occasion de le vilipender.
####### Le ministre.
Comment cela se fera-il?
####### L'enfant.
Quand nous ne penserons, ne parlerons de Dieu, ne de ses œuures, sinon honorablement, en sa louange.
####### Le ministre.
Que s'ensuit-il?
####### L'enfant.
Vne menace, qu'il ne tiendra pour innocent, celuy qui prendra son nom en vain.
####### Le ministre.
Veu qu'il denonce ailleurs generalement qu'il punira tous transgresseurs: qu'est-ce qu'il y a icy d'auantage?
####### L'enfant.
Par cela il a voulu declairer, combien il a en singuliere recommendation la gloire de son nom: disant nommément qu'il ne souffrira pas, qu'on le mesprise: à fin que nous soyons tant plus sogneux de l'auoir en reuerence.
####### Le ministre.
Venons au quatrieme.
####### L'enfant.

Le 26. Dimanche.

QV'il te souuiene du iour du repos, pour le sanctifier. Six iours tu trauailleras & feras toute ton œuure. Le septieme, c'est le repos du Seigneur ton Dieu. Tu ne feras en iceluy œuure aucune, ne toy, ne ton fils, ne ta fille, ne ton seruiteur, ne ta seruante, ne ton bœuf, ne ton asne, ne l'estranger qui est dedans tes portes. Car en six iours Dieu a faict le ciel & la terre, & tout ce qui y est compris: le septieme il s'est reposé. Pourtant a beneit le iour du repos, & la sanctifié.

Le ministre.

Commande-il de trauailler six iours la sepmaine, pour se reposer le septieme?

L'enfant.

Non pas simplement: mais en donnant congé de trauailler six iours durant, il reserue le septieme, auquel il n'est loisible de besongner.

Le ministre.

Nous defend il donc toute besongne vn iour la sepmaine?

L'enfant.

Ce commandement a quelque consideration particuliere. Car l'obseruation du repos est vne partie des ceremonies de la Loy anciēne: Parquoy à la venue de Iesus Christ elle a esté abolie.

Le ministre.

Dy-tu que ce commandement appartient proprement aux Iuifs: & a esté donne pour le temps de l'ancien Testament?

L'enfant.

Voire, entant qu'il est ceremonial.

Le ministre.

Comment donc? Y a-il quelque chose outre la ceremonie?

L'enfant.

Il a esté faict pour trois raisons.

Le ministre.

Quelles sont-elles?

L'enfant.

Pour figurer le repos spirituel: pour la police Ecclesiastique ; & pour le soulagement des seruiteurs. X. iii.

Le ministre.
Qu'eſt-ce que repos ſpirituel?
L'enfant.
C'eſt de ceſſer de noz propres œuures : à fin que le Seigneur œuure en nous.
Le ministre.
Comment cela ſe fait-il?
L'enfant.
En mortifiant noſtre chair: c'eſt à dire, renonçāt à noſtre nature, à fin que Dieu nous gouuerne par ſon Eſprit.
Le ministre.
Cela ſe doit-il faire ſeulement vn iour la ſepmaine?
L'enfant.
Il ſe doit faire continuellement: Car depuis que nous auons commencé, il nous faut pourſuyure toute noſtre vie.
Le ministre.
Pourquoy donc y a-il iour certain aſſigné, pour figurer cela?
L'enfant.
Il n'eſt pas requis que la figure ſoit du tout pareille à la verité : mais ſuffit qu'il y ait quelque ſemblance.
Le ministre.
Pourquoy le ſeptième iour eſt-il ordonné pluſtoſt qu'vn autre?
L'enfant.
Le nombre de ſept ſignifie perfection en l'Eſcriture. Ainſi il eſt propre pour denoter la perpetuité. Auſſi il nous admoneſte, que noſtre repos ſpirituel n'eſt ſinon commencé durant ceſte vie preſente : & ne ſera point parfaict iuſques à ce que nous ſortions de ce monde.
Le ministre.

Le 27. dimanche. Mais que veut dire la raiſon qu'allegue icy noſtre Seigneur, qu'il nous faut repoſer comme me il a faict?

L'enfant.

Apres auoir crée toutes ses œuures en six iours, il a dedié le septieme à la consideration d'icelles. Et pour nous mieux induire à ce faire, il nous allegue son exemple. Car il n'y a riē tant desirable, que d'estre conforme à luy.

Le ministre.

Faut-il tousiours mediter les œuures de Dieu, ou s'il suffit d'vn iour la sepmaine?

L'enfant.

Cela se doit faire chacun iour : mais à cause de nostre infirmité, il y en a vn certain specialement deputé. Et c'est la police que i'ay dicte.

Le ministre.

Quel ordre donc doit-on garder en ce iour?

L'enfant.

C'est que le peuple s'assemble pour estre instruict en la verité de Dieu, pour faire les prieres communes, & rendre tesmoignage de sa foy, & religion.

Le ministre.

Comment entens-tu que ce commandement est donné aussi pour le soulagement des seruiteurs?

L'enfant.

Pour donner quelque relasche à ceux qui sont en la puissance d'autruy. Et pareillement cela sert à la police commune. Car chacun s'accoustume à trauailler le reste du temps, quand il y a vn iour de repos.

Le ministre.

Maintenant disons comment ce commandement s'adresse à nous.

L'enfant.

Touchant la ceremonie, elle est abolie. Car nous auons l'accomplissement en Iesus Christ.

X. iiii.

Le ministre.

Comment?

L'enfant.

Rom.6 C'est que nostre vieil homme est crucifié par la vertu de sa mort, que par sa resurrection nous ressuscitons en nouueauté de vie.

Le ministre.

Qu'est-ce donc qui nous en reste?

L'enfant.

Que nous obseruions l'ordre constitué en l'Eglise, pour ouir la parolle du Seigneur, communiquer aux prieres publiques, & aux Sacremens, Et que nous ne contreuenions pas à la police spirituelle, qui est entre les fideles.

Le ministre.

Et de la figure, ne nous profite-elle rien?

L'enfant.

Si fait bien. Car il nous la faut reduire à la verité. C'est qu'estâs vrais membres de Christ, nous delaissiôs noz œuures propres, pour nous permettre à son gouuernement.

Le ministre.

Venons à la seconde Table.

L'enfant.

Le 28. dimanche. Honnore ton pere & ta mere.

Le ministre.

Qu'entens-tu par Honnorer?

L'enfant.

Que les enfans soyent humbles & obeissans à leurs peres & meres, leur portans honneur & reuerence, leur assistent, & soyent à leur commandement, comme ils y sont tenus.

Le ministre.

Poursuy plus outre.

L'enfant.

Dieu adiouste vne promesse à ce commandement, disant, A fin que tes iours soyent prolongez sur la terre, laquelle le Seigneur ton Dieu te donne.

Le ministre.

Que veut dire cela?

L'enfant.

Que Dieu donnera longue vie à ceux qui rendront au pere & à la mere l'honneur qui leur est deu.

Le ministre.

Veu que ceste vie est tant pleine de miseres, comment est-ce que Dieu promet à l'homme, pour vne grace, qu'il le fera viure longuement?

L'enfant.

La vie terrienne quelque miserable qu'elle soit, est vne benediction de Dieu à l'homme fidele: & ne fust sinon d'autant que Dieu luy testifie sa dilection paternelle, l'entretenant en icelle.

Le ministre.

S'ensuit-il au contraire, que l'homme qui meurt tost, soit maudict de Dieu?

L'enfant.

Non. Et mesme il aduiendra quelquefois, que le Seigneur retirera plustost de ce monde ceux qu'il aimera le plus.

Le ministre.

En ce faisant, comme garde il sa promesse?

L'enfant.

Tout ce que Dieu nous promet de biens terriens, il le nous faut prendre auec condition, entant qu'il est expedient pour nostre salut spirituel. Car ce seroit poure chose si cela n'alloit tousiours deuant.

Le ministre.

Et de ceux qui sõt rebelles à pere & à mere?

L'enfant.

Non seulement Dieu les punira au iour du iugement: mais il en fera aussi la vengeãce sur leurs corps, soit en les faisant mourir deuant leurs iours, ou ignominieusement, ou en quelque autre sorte.

Le ministre.
Parle-il pas nommément de la terre de Chanaan en ceste promesse?

L'enfant.
Ouy bien, quant aux enfans d'Israel: mais il nous faut maintenant prendre ce mot plus generalement: Car en quelque païs que nous demourions, puis que la terre est siene, il nous y donne nostre habitation.

Pse.14.88

Le ministre.
Est-ce là tout le commandement?

L'enfant.
Combien qu'il ne soit parlé que de pere & de mere: toutesfois il faut entédre tous superieurs puis qu'il y a vne mesme raison.

Le ministre.
Et quelle?

L'enfant.
C'est que Dieu leur a donné la préeminence: Car il n'y a auctorité ne de peres, ne de princes, ne de tous autres superieurs, sinon comme Dieu l'a ordonné.

Rom.13

Le ministre.
Dy le sixieme commandement.

L'enfant.
TV ne tueras point.

Le 29.dimanche.

Le ministre.
Ne defend-il sinon d'estre meurtrier?

L'enfant.
Si fait bien: Car puis que c'est Dieu qui parle, non seulement il nous impose loy sur les œuures exterieures, mais principalement sur les affections de nostre cœur.

Le ministre.
Tu entens donc, qu'il y a vne espece de meurtre interieur, que Dieu nous defend icy.

L'enfant

L'enfant.

Voire: qui est haine & rancune, & cupidité de mal faire à nostre prochain.

Le ministre.

Suffit-il de ne point hair, & ne point porter mauuaise affection?

L'enfant.

Non: Car Dieu en condamnant la haine, signifie qu'il requiert que nous aimions noz prochains, & procurions leur salut, & le tout de vraye affection, & sans feintise.

Le ministre.

Dy le septieme commandement.

L'enfant.

TV ne paillarderas point.

Le ministre.

Quelle est la somme?

L'enfant.

Que toute paillardise est maudicte de Dieu: & pourtant qu'il nous en faut abstenir, si nous ne voulons prouoquer son ire contre nous.

Le ministre.

Ne requiert-il autre chose?

L'enfant.

Il nous faut tousiours regarder la nature du Legislateur, lequel ne s'arreste pas seulemēt à l'œuure exterieure, mais demande l'affection du cœur.

Le ministre.

Qu'est-ce donc qu'il emporte?

L'enfant.

Puis que noz corps & noz ames sont temples du sainct Esprit, que nous les conseruions en toute honnesteté. Et ainsi que nous soyons chastes non seulement de faict, mais aussi de desirs, de parolles & de gestes: tellement qu'il n'y ait nulle partie de nous souillée d'impudicité. 1. Co. 3. 6
2. Cor. 6.

Le ministre

Venons au huitieme.

L'enfant.

Le 3º. Dimanche.
TV ne desroberas point.

Le ministre.

Veut-il seulement defendre les larcins qu'on punit par iustice, ou s'il s'estend plus loing?

L'enfant.

Il entend toutes mauuaises traffiqs & moyés deraisonables d'attirer à nous le bien de nostre prochain, soit par violence, ou cautelle, ou en quelque autre sorte, q̄ Dieu n'ait point approuuée.

Le ministre.

Est-ce assez de s'abstenir du faict, ou si le vouloir y est aussi compris?

L'enfant.

Il faut tousiours là reuenir: D'autant que le Legislateur est spirituel, qu'il ne parle pas simplemēt des larcis exterieurs, mais aussi bien des entreprises, volōtez & deliberations de no⁹ enrichir au detriment de nostre prochain.

Le ministre.

Que faut-il donques?

L'enfant.

Faire nostre deuoir de conseruer à vn chacun le sien.

Le ministre.

Quel est le neufieme?

L'enfant.

TV ne diras point faux tesmoignage contre ton prochain.

Le ministre.

Nous defend il de nous pariurer en iugemēt, ou du tout de mentir contre nostre prochain?

L'enfant.

En nommant vne espece, il baille vne doctrine generale, que nous ne medisions pas faussement

ment contre nostre prochain, & que par noz detractions & mensonges, nous ne le blessions point en ses biens, n'en sa renommée.
Le ministre.
Pourquoy notamment parle-il des pariures publiques? ### L'enfant.
Pour nous faire auoir en plus grand horreur ce vice de mesdire & detracter, denotant que quiconque s'accoustume à faussement calomnier, & diffamer son prochain, viendra bien puis apres à se pariurer en iugement.
Le ministre.
Ne defend-il sinon de mal parler, ou s'il comprend aussi mal penser?
L'enfant.
L'vn & l'autre, selon la raison dessus alleguée. Car ce qui est mauuais de faire deuant les hommes, est mauuis de vouloir deuant Dieu.
Le ministre.
Recite donc qu'il nous veut dire en somme.
L'enfant.
Il nous enseigne de n'estre pas enclins à mal iuger ne detracter: mais pluftoft à bien estimer de noz prochains, tant que la verité porte, & conseruer leur bonne renommée en noz parolles.
Le ministre.
Venons au dernier commandement.
L'enfant.
TV ne côuoiteras point la maison de tô prochain: tu ne conuoiteras point la femme de ton prochain, ne son seruiteur, ne sa seruante, ne son bœuf, ne son asne, ne rien qui luy appartiène.
Le ministre.
Veu que toute la Loy est spirituelle, comme tu as dict:& que les autres cômandemés ne sont pas seulement pour reigler les œuures exter-

eures, mais aussi les affectiōs du cœur, qu'est-ce qui est icy dict d'auantage?

L'enfant.

Le Seigneur a voulu par les autres commandemens renger noz affections & volontez: icy il veut aussi imposer loy à noz pensées, lesquelles emportent quelque conuoitise & desir, & toutesfois ne vienent pas iusques à vn vouloir arresté.

Le ministre.

Entens-tu que la moindre tentatiō qui pourroit venir en pensée à l'homme fidele, soit peché, encore qu'il y resiste, & n'y consente nullement?

L'enfant.

Il est certain que toutes pensées mauuaises procedent de l'infirmité de nostre chair, encores que le consentement n'y soit pas: mais ie dy que ce commandement parle des concupiscences qui chatouillēt & poignent le cœur de l'hōme, sans venir iusques à propos deliberé.

Le ministre.

Tu dis donc, que comme les affections mauuaises, qui emportent volonté certaine & comme resoluë, ont esté cy dessus condamnées: aussi que maintenant le Seigneur requiert vne telle integrité, qu'il n'entre en noz cœurs quelque mauuaise cupidité, pour les solliciter & emouuoir à mal.

L'enfant.

C'est cela.

Le ministre.

Ne pouuons-nous pas maintenant faire vn sommaire de toute la Loy?

L'enfant.

Si faisons, la reduisans à deux articles, dont le premier est, Que nous aymions nostre Dieu de tout nostre cœur, de toute nostre ame & de
toutes

toutes noz forces. Item noſtre prochain comme nouſ-meſmes.

Le miniſtre.

Qu'eſt-ce qu'emporte l'amour de Dieu?

L'enfant.

Si nous l'aimons comme Dieu : c'eſt pour l'auoir & tenir comme Seigneur, Maiſtre, Sauueur & Pere: ce qui requiert crainte, honeur, fiance, obeiſſance auec l'amour.

Le miniſtre.

Que ſignifie de tout noſtre cœur, noſtre ame, & noz forces?

L'enfant.

C'eſt à dire, d'vn zele & d'vne telle vehemence, qu'il n'y ait en nous nul deſir, nulle volonté, nulle eſtude, nulle cogitatiõ, qui contreuiene à ceſt amour.

Le miniſtre.

Quel eſt le ſens du ſecond article?

L'enfant.

C'eſt que comme nous ſommes ſi enclins naturellement à nous aimer, que celte affection ſurmonte toutes les autres: auſſi que la charité de noz prochains domine tellement en noz cœurs, qu'elle nous meine & conduiſe, & ſoit la reigle de toutes noz penſées & noz œuures.

Le miniſtre.

Et qu'entens-tu par noz prochains?

L'enfant.

Non ſeulement noz parens & amis, ou ceux qui ont accointance auec nous: mais auſſi ceux que nous ne cognoiſſons pas, & meſme noz ennemis.

Le miniſtre.

Quelle conionction ont-ils auec nous?

L'enfant.

Telle que Dieu a miſe entre to⁹ les hõmes de la terre, laq̃lle eſt inuiolable: & ainſi ne ſe peut

Le 32. Dimanche

abolir par la malice de personne.

Le ministre.

Tu dis donc que si quelqu'vn nous hait, cela est de son propre : mais cependant, que selon l'ordre de Dieu, il ne laisse point d'estre nostre prochain, & nous le faut tenir pour tel.

L'enfant.

Voire.   *Le ministre.*

Puis que la Loy contient la forme de bien seruir à Dieu, l'homme Chrestien ne doit-il pas viure selon qu'elle commande?

L'enfant.

Si fait bien: mais il y a telle infirmité en tous, que nul ne s'en acquitte parfaictement.

Le ministre.

Pourquoy donc requiert le Seigneur vne telle perfection, qui est par dessus nostre faculté?

L'enfant.

Il ne requiert rien, à quoy nous ne soyons tenus. Au reste, moyennant que nous mettions peine de conformer nostre vie à ce qui nous y est dict: encore que nous soyōs bien loing d'attaindre iusques à la perfection, le Seigneur ne nous impute point ce qui defaut.

Le ministre.

Parles-tu en general de tous hommes, ou seulement des fideles?

L'enfant.

L'homme qui n'est regeneré de l'Esprit de Dieu, ne pourroit commencer à faire le moindre poinct qui y soit. D'auantage encore qu'il s'en trouuast vn qui en fit quelque partie, si ne seroit-il pas quitte pourtant: car nostre Seigneur denonce que tous ceux qui ne parferont entierement le contenu d'icelle, seront maudicts.

Deu. 27.
Gal. 3.

Le ministre.

Par

Par cela il faut conclure que la Loy a double office, selon qu'il y a deux especes d'hommes. *Le 33. Dimanche.*

L'enfant.

Voire : Car enuers les incredules elle ne sert sinon de les redarguer, & rendre plus inexcusables deuant Dieu. Et c'est ce que dict sainct Paul, qu'elle est ministere de mort & dānation. Enuers les fideles elle a bien autre vsage. *Rom. 3. 2. Cor. 3.*

Le ministre.

Quel?

L'enfant.

Premierement, d'autant qu'elle leur demonstre qu'ils ne se peuuent iustifier par leurs œuures, en les humiliant elle les dispose à cercher leur salut en Iesus Christ. Puis apres, entant qu'elle requiert plus qu'il ne leur est possible de faire, elle les admoneste de prier le Seigneur, qu'il leur doint la force & le pouuoir: & cependant de se recognoistre tousiours coulpables, à fin de ne s'enorgueillir point. Tiercement, elle leur est comme vne bride, pour les retenir en la crainte de Dieu. *Rom. 5. Gal. 4.*

Le ministre.

Nous dirons donc, que combien que durant ceste vie mortelle nous n'accomplissiōs iamais la Loy, toutesfois ce n'est pas chose superflue, qu'elle requiert de nous vne telle perfectiō. Car elle nous monstre le but ou nous deuons tendre, à fin qu'vn chacū de nous selō la grace que Dieu luy a faicte, s'efforce assiduellement d'y tendre, & s'auancer de iour en iour.

L'enfant.

Ie l'enten ainsi.

Le ministre.

En la Loy n'auons nous pas vne reigle parfaite de tout bien?

L'enfant.

Si tellement que Dieu ne demande sinon que

Y.

nous la suyuyons : au contraire desauouë & reiette tout ce que l'homme entreprend de faire
outre le contenu d'icelle. Car il ne demāde autre sacrifice qu'obeissance.

1.Sam.15.
Iere.7.

Le ministre.

Dequoy seruēt donc toutes les admonitions,
remonstrances, commandemēs & exhortations
que font tant les Prophetes que les Apostres?

L'enfant.

Ce ne sont que pures declaratiōs d'icelle, qui
ne sont pas pour nous destourner de son obeissance, mais plustost pour nous y conduire.

Le ministre.

Et toutesfois si ne traicte-elle pas des voca-
tions particulieres.

L'enfant.

Quand elle dit, qu'il faut rendre à chacun ce
qui luy appartient : de cela nous pouuons bien
conclure quel est le deuoir de nostre estat, chacun à son endroit. Et puis nous auons comme
dict a esté, l'expositiō par toute l'Escriture: Car
ce que le Seigneur a icy couché en somme, il le
traicte çà & là pour plus ample instruction.

Le ministre.

Le 34. Di-
manche.
Act.2.

Puis que nous auons suffisamment parlé du
seruice de Dieu, qui est la secōde partie de l'hō-
norer: parlons de la troisieme.

L'enfant.

Nous auons dict, que c'est de l'inuoquer en
toutes noz necesitez.

Le ministre.

Entens-tu qu'il le faille inuoquer seul?

L'enfant.

Ouy: car il demande cela, comme vn honneur propre à sa diuinité.

Le ministre.

Si ainsi est: en quelle sorte nous est-il loisible
de requerir les hommes en nostre aide?

L'enfant.

D'ORAISON.

L'enfant.

Ce sont bien choses differentes. Car nous inuoquons Dieu, pour protester que nous n'attendons aucun bien que de luy, & que nous n'auons ailleurs recours: cependant nous cerchons l'aide des hommes, entant qu'il le nous permet, & leur donne le pouuoir & moyen de nous aider. *Le ministre.*

Tu entens que ce que nous demãdons secours des hommes, ne contreuient pas à ce que nous deuons inuoquer vn seul Dieu, veu que nous ne mettons pas nostre fiance en eux, & ne les cerchons, sinon entant que Dieu les a ordōnez ministres & dispensateurs de ses biens, pour nous en subuenir.

L'enfant.

Il est vray: & de faict tout ce qui noº en vient de bien, il le nous faut prendre comme de Dieu mesme, ainsi qu'à la verité il le nous enuoye par leurs mains.

Le ministre.

Et ne nous faut-il pas neantmoins recognoistre enuers les hōmes le bien qu'ils nous font?

L'enfant.

Si fait bien: & ne fust-ce que pource que Dieu leur fait cest honneur, de nous communiquer ses biens par leurs mains. Car en ce faisant, il nous oblige à eux, & veut que nous leur soyons attenus. *Le ministre.*

De cela pouuons-nous pas bië conclure qu'il n'est licite d'inuoquer Anges ne Saincts, qui sōt decedez de ce monde?

L'enfant.

Ouy bien: Car des Saincts, Dieu ne leur a pas attribué cest office de noºaider & subuenir. Touchãt des Anges, combien qu'il les employe pour seruir à nostre salut: toutesfois si ne veut-il

Y. ii

pas que nous les inuoquiõs, ne que nous ayons noſtre adreſſe à eux.

Le miniſtre.

Tu dis donc, que tout ce qui ne conuiẽt à l'ordre q̃ le Seigneur a mis, contreuiẽt à ſa volõté.

L'enfant.

Voire: car ſi nous ne nous contentõs de ce que le Seignenr nous donne, cela eſt vn certain ſigne d'infidelité. D'auantage ſi au lieu d'auoir noſtre refuge à Dieu ſeul, fuyyant ſon commãdement, nous recourons à eux, mettant en eux quelque partie de noſtre fiance, c'eſt idolatrie: entant que nous leur transferons ce que Dieu s'eſtoit reſerué.

Le miniſtre.

Diſõs maintenãt de la maniere de prier Dieu. Suffit-il le faire de langue, ou ſi l'eſprit & le cœur y eſt requis?

L'enfant.

La lãgue n'y eſt pas touſiours neceſſaire: mais il faut qu'il y ait intelligence & affection.

Le miniſtre.

Comment le prouueras-tu?

L'enfant.

Puis que Dieu eſt Eſprit, il demãde touſiours le cœur: & ſingulierement en oraiſon, où il eſt queſtion de communiquer auec luy. Pourtant il ne promet d'eſtre prochain, ſinon à ceux qui l'inuoqueront en verité: au contraire il maudit tous ceux qui le font par hypocriſie & ſans affection.

Pſe. 145.
Eſa. 29.

Le miniſtre.

Toutes prieres donc faictes ſeulement de bouche, ſont ſuperflues.

L'enfant.

Non ſeulement ſuperflues, mais auſſi deſplaiſantes à Dieu.

Le miniſtre.

Quelle affection doit eſtre en la priere?

L'enfant

L'enfant.

Premierement que nous sentions nostre misere & poureté : & que ce sentiment cause en nous vne fascherie & angoisse : puis que nous avons vn desir vehemēt d'obtenir grace deuant Dieu, lequel desir enflamme noz cœurs, & engendre en nous vn ardeur de prier.

Le ministre.

Cela procede-il de nostre nature, ou de la grace de Dieu?

L'enfant.

Il faut que Dieu y besongne : Car nous sommes trop stupides : mais l'Esprit de Dieu nous incite à gemissemens inenarrables, & forme en noz cœurs telle affection & tel zele que Dieu demande, comme dit sainct Paul.   Rom.8. Gal.4.

Le ministre.

Est-ce à dire que nous ne deuions pas nous inciter & solliciter à prier Dieu?

L'enfant.

Non: mais au contraire, à fin que quand nous ne sentons pas en nous telle disposition, que nous supplions le Seigneur, qu'il l'y mette pour nous rendre capables & idoines à le prier deuement.

Le ministre.

Tu n'entēs pas toutesfois, que la langue soit du tout inutile en prieres.

L'enfant.

Non pas : Car quelquefois elle aide l'esprit & le retient, le fortifiant, à ce qu'il ne se destourne pas si tost de Dieu. D'auantage, puis qu'elle est formée pour glorifier Dieu par dessus tous les autres membres: c'est bien raison qu'elle s'y employe en toutes sortes : & aussi le zele du cœur, par son ardeur & vehemence contraint souuent la langue à parler sans qu'on y pense.

Le ministre.

Si ainsi est, qu'est-ce de prier en langue incognue?

Y. iii.

L'enfant.

1.Cor.13 C'est vne mocquerie de Dieu, & vne hypocrisie peruerse.

Le ministre.

Le 36. Dimanche. Quand nous prions Dieu, est-ce à l'auenture, ne sçachans point si nous profiterons, ou non? ou bien si nous deuons estre certains que noz prieres seront exaucées?

L'enfant.

Il nous faut tousiours auoir ce fondement en noz prieres, qu'elles seront receuës de Dieu: & que nous obtiendrons ce que nous requerrons, entant qu'il sera expedient. Et pourtant

Rom.10. dit sainct Paul, que la droite inuocation procede de la foy: car si nous n'auons fiance en la bonté de Dieu, il nous est impossible de l'inuoquer en verité.

Le ministre.

Et que sera-ce de ceux qui doutent, & ne sçauent si Dieu les escoute, ou non?

L'enfant.

Leurs prieres sont du tout friuoles, d'autant

Matt.12. qu'elles n'ont nulle promesse: car il est dict, Que
Marc 11. nous demandions en croyant, & qu'il nous sera ottroyé.   *Le ministre.*

Il reste de sçauoir comment, & à quel tiltre nous pouuons auoir la hardiesse de nous presenter deuant Dieu, veu que nous en sommes par trop indignes.

L'enfant.

Pseau.50 Premierement nous auons les promesses,
91.& 145 ausquelles il nous faut arrester, sans considerer
Esa.30. nostre dignité. Secondement, si nous sommes
& 65. enfans de Dieu, il nous induit & pousse par son
Iere.29. sainct Esprit à nous retirer familieremét à luy,
Ioel 2. comme à nostre Pere. Et à fin que nous ne craignions
Matt.6. pas de comparoistre deuant sa maiesté glorieuse, nous qui ne sommes que poures

vers

vers de terre, & miserables pecheurs, il nous
donne nostre Seigneur Iesus pour Mediateur, à 1.Tim.2
fin que par son moyen ayans accez, nous ne Hebr.4.
doutions point de trouuer grace. 1. Iean 2.

Le ministre.

Entens-tu qu'il ne nous faille inuoquer
Dieu, qu'au nom de Iesus Christ?

L'enfant.

Ie l'enten ainsi: car nous en auons le commandement exprez. Et en ce faisant, nous est
promis que par la vertu de son intercession
noz requestes nous seront ottroyées. Iean 14.

Le ministre.

Ce n'est point donc temerité, ne folle presomption de nous oser adresser priuément à
Dieu, moyennant que nous ayons Iesus Christ
pour nostre Aduocat, & que nous le mettions
en auant, à fin que Dieu, par son moyen nous
ait aggreables, & nous exauce.

L'enfant.

Non: car nous prions comme par sa bouche,
d'autant qu'il nous donne entrée & audience, Rom.8.
& intercede pour nous.

Le ministre.

Parlons maintenant de la substance de noz Le 37. Di
oraisons. Pouuons-nous demander tout ce qui manche.
nous vient en l'entendement, ou s'il y a quelque certaine reigle là dessus?

L'enfant.

Si nous suyuyons nostre fantasie, noz oraisons seroyent bien mal reiglées: car nous sommes si ignorans, que nous ne pouuons pas iuger ce qui est bon de demander: aussi noz desirs
sont si desordonnez, qu'il est bon mestier que ne
leur laschions point la bride.

Le ministre.

Que faut-il donc?

L'enfant.

Y. iiii.

Que Dieu mesme nous enseigne, selon qu'il cognoist estre expedient: & quasi qu'il nous coduise par la main, & que nous ne facions que suyure.

Le ministre.

Quelle instruction nous en a-il baillée?

L'enfant.

Par toute l'Escriture il nous l'a baillée tresample: mais à fin de nous mieux addresser à vn certain but, il a donné vn formulaire, auquel il a brieuement comprins tous les poincts qu'il nous est licite & expedient de demander.

Le ministre.

Recite-le.

L'enfant.

C'est que nostre Seigneur Iesus estant requis de ses disciples, qu'il les enseignast de prier, leur respond, qu'ils auront à dire ainsi,

Matt. 6.
Luc 11.

NOstre Pere qui es és cieux: Ton Nom soit sanctifié: Ton regne aduiene: Ta volonté soit faicte en la terre comme au ciel. Donne nous auiourdhuy nostre pain quotidian: Pardonne nous noz offenses, comme nous pardonnons à ceux qui nous ont offensez: Et ne nous induy point en tentation, mais nous deliure du mal: Car à toy est le regne, la puissance & la gloire aux siecles des siecles, Amen.

Le ministre.

Pour plus facile intelligence, di moy combien d'articles elle contient.

L'enfant.

Six: dont les trois premiers regardét la gloire de Dieu, sans quelque cōsideration de nous-mesmes: les autres sont pour nous, & concernent nostre bien & profit.

Le ministre.

Comment donc? Faut-il demander quelque chose à Dieu, dont il ne nous reuiene nulle vtilité?

L'enfant.

Il est vray que par sa bonté infinie, il dispose & ordonne tellement toutes choses, que rien ne peut estre à la gloire de son nom, qui ne nous soit mesme salutaire. Ainsi quãd son nom est sanctifié, il nous tourne cela en sanctification: quand son regne aduient, nous en sommes aucunement participãs. Mais en désirant & demandant ces choses, il nous faut auoir seulement esgard à son honneur, sans penser à nous aucunement, ne cercher nostre profit.

Le ministre.

Selon ton dire, ces trois premieres requestes nous sont bien vtiles: mais il ne les faut faire à autre intétion, sinon pour desirer que Dieu soit glorifié.

L'enfant.

Voire. Et semblablement, iaçoit que les trois dernieres soyent deputées à desirer ce qui nous est expedient: toutesfois la gloire de Dieu nous doit estre en icelles recómandée: tellement que ce soit la fin de tous noz desirs.

Le ministre.

Venons à l'exposition. Et deuant qu'entrer plus auant, pourquoy est icy Dieu appellé Nostre Pere, plustost qu'autrement?

Le 38. Dimanche.

L'enfant.

D'autant qu'il est bien requis que noz consciences soyent fermement asseurées : quand il est question de prier, nostre Dieu se nóme d'vn mot qui n'emporte que douceur & gracieuseté, pour nous oster toute doute & perplexité, & nous donner hardiesse de venir priuément à soy.

Le ministre.

Oserons-nous bien donc nous retirer familierement à Dieu, comme vn enfant à son pere?

L'enfant.

Ouy: voire auec plus grande certitude d'obtenir ce que nous demanderons. Car si nous qui sommes mauuais, ne pouuons refuser à noz enfans le pain & la viande, quand ils nous la demandent: tant moins le fera nostre Pere celeste, qui non seulement est bon, mais est la souueraine bonté.

Le ministre.
De ce nom mesme, ne pouuons-nous pas bien prouuer ce qui a esté dict, que la priere doit estre fondée en l'intercession de Iesus Christ?

L'enfant.
Ouy pour certain: d'autant que Dieu ne nous aduouë pour ses enfans, sinon entant que nous sommes membres de son Fils.

Le ministre.
Pourquoy n'appelles-tu pas Dieu Ton Pere, mais l'appelles Nostre en commun?

L'enfant.
Chacun fidele le peut bien nommer sien en particulier: mais en ce formulaire, Iesus Christ nous enseigne de prier en commun, pour nous admonester que nous deuons exercer nostre charité enuers noz prochains en priant: & non pas seulement auoir le soing de nous.

Le ministre.
Que veut dire ceste particule, Qui es és cieux?

L'enfant.
C'est autant comme si ie l'appelloye Haut, Puissant, Incomprehensible.

Le ministre.
Comment cela, & pour quelle fin?

L'enfant
A fin qu'en l'inuoquant nous apprenions d'esleuer en haut noz pēsées, pour ne riē imaginer de luy charnel ne terrien: & ne le mesurer à nostre apprehēsiō, ne l'assubiettir à nostre volōté: mais adorer en humilité sa maiesté glorieuse: & aussi pour auoir plus certaine fiance en luy, entant qu'il est gouuerneur & maistre de tout.

Le

Le ministre.
Expose maintenant la premiere demande. Le 39. Dimanche.
L'enfant.
Le Nom de Dieu, c'est sa renommée, de laquelle il est celebré entre les hommes. Nous desirons donc que sa gloire soit exaltée par tout & en toutes choses.

Le ministre.
Entens-tu qu'elle puisse croistre ou diminuer?

L'enfant.
Non pas en soy-mesme. Mais c'est à dire, qu'elle soit manifestée comme elle doit: & quelque chose que Dieu face, que toutes ses œuvres apparoissent glorieuses, comme elles sont: tellement qu'en toutes sortes il soit glorifié.

Le ministre.
En la seconde requeste, qu'entens-tu par le regne de Dieu?

L'enfant.
Il consiste principalement en deux poincts: c'est de conduire les siens, & gouuerner par son Esprit: au contraire, d'abysmer & confondre les reprouuez, qui ne se veulent rendre subiets à sa domination: à fin que clairement il apparoisse qu'il n'y a nulle puissance qui puisse resister à la sienne.

Le ministre.
Comment pries-tu que ce regne aduiene?

L'enfant.
C'est que de iour en iour le Seigneur multiplie le nombre de ses fideles, qu'il augmente de iour en iour ses graces sur eux, iusques à ce qu'il les ait du tout remplis: qu'il eclaircisse aussi de plus en plus sa verité: qu'il manifeste sa iustice, dont satan & les tenebres de son regne soyent confondues, & que toute iniquité soit destruite & abolie.

Le ministre.
Cela ne se fait-il pas des à present?
L'enfant.
Si fait bien en partie: mais nous desirons que continuellement il croisse & soit auancé, iusqu'à ce qu'il viene finalemēt à sa perfectiō, qui sera au iour du iugement: auquel Dieu sera exalté seul, & toute creature sera humiliée sous sa gandeur: mesme il sera tout en toutes choses.

1.Cor.15.

Le ministre.
Comment requiers-tu que la volonté de Dieu soit faicte?

Le 40. Dimanche.

L'enfant.
Que toutes creatures luy soyent subiettes, pour luy rendre obeissance: & ainsi que tout se face selon son bon plaisir.
Le ministre.
Entens-tu que rien se puisse faire contre sa volonté?
L'enfant.
Nous requerons non pas seulement qu'il ameine toutes choses à tel poinct, que ce qu'il a determiné en son conseil aduiene: mais que toute rebellion abatue, il renge toutes volontez à la sienne seule.
Le ministre.
En ce faisans, ne renonçons-nous pas à noz propres volontez?
L'enfant.
Si faisons: & non seulement à fin qu'il renuerse noz desirs, qui contreuienent à son bon plaisir, les rendans vains & de nul effect: mais aussi qu'il crée en nous nouueaux esprits & nouueaux cœurs: tellemēt que nous ne veuilliōs rien de nous-mesmes: mais que son Esprit veuille en nous, pour nous faire pleinement consentir auec luy.

Le ministre.

Pourquoy adioustes-tu, En la terre comme au ciel?

L'enfant.

D'autant que ses creatures celestes, qui sont ses Anges, ne cerchent qu'à luy obeir paisiblement, sans quelque contrarieté: nous desirons que le semblable se face en terre: c'est que tous hommes se rengent en obeissance volontaire.

Le ministre.

Venons à la seconde partie. Qu'entens-tu par le pain quotidian, que tu demandes?

Le 41. Dimanche.

L'enfant.

Generalement tout ce qui fait besoing à l'indigence de nostre corps, non seulement quant à la nourriture & vesture: mais tout ce que Dieu cognoist nous estre expedient: à ce que puissions manger nostre pain en paix.

Le ministre.

Comment demandes-tu à Dieu, qu'il te donne ta nourriture, veu qu'il nous commande de la gaigner au trauail de noz mains?

L'enfant.

Combien qu'il nous faille trauailler pour viure: toutesfois si est-ce que nostre labeur, industrie & diligence ne nous nourrissent pas, mais la seule benediction de Dieu, laquelle est sur noz mains & nostre labeur, pour le faire prosperer. Et d'auantage, il nous faut entendre, que ce ne sont pas les viandes qui nous nourrissent, encores que nous les ayons à commandement: mais la vertu du Seigneur, qui use d'icelles comme d'instrument tant seulement.

Deut. 8.

Le ministre.

Pourquoy l'appelles-tu Tien, puis que tu demandes qu'il te soit donné?

L'enfant.

C'est par la bonté de Dieu, qu'il est faict no-

ſtre, encore qu'il ne nous ſoit point deu. Et auſſi par cela nous ſommes aduertis de ne deſirer
le pain d'autruy : mais celuy que nous auons
acquis par moyen legitime, ſelon l'ordonance
de Dieu.

Le miniſtre.

Pourquoy dis-tu Quotidian, & Auiourdhuy?

L'enfant.

Cela eſt pour nous apprendre d'auoir contentement, & ne point appeter plus que noſtre neceſſité requiert.

Le miniſtre.

Veu que ceſte priere eſt commune à tous,
comment les riches, qui ont prouiſion & abondance de biens pour long temps, peuuent-ils
demander pour vn iour?

L'enfant.

Il faut que tant riches que poures, entendent que tout ce qu'ils ont ne leur peut de rien
profiter, ſinon entant que le Seigneur leur en
donne l'vſage, & fait par ſa grace qu'il nous
ſoit profitable. Ainſi en ayant, nous n'auons
rien, ſinon d'autant qu'il le nous donne.

Le miniſtre.

Que contient la cinquieme demande?

L'enfant.

Le 42. Dimanche.

Qu'il plaiſe à Dieu nous pardonner noz pechez.

Le miniſtre.

N'y a-il homme viuant ſi iuſte, qu'il n'ait
meſtier de la faire?

L'enfant.

Non : car le Seigneur Ieſus a donné ceſte
forme à ſes Apoſtres pour ſon Egliſe. Ainſi quiconque s'en voudroit exempter, renonceroit à
la communauté des Chreſtiens. Et de faict, l'E-
ſcriture nous teſtifie que le plus parfaict, vou-
lant alleguer vn poinct à Dieu pour ſe iuſti-
fier, ſera trouué coulpable en mille. Il faut
donc

Iob 9.

donc que nous ayons tout nostre refuge à sa misericorde.

Le ministre.

Comment entens-tu que ceste remission nous soit faicte?

L'enfant.

Comme les parolles mesmes, dont Iesus Christ a vsé, le monstrent : c'est que les pechez sont debtes, lesquelles nous tienent obligez à condemnation de mort eternelle. Nous demandons que Dieu nous en acquitte par sa pure liberalité.

Le ministre.

Tu entens donc que nous obtenons remission de noz pechez par la bonté gratuite de Dieu.

L'enfant.

Voire : car nous ne pouuons nullement satisfaire pour la moindre faute que nous ayons commise, si Dieu n'vse enuers nous de sa pure liberalité, en nous les remettant toutes.

Le ministre.

Quand Dieu nous a pardonné noz pechez, quel fruict & vtilité nous en reuient-il?

L'enfant.

Par ce moyen nous luy sommes aggreables, comme si nous estions iustes & innocens: & noz cõsciences sont asseurées de sa dilection paternelle enuers nous, dont nous vient salut & vie.

Le ministre.

Quand tu demandes qu'il nous pardonne, comme nous pardonnons à ceux qui nous ont offensez: entens-tu qu'en pardonnant aux hommes, que nous meritions pardon de luy?

L'enfant.

Non pas: car le pardon ne seroit plus gratuit, & ne seroit pas fondé en la satisfaction qui a esté en la mort de Iesus Christ, comme il doit estre. Mais entant qu'en oubliant les iniures qu'on nous fait, nous ensuyuons sa douceur & clemence, & ainsi nous demonstrons estre ses enfans: il nous donne ceste enseigne pour nous certifier. Et d'autrepart, il nous signifie qu'il ne nous faut attendre en son iugement que toute seuerité & extreme rigueur, si nous ne sommes faciles à pardonner, & faire grace à ceux qui sont coulpables enuers nous.

Le ministre.

Tu entens donc que Dieu desauouë icy pour ses enfans, ceux qui ne peuuent oublier les offenses qu'on leur fait, à fin qu'ils ne s'attendent pas d'estre participans de ceste grace.

L'enfant.

Voire. Et que tous sçachent qu'à la mesme mesure qu'ils auront faict à leurs prochains, il leur sera rendu.

Le ministre.

Le 43. Dimanche.

Qu'est-ce qui s'ensuit?

L'enfant.

Ne nous induy point en tentation: mais nous deliure du mal.

Le ministre.

Ne fais-tu qu'vne requeste de cela?

L'enfant.

Non, car le second membre est exposition du premier.

Le ministre.

Quelle est la substance d'icelle?

L'enfant.

Que Dieu ne nous laisse point trebuscher au mal, & ne permette que nous soyons vaincus du diable, & des mauuaises concupiscences de nostre chair, lesquelles bataillét cótre nous, mais qu'il nous donne la force de resister, nous soustenant de sa main, & nous ayant en sa sauuegarde, pour nous defendre & conduire.

Rom. 7.

Le

D'ORAISON.

Le ministre.
Comment cela se fait-il?
L'enfant.
Quand par son Esprit il nous gouuerne pour nous faire aimer le bien, & haïr le mal: suyure sa iustice, & fuir le peché. Car par la vertu du sainct Esprit nous surmontons le diable, le peché & la chair.

Le ministre.
Cela est-il necessaire à tous?
L'enfant.
Ouy. Car le diable veille tousiours sur no°, comme vn lion rugissant, prest à nous deuorer: & nous sommes si foibles & fragiles, qu'il nous auroit incontinent abbatus, si Dieu ne nous fortifioit, pour en auoir la victoire.

1. Pier.

Le ministre.
Que signifie le mot de Tentation?
L'enfant.
Les astuces & tromperies du diable, dont il vse pour nous surprendre, selon que nostre sens naturel est enclin à estre deceu, & nous deceuoir: & nostre volonté est plustost preste de s'adonner au mal qu'au bien.

Le ministre.
Mais pourquoy demandes-tu à Dieu, qu'il ne t'induise point au mal: veu que cela est le propre office du diable?
L'enfant.
Comme Dieu par sa misericorde conserue ses fideles, & ne permet que le diable les seduise, ne que le peché les surmõte: aussi ceux qu'il veut punir, non seulement il les abandonne, & retire sa grace d'eux, mais aussi les liure au diable, pour estre subiets à sa tyrannie, les aueugle, & les met en sens reprouué.

Le ministre.
Que veut dire ceste addition, Car à toy est

Z.

le regne, la puissance, & la gloire, aux siecles des siecles?

L'enfant.

Pour nous reduire derechef en memoire, que noz oraisons sont plustost fondées en Dieu, & en sa puissance & bonté, que non pas en nous, qui ne sommes pas dignes d'ouurir la bouche pour le requerir. Et aussi pour nous apprendre de clorre toutes noz prieres par sa louange.

Le ministre.

Le 44. Dimanche. N'est-il licite de demander autre chose, sinon ce qui a esté recité?

L'enfant.

Combien qu'il nous soit libre d'vser d'autres parolles, & d'autre forme & maniere, si est ce que nulle oraison ne sera iamais aggreable à Dieu, laquelle ne se rapporte à ceste-cy, comme à la reigle vnique de bien prier.

Le ministre.

Il est temps de venir au quatrieme membre de l'honneur que nous deuons rendre à Dieu.

L'enfant.

Nous auons dict, que c'est de le recognoistre de cœur, & confesser de bouche aucteur de tous biens, pour le glorifier.

Le ministre.

Ne nous a-il pas baillé quelque reigle pour ce faire?

L'enfant.

Toutes les louanges & actions de graces contenues en l'Escriture, nous doyuent estre pour reigle & enseignement.

Le ministre.

N'en a-il rien esté touché en l'Oraison?

L'enfant.

Si a bien. Car en desirant que son Nom soit sanctifié, nous desirons que toutes ses œuures apparoissent glorieuses, comme elles le sont. Tellement

Tellement que soit qu'il punisse, il soit tenu pour iuste: soit qu'il pardonne, pour misericordieux; soit qu'il accōplisse ses promesses, pour veritable. En somme, qu'il n'y ait du tout rien en quoy sa gloire ne reluise. Cela est luy attribuer la louange de tous biens.

Le ministre.

Que conclurons-nous de tout ce qu'auons dict?

L'enfant.

Ce que tesmoigne la verité, & qui a esté touché au commencement: à sçauoir, que ceste est la vie eternelle, de cognoistre le vray Dieu, & celuy qu'il a enuoyé Iesus Christ: le cognoistre dy-ie, pour l'honnorer deuëmēt: à fin qu'il nous soit non seulement Maistre & Seigneur, mais aussi Pere & Sauueur: & que nous mutuellement luy soyons enfans, seruiteurs, & peuple dedié à sa gloire.

Iean 17.

Matt. 1.

Le ministre.

Quel est le moyen de paruenir à vn tel biē?

L'enfant.

Pour ce faire, il nous a laissé sa saincte Parolle, laquelle nous est comme vne entrée en son royaume celeste.

Le 45. Dimanche.

Le ministre.

Ou prens-tu ceste Parolle?

L'enfant.

Comme elle nous est comprinse és sainctes Escritures.

Le ministre.

Comment faut-il que nous en vsions, pour en auoir le profit?

L'enfant.

En la receuant en pleine certitude de conscience, comme verité procedée du ciel: nous submettant à icelle en droite obeissance, l'aimant de vraye affection & entiere, l'ayant im-

Z. ii.

primée en noz cœurs, pour la suyure, & nous conformer à icelle.

Le ministre.

Tout cela est-il en nostre puissance?

L'enfant.

Il n'y en a du tout rien: mais c'est Dieu qui besogne en nous en telle sorte, par son sainct Esprit.

Le ministre.

Mais ne faut-il pas que nous mettions peine & diligence à ouir & lire la doctrine, laquelle nous y est monstrée?

L'enfant.

Ouy bien. Et premierement, que chacun en son particulier y trauaille. Et sur tout, que nous frequentions les predications, ausquelles ceste Parolle est exposée en l'assemblée des Chrestiens.

Le ministre.

Entens-tu qu'il ne suffit pas de lire en sa maison, sinon que tous ensemble oyent vne doctrine commune?

L'enfant.

Ie l'enten ainsi: cependant que Dieu en donne le moyen.

Le ministre.

La raison?

L'enfant.

Ephes. 4. Pource que Iesus Christ a estably cest ordre en son Eglise, non pas pour deux, ne pour trois, mais pour tous generalement: & a declaré que c'est le seul moyen de l'edifier & entretenir. Ainsi il nous faut là tous renger, & n'estre pas plus sages que nostre Maistre.

Le ministre.

Est-ce donc chose necessaire qu'il y ait des Pasteurs?

L'enfant.

Matt. 10. Ouy, & qu'on les escoute, receuant en hu-

DES SACREMENS.

milité la doctrine du Seigneur par leur bouche. Tellement que quiconque les mesprise, & refuse de les ouir, il reiette Iesus Christ, & se separe de la compagnie des fideles.

Le ministre.

Mais suffit-il d'auoir vne fois esté instruit par eux, ou s'il faut continuer?

L'enfant.

Ce n'est rien de commencer, si on ne poursuit & perseuere tousiours. Car iusques à la fin il nous conuient estre tousiours escholiers de Iesus Christ. Et il a ordonné les ministres Ecclesiastiques, pour nous enseigner en son nom.

Le ministre.

N'y a-il point d'autre moyen outre la Parolle, par lequel Dieu se communique à nous?

L'enfant.

Il conioint les Sacremens auec la predication de sa Parolle.

Le ministre.

Qu'est-ce que Sacrement?

L'enfant.

C'est vn tesmoignage exterieur de la grace de Dieu, qui par signe visible nous represente les choses spirituelles: à fin d'imprimer plus fort en noz cœurs les promesses de Dieu, & nous en rendre plus certains.

Le ministre.

Comment? vn signe visible & materiel a-il ceste vertu de certifier la conscience?

L'enfant.

Non pas de soy-mesme: mais entant qu'il est ordonné de Dieu à ceste fin.

Le ministre.

Veu que c'est le propre office du sainct Esprit, de seeller les promesses de Dieu en noz cœurs: comme attribues-tu cela aux Sacremens?

L'enfant.

Le 46.
Dimanche.

Z. iij.

Il y a grande difference entre l'vn & l'autre. Car l'Esprit de Dieu à la verité, est celuy seul qui peut toucher & esmouuoir noz cœurs, illuminer noz entendemens, & asseurer noz consciences: tellement que tout cela doit estre iugé son œuure propre, pour luy en rendre louange. Cependant, le Seigneur s'aide des Sacremens, comme d'instrumens inferieurs, selon que bon luy semble: sans que la vertu de son Esprit en soit aucunement amoindrie.

Le ministre.

Tu entens donc, que l'efficace des Sacremẽs ne gist pas en l'element exterieur: mais procede toute de l'Esprit de Dieu.

L'enfant.

Voire: selon que Dieu veut besogner par les moyens qu'il a instituez, sans deroguer à sa puissance.

Le ministre.

Et qui meut Dieu de faire cela?

L'enfant.

Pour le soulagement de nostre infirmité. Car si nous estions de nature spirituelle, comme les Anges, nous pourrions contempler spirituellement & luy & ses graces: mais ainsi que nous sommes enueloppez de noz corps, nous auons mestier qu'il vse de figures enuers nous, pour nous representer les choses spirituelles & celestes: car autrement nous ne les pourrions comprendre. Et aussi il nous est expedient, que tous noz sens soyent exercez en ses sainctes promesses, pour nous confermer en icelles.

Le ministre.

Le 47. Dimanche.

Puis que Dieu a introduit les Sacremens pour nostre necessité, ce seroit orgueil & presomption, de penser qu'on s'en peut passer.

L'enfant.

Ouy

Ouy pour certain. Tellement que quiconque s'abstient volontairement de l'vsage, pensant qu'il n'en a point de besoing, mesprise Iesus Christ, reiette sa grace, & esteint son sainct Esprit.

Le ministre.

Mais quelle certitude de grace peuuent donner les Sacremens, veu que bons & mauuais les reçoyuent?

L'enfant.

Combien que les incredules & meschans aneantissent la grace qui leur est presentée par les Sacremens, si ne s'ensuit-il pas que la proprieté d'iceux ne soit telle.

Le ministre.

Comment donc, & quand est-ce que les Sacremens produisent leur effect?

L'enfant.

Quand on les reçoit en foy, cherchant seulement Iesus Christ & sa grace.

Le ministre.

Pourquoy dis-tu que nous y deuons chercher Iesus Christ?

L'enfant.

Pour signifier, qu'il ne nous faut pas amuser au signe terrien, pour là chercher nostre salut: & ne nous faut pas imaginer, qu'il y ait là quelque vertu enclose: mais au contraire, que nous prenions le signe pour vn aide, qui nous conduise droitement au Seigneur Iesus, pour chercher en luy salut & tout bien.

Le ministre.

Veu que la foy y est requise, comment dis-tu qu'ils nous sont donnez pour nous confermer en foy, nous asseurant des promesses de Dieu?

L'enfant.

Il ne suffit pas que la foy soit seulement commencée en nous pour vne fois: mais faut

Z. iiii.

qu'elle soit nourrie & entretenue, puis qu'elle croisse iournellemēt, & soit augmētee en nous. Pour la nourrir donc, pour la fortifier & l'accroistre, Dieu nous donne les Sacremens. Ce que sainct Paul denote, en disant que l'vsage d'iceux est de seeler les promesses de Dieu en noz cœurs.

Rom. 4.

Le ministre.
Mais n'est-ce pas signe d'infidelité, quand les promesses de Dieu ne nous sont pas assez fermes d'elles-mesmes, sans aide?

L'enfant.
C'est signe de petitesse, & infirmité de foy, laquelle est bien aux enfans de Dieu: qui ne laissent pas pourtant d'estre fideles: mais ce n'est pas encore en perfection: car cependant que nous viuons en ce monde, il y a tousiours quelques reliques de defiance en nostre chair: & pourtant nous faut-il tousiours profiter & croistre.

Le ministre.
Combien y a-il de Sacremens en l'Eglise Chrestienne?

Le 48. Dimanche.

L'enfant.
Il n'y en a que deux communs, que le Seigneur Iesus ait instituez pour toute la compagnie des fideles.

Le ministre.
Quels?

L'enfant.
A sçauoir le Baptesme & la saincte Cene.

Le ministre.
Quelle conuenance & difference y a-il de l'vn à l'autre?

L'enfant.
Le Baptesme nous est comme vne entrée en l'Eglise de Dieu. Car il nous testifie que Dieu, au lieu que nous estions estrangers de luy, nous reçoit pour ses domestiques. La Ce-

DES SACREMENS.

ne nous eſt teſmoignage que Dieu nous veut nourrir & repaiſtre, comme vn bon pere de famille a le ſoing de nourrir & refectioner ceux de ſa maiſon.

Le miniſtre.

Pour auoir plus claire intelligence de l'vn & l'autre, diſons de chacun à part. Premierement, quelle eſt la ſignification du Bapteſme?

L'enfant.

Elle a deux parties. Car le Seigneur nous y repreſente la remiſſion de noz pechez, & puis noſtre regeneration, ou renouuellement ſpirituel. *Rom. 6. Epheſ. 5.*

Le miniſtre.

Quelle ſimilitude a l'eau auec ces choſes, pour les repreſenter? *Le 49. Dimanche.*

L'enfant.

Pource que la remiſſion des pechez eſt vne eſpece de lauement, par lequel noz ames ſont purgées de leurs macules, ainſi que les ordures du corps ſont nettoyées par l'eau.

Le miniſtre.

Touchant l'autre partie?

L'enfant.

Pource que le commencement de noſtre regeneration eſt, que noſtre nature ſoit mortifiée : l'iſſue, que nous ſoyons nouuelles creatures par l'Eſprit de Dieu. L'eau donc nous eſt miſe ſur la teſte, en ſigne de mort : toutesfois en telle ſorte, que la reſurrection nous eſt ſemblablement figurée, en ce que cela ſe fait ſeulement pour vne minute de temps, & non pas pour nous noyer en l'eau.

Le miniſtre.

Tu n'entens pas que l'eau ſoit le lauement de noz ames.

L'enfant.

Non pas. Car cela appartient au ſang de Iesus Christ seulement, qui a esté espandu pour effacer toutes noz souilleures, & nous rendre purs & impollus deuant Dieu. Ce qui est accomply en nous, quand noz consciences en sont arrousées par le sainct Esprit. Mais par le Sacrement cela nous est certifié.

1. Iean. 1.
1. Pier. 1.

Le ministre.
Entens-tu que l'eau nous en soit seulemēt vne figure?

L'enfant.
C'est tellement figure, que la verité est conjointe auec. Car Dieu ne nous promet rien en vain: parquoy il est certain qu'au Baptesme la remission des pechez nous est offerte, & nous la receuons.

Le ministre.
Ceste grace est-elle accomplie indifferemment en tous?

L'enfant.
Non. Car plusieurs l'aneantissent par leur peruersité. Neantmoins si ne laisse pas le Sacrement d'auoir telle nature, combien qu'il n'y ait que les fideles qui en sentent l'efficace.

Le ministre.
La regeneration, dont prend-elle sa vertu?

L'enfant.
De la mort & resurrection de Christ. Car sa mort a ceste vertu, que par icelle nostre vieil Adam est crucifié, & nostre nature vicieuse est comme enseuelie, pour n'auoir plus vigueur de regner. Et la nouueauté de vie, pour suyure la iustice de Dieu, procede de la resurrection.

Le ministre.
Comment ceste grace nous est-elle appliquée au Baptesme?

L'enfant.
Entant que nous sommes là vestus de Iesus Christ, & y receuons son Esprit: moyennant

que nous ne nous rendions pas indignes des promesses qui nous y sont données.
Le ministre.
De nostre costé, quel est le droit vsage du Baptesme?
L'enfant.
Il gist en foy & en repentance. C'est que nous soyons certains d'auoir nostre pureté spirituelle en Christ, & sentions en nous, & declairions à noz prochains par œuures, que l'Esprit d'iceluy habite en nous, pour mortifier noz propres desirs, à fin de nous faire suyure la volonté de Dieu.
Le ministre.
Puis que cela y est requis, comment est-ce qu'on baptize les petis enfans?   *Le 50. Dimanche.*
L'enfant.
Il n'est pas dict que la foy & la repentance doyuent tousiours preceder la reception du Sacrement: mais seulement cela doit estre en ceux qui en sont capables. Il suffit donc que les petis enfans produisent & demonstrent le fruict de leur Baptesme, apres estre venus en aage de cognoissance.
Le ministre.
Comment monstreras-tu, qu'il n'y a point d'inconuenient en cela?
L'enfant.
Pource que la Circõcision estoit aussi bien Sacrement de penitence, comme Moyse & les   *Deut. 30.*
Prophetes declairent, & Sacremẽt de foy, com-   *& 30.*
me dit sainct Paul. Et toutesfois Dieu n'en a   *Ierem. 4.*
exclu les petis enfans.   *Rom. 4.*
Le ministre.
Mais pourras-tu bien monstrer qu'il y ait vne mesme raison, de les receuoir au Baptesme, comme à la Circoncision?
L'enfant.

Ouy bien. Car les promesses que Dieu auoit anciennement faictes à son peuple d'Israel, sont maintenant estendues par tout le monde.

Le ministre.

Mais s'ensuit-il de cela, que nous deuions vser du signe?

L'enfant.

Il est ainsi: quand le tout sera bien consideré. Car Iesus Christ ne nous a pas faicts participās de la grace qui auoit auparauāt esté au peuple d'Israel, pour l'amoindrir en nous, ou la rendre plus obscure qu'elle n'estoit: mais plustost l'a esclaircie, & augmentée d'auantage.

Le ministre.

Entens-tu que si nous ne donnions le Baptesme aux petis enfans, que la grace de Dieu seroit amoindrie par la venue du Seigneur Iesus?

L'enfant.

Ouy bien. Car le signe de la bonté & misericorde de Dieu sur noz enfans, qu'ont eu les anciens, nous defaudroit: lequel sert grādemēt à nostre consolatiō, & à cōfermer la promesse qui a esté faicte dés le commencement.

Le ministre.

Tu entens donc, puis que Dieu se declairāt anciennement estre Sauueur des petis enfans, a voulu ceste promesse estre seellée en leurs corps par Sacrement exterieur, que c'est bien raison qu'il n'y ait pas moins de confirmation depuis la venue de Christ: veu que la mesme promesse demeure, & mesme est plus clairement testifiée de parolle, & ratifiée de faict.

L'enfant.

Ouy: & d'auantage, puis que c'est chose notoire que la vertu & la substance du Baptesme appartient aux petis enfans, on leur seroit in-
iure

ture de leur denier le signe qui est inferieur.
Le ministre.
A quelle condition donc deuons-nous baptizer les petis enfans?
L'enfant.
En signe & tesmoignage qu'ils sont heritiers de la benediction de Dieu, promise à la generation des fideles: à fin qu'estans venus en aage, ils recognoissét la verité de leur Baptesme, pour en faire leur profit.
Le ministre.
Disons de la Cene. Et premierement qu'elle est la signification d'icelle?

Le 51. Dimanche.

L'enfant.
Nostre Seigneur l'a instituée pour nous asseurer, que par la cõmunication de son corps & de son sang, noz ames sont nourries en l'esperance de la vie eternelle.
Le ministre.
Pourquoy est-ce que le Seigneur, par le pain no9 represente son corps, & par le vin son sang?
L'enfant.
Pour signifier que telle proprieté qu'a le pain enuers noz corps, c'est de les repaistre & substãter en ceste vie mortelle, aussi a son corps enuers noz ames: c'est de les nourrir & viuifier spirituellement. Pareillement que comme le vin fortifie, refectione & resiouit l'hõme selon le corps: aussi que son sang est nostre ioye, nostre refection, & vertu spirituelle.
Le ministre.
Entens-tu qu'il nous faille cõmuniquer vrayement au corps & au sang du Seigneur?
L'enfant.
Ie l'enten ainsi. Car puis que toute la fiance de nostre salut gist en l'obeissance qu'il a rendue à son Pere, entant qu'elle nous est imputée, comme si elle estoit nostre: il faut que nous le

possedions. Veu que ses biens ne sont pas nostres, sinon que premierement il se donne à nous.

Le ministre.
Mais ne s'est il pas donné à nous, quand il s'est exposé à la mort, pour nous reconcilier à Dieu son Pere, & nous deliurer de damnation?

L'enfant.
Si est bien. Mais il ne suffit pas de cela, sinon que nous le receuions, pour sentir en nous le fruict & l'efficace de sa mort & passion.

Le ministre.
La maniere de le receuoir, est-ce point par foy?

L'enfant.
Ouy. Non seulement en croyāt qu'il est mort & ressuscité pour nous deliurer de la mort eternelle, & nous acquerir la vie: mais aussi qu'il habite en nous, & est conioint auec nous en telle vnion, que le chef auec ses membres, à fin de nous faire participans de toutes ses graces, en vertu de ceste conionction.

Le ministre.
Le 52. Dimanche

Ceste communion ne se fait-elle sinon en la Cene?

L'enfant.
1. Cor. 1.
Ephes. 5.
Iean 6.
Iean 17.

Si fait bien. Car nous l'auons par la predication de l'Euangile, comme dit sainct Paul: entant que le Seigneur Iesus nous y promet que nous sômes os de ses os, chair de sa chair: qu'il est le pain de vie, qui est descendu du ciel, pour nourrir noz ames: que nous sommes vn auec luy, comme il est vn auec son Pere, & telles choses.

Le ministre.
Qu'est-ce que nous auons au Sacrement d'auantage, & dequoy nous sert il plus?

L'enfant.
C'est

C'eſt que ceſte communion eſt plus amplement cōfermée en nous, & comme ratifiée. Car combien que Ieſus Chriſt nous ſoit vrayement communiqué, & par le Bapteſme, & par l'Euangile: toutesfois ce n'eſt qu'en partie, non pas pleinement.

Le miniſtre.
Qu'eſt-ce donc en ſomme, que nous auōs par le ſigne du pain?

L'enfant.
C'eſt que le corps du Seigneur Ieſus, entant qu'il a vne fois eſté offert en ſacrifice, pour nous reconcilier à Dieu, nous eſt maintenant donné pour nous certifier que nous auons part en ceſte reconciliation.

Le miniſtre.
Qu'eſt-ce que nous auons au ſigne du vin?

L'enfant.
Que le Seigneur Ieſus nous donne ſon ſang à boire, entant qu'il l'a vne fois eſpandu pour le pris & ſatiſfaction de noz offenſes: à fin que nous ne doutions point d'en receuoir le fruict.

Le miniſtre.
Selon tes reſponſes, la Cene nous renuoye à la mort & paſsion de Ieſus Chriſt, à fin que nous communiquions à la vertu d'icelle.

L'enfant.
Voire: Car lors le ſacrifice vnique & perpetuel a eſté faict pour noſtre redemption. Parquoy il ne reſte plus, ſinō que nous en ayons la iouiſſance.

Le miniſtre.
La Cene donc n'eſt pas inſtituée pour faire vne oblation du corps de Ieſus à Dieu ſon Pere.

L'enfant.
Non: car il n'y a que luy ſeul à qui appartient ceſt office, entant qu'il eſt ſacrificateur eternel. Mais il nous commande ſeulement de receuoir

son corps, & non pas l'offrir.
Le ministre.

Le 53. Dimanche

Pourquoy est-ce qu'il y a double signe?
L'enfant.

Nostre Seigneur l'a faict pour nostre infirmité, à fin de nous donner à cognoistre, que non seulement il est viande à noz ames, mais aussi breuuage: à fin que nous cherchions en luy nostre nourriture pleine & entiere, & nõ ailleurs.

Le ministre.
Tous doyuent-ils vser indifferemment de ce second signe, à sçauoir du calice?

L'enfant.
Ouy: selon le commandement de Iesus Christ, contre lequel il n'est licite de rien attenter.

Le ministre.
Auons-nous en la Cene simplemẽt le tesmoignage des choses dessus dictes, ou si elles y sont vrayement donnees?

L'enfant.
Entant que Iesus Christ est la verité, il ne faut douter, que les promesses qu'il fait à la Cene n'y soyent accomplies: & que ce qu'il y figure, n'y soit verifié. Ainsi selon qu'il le promet & represente, ie ne doute pas qu'il ne nous face participans de sa propre substance, pour nous vnir auec soy en vne vie.

Le ministre.
Mais comment cela se peut-il faire, veu que le corps de Iesus Christ est au ciel, & nous sommes en ce pelerinage terrien?

L'enfant.
C'est par la vertu incomprehensible de son Esprit, laquelle conioint bien les choses separees par distance de lieu.

Le ministre.
Tu n'entens pas donc, que le corps soit enclos
dedans

dedans le pain, ne le sang dedans le calice.

L'enfant.

Non : mais au contraire, pour auoir la verité du Sacrement, il nous faut esleuer noz cœurs en haut au ciel, ou est Iesus Christ en la gloire de son Pere : & dont nous l'attendons en nostre redemption, & non pas le chercher en ces elemens corruptibles.

Le ministre.

Tu entens donc qu'il y a deux choses en ce Sacrement, le pain materiel, & le vin que nous voyons à l'œil, touchons à la main, & sauourons au goust : & Iesus Christ, dōt noz ames sont interieurement nourries.

L'enfant.

Voire : En telle sorte neantmoins, que nous y auons mesme tesmoignage, & comme vn arre de la resurrection de noz corps, entant qu'ils sont faicts participans du signe de vie.

Le ministre.

Quel en doit estre l'vsage?

Les 4. Dimanche.

L'enfant.

Tel que dit sainct Paul : C'est que l'homme s'esprouue soymesme, deuant qu'en approcher. 1. Cor. 11.

Le ministre.

En quoy se doit-il esprouuer?

L'enfant.

A sçauoir s'il est vray mébre de Iesus Christ.

Le ministre.

Par quels signes le pourra-il cognoistre?

L'enfant.

S'il a vraye foy & repentance : & s'il aime ses prochains en vraye charité, & n'est point entaché de haine, ne rancune, ne diuision.

Le ministre.

Mais il est requis d'auoir foy, & charité parfaicte.

L'enfant.

Il faut bien que l'vne & l'autre soit entiere, & non feinte: mais d'auoir vne telle perfection, à laquelle il n'y ait que redire, cela ne se trouuera pas entre les hommes. Aussi la Cene seroit instituée en vain, si nul n'estoit capable de la receuoir sinon qu'il fust du tout parfaict.

Le ministre.

L'imperfection donc ne nous empesche point d'en approcher.

L'enfant.

Mais au contraire, elle ne nous seruiroit de rien si nous n'estions imparfaicts: car c'est vne aide & soulagement de nostre infirmité.

Le ministre.

Ces deux Sacremens ne seruent-ils point à autre fin?

L'enfant.

Si font: d'autant que ce sont signes & marques de nostre profession. C'est à dire, que par iceux nous protestons que nous sommes du peuple de Dieu: & faisons confession de nostre Chrestienté.

Le ministre.

Que faudroit-il donc iuger d'vn homme qui n'en voudroit point vser?

L'enfant.

Il ne le faudroit tenir pour Chrestien: car en ce faisant, il ne se veut point confesser estre tel: & quasi tacitement il desauouë Iesus Christ.

Le ministre.

Mais suffit-il de receuoir vne fois l'vn & l'autre?

L'enfant.

Le Baptesme n'est ordonné que pour vne seule fois, & n'est pas licite de le reiterer. Mais il n'est pas ainsi de la Cene.

Le ministre.

La

La raison?

L'enfant.

Pource que par le Baptesme Dieu nous introduit & reçoit en son Eglise. Apres nous auoir receus, il nous signifie par la Cene, qu'il nous veut continuellement nourrir.

Le ministre.

A qui appartient-il tant de baptizer, que d'administrer la Cene?

L'enfant.

A ceux qui ont charge publique en l'Eglise d'enseigner: car ce sont choses coniointes, que de prescher la Parolle, & distribuer les Sacremens.

Le ministre.

N'y a il pas certaine probation?

L'enfant.

Ouy bien: car nostre Seigneur donne specialement la charge à ses Apostres de baptizer, cõme de prescher. Et touchant la Cene, il commande que tous la facions à son exemple. Or il auoit faict office de ministre, pour la donner aux autres. *Mat. 28.*

Le ministre.

Mais les pasteurs qui sont dispensateurs des Sacremens, y doyuent ils admettre sans discretion, tous ceux qui s'y presentent?

L'enfant.

Touchant du Baptesme, pource qu'auiourdhuy on ne l'administre qu'à petis enfans, il ne est point mestier de discerner. Mais de la Cene, il faut bien que le ministre regarde de ne la bailler à vn homme qu'on cognoit en estre du tout indigne.

Le ministre.

Pourquoy?

L'enfant.

Pource que ce seroit polluer & deshonnorer

le Sacrement.

Le ministre.

Mais nostre Seigneur y a bien receu Iudas quelque meschant qu'il fust.

L'enfant.

Son iniquité estoit encores cachée. Et combien que nostre Seigneur la cogneust, si n'estoit elle pas notoire à tous.

Le ministre.

Que sera-ce donc des hypocrites?

L'enfant.

Le ministre ne les peut exclure, comme indignes: mais doit attendre que le Seigneur ait reuelé leur meschanceté

Le ministre.

Et s'il en cognoit quelcuns indignes, ou qu'il en soit aduerty?

L'enfant.

Cela ne suffit point, pour les exclure, sinon qu'il y ait approbation suffisante, & iugement de l'Eglise.

Le ministre.

Il faut donc qu'il y ait quelque ordre & police sur cela.

L'enfant.

Voire, si l'Eglise est bien reiglée. C'est qu'on depute personages, pour veiller sur les scandales, qui pourroyēt estre. Et que iceux en l'auctorité de l'Eglise, interdisent la communion à ceux qui n'en sont nullemēt capables & ausqls on ne la peut donner sans deshōnorer Dieu, & scandalizer les fideles.

Fin du Cathecisme.

ORAISON POVR DIRE AV
matin, en se leuant.

MOn Dieu, mon Pere, & mon Sauueur, puis qu'il t'a pleu me faire la grace de passer la nuict, pour venir iusques au iour present: veuilles moy aussi maintenant faire ce bien que ie l'employe tout à ton seruice : tellement que ie ne pense, ne dise, ne face rien, sinon pour te complaire, & obeir à ta bonne volonté: à fin que par ce moyen toutes mes œuures soyent à la gloire de ton nom, & edification de mes prochains. Et comme il te plaist de faire luire ton soleil sur la terre, pour nous esclairer corporellemét: aussi veuilles moy par la clarté de ton Esprit illuminer mon entendement & mon cœur, pour me diriger en la droite voye de ta iustice. Ainsi à quelque chose que ie m'applique, que tousiours ma principale fin & intention soit de cheminer en ta crainte, te seruir & honnorer, attendant tout mon bien & ma prosperité de ta seule benediction : à fin de ne rien attenter qui ne te soit aggreable. D'auantage trauaillant tellemét pour mō corps & pour la vie presente, que ie regarde tousiours plus loing, à scauoir, à la vie celeste, laquelle tu as promise à tes enfans. Neantmoins qu'il te plaise & selon le corps & selon l'ame estre mon protecteur, me fortifiant contre toutes les tentations du diable, & me deliurant de tous les dangers terriens qui me pourroyent aduenir. Et pource que ce n'est rien de bien commencer qui ne perseuere, veuilles moy, non seulement pour ce iourdhuy receuoir en ta saincte conduite, mais pour toute ma vie, continuāt & augmétāt iournellement ta grace en moy, iusqu'à ce que tu m'ayes amené à la pleine conionction

a. iii

de ton Fils Iesus Christ nostre Seigneur, qui est le vray soleil de noz ames, luisant iour & nuict, sans fin & à perpetuité. Et à fin que ie puisse obtenir telles graces de toy, veuilles oublier mes fautes passées, me les pardonnant par ta misericorde infinie: comme tu as promis à tous ceux qui t'en requerront de bon cœur.

Du Pseaume 143.

Fay moy ouir dés le matin ta misericorde: car i'ay esperé en toy. Fay moy cognoistre la voye en laquelle ie doy cheminer, puis que i'ay esleué mon cœur à toy.

Deliure moy de mes ennemis, Seigneur: car i'ay crié à toy.

Enseigne moy à faire ta volonté: car tu es mon Dieu: ton Esprit me dirige au droit chemin.

ORAISON POVR DIRE A L'ESchole deuant qu'estudier sa leçon.

Du Pseaume 119.

EN quoy adressera l'enfant sa voye? En se conduisant selon ta parolle, Seigneur.

Ouure mes yeux, & ie considereray les merueilles de ta Loy.

Donne moy entendement: & ie garderay ta Loy, & la garderay en tout mon cœur.

SEigneur, qui es la fontaine de toute sagesse & science, puis qu'il te plaist me donner le moyen d'estre instruit en l'aage de mon enfance, pour me sçauoir sainctement & honnestement gouuerner tout le cours de ma vie: veuilles aussi illuminer mon entendement, lequel est de soy-mesme aueugle, à ce qu'il puisse cō-
pren-

prendre la doctrine qui me sera donnée: veuilles confermer ma memoire, pour la bien retenir: veuilles disposer mon cœur à la recevoir volontiers, & auec tel desir qu'il appartient: à fin que par mon ingratitude, l'occasion, que tu me presentes, ne perisse. Pour ce faire, veuilles espandre sur moy ton sainct Esprit: l'Esprit, dy-ie, de toute intelligence, verité, iugement, prudence, & doctrine: lequel me rende capable de bien profiter: à fin que la peine qu'on prendra à m'enseigner, ne soit perdue. Et à quelque estude que ie m'applique, fay que ie la reduise à la vraye fin: c'est de te cognoistre en nostre Seigneur Iesus Christ, pour auoir pleine fiance de salut & vie en ta grace, & te seruir droitement & purement selon ton plaisir: tellement que tout ce que i'apprendray, soit comme instrument pour m'aider à cela. Et puis que tu promets de donner sagesse aux petis & aux humbles, & confondre les orgueilleux en la vanité de leur sens: pareillement de te manifester à ceux qui seront de cœur droit: au contraire, aueugler les malins & peruers: veuilles moy rēger à vraye humilité, par laquelle ie me rende docile & obeissant: premierement à toy: secondement à mes superieurs, que tu as cōmis pour me regir & enseigner. D'auantage, veuilles disposer mon cœur à te cercher sans feintise, renonçant à toute affection charnelle & mauuaise. Et qu'en telle sorte ie me prepare maintenant pour te seruir vne fois en l'estat & vocation, laquelle il te plaira m'ordonner, quand ie seray venu en aage.

Du Pseaume 25.

LE Seigneur reuele ses secrets à ceux qui le craignent: & leur fait cognoistre son alliance.

a. iiii.

ORAISON POVR DIRE
DEVANT LE REPAS.

Du Pseaume 104.

Toutes choses attendēt apres toy, Seigneur, & tu leur donnes viande en leurs temps. Quand tu leur donnes, elles la recueillent: & quand tu ouures ta main, elles sont rassasiées de biens.

SEigneur, auquel gist la plenitude de tous biens, veuilles estendre ta benediction sur nous tes poures seruiteurs, & nous sanctifier les dons lesquels nous receuons de ta largesse, à fin que nous en puissions vser sobrement & purement, selon ta bonne volonté : & par ce moyē te recognoistre pere & aucteur de toute benignité, cerchant tousiours principalement le pain spirituel de ta Parolle, dont noz ames soyent nourries eternellemēt, par Iesus Christ ton Fils nostre Seigneur : Amen.

DEVT. VIII.

L'Homme ne vit point de seul pain, mais de toute Parolle procedante de la bouche de Dieu.

ACTION DE GRACES
APRES LE REPAS.

Pseaume 117.

Que toutes nations louent le Seigneur: que tous peuples luy chantent louange:
Car sa misericorde est multipliée sur nous,& sa verité demeure eternellement.

SEigneur Dieu, nous te rendons graces de tous les benefices que nous receuons assiduellement de ta main, de ce qu'il te plaist nous sustenter en ceste vie corporelle, nous administrant toutes noz necessitez: & singulierement, de ce qu'il t'a pleu nous regenerer en l'esperance d'vne meilleure vie, laquelle tu nous as reuelée par ton sainct Euangile: te priant qu'il te plaise ne permettre point que noz affections soyent icy enracinées en ces choses corruptibles: mais que nous regardions tousiours plus haut, attendans nostre Seigneur Iesus Christ, iusques à ce qu'il apparoisse en nostre redemprion: Amen.

ORAISON POVR DIRE
DEVANT QVE DORMIR.

Seigneur Dieu, puis qu'il t'a pleu créer la nuict pour le repos de l'homme, comme tu luy as ordonné le iour pour trauailler: veuilles moy faire la grace de tellement reposer ceste nuict selon le corps, que mon ame veille tousiours à toy, & que mon cœur soit esleué en ton amour: & que tellement ie me demette de toutes sollicitudes terriennes pour me soulager selon que mon infirmité le requiert, que iamais ie ne t'oublie: mais que la souuenance de ta bonté & grace demeure tousiours imprimée en ma memoire, & que par ce moyen ma conscience ait aussi bien son repos spirituel, comme le corps prend le sien. D'auantage, que mon dormir ne soit point excessif, pour complaire outre mesure à l'aise de ma chair: mais seulement pour satisfaire à la fragilité de ma nature, à fin de me disposer à ton seruice. Aussi qu'il te plaise me conseruer impollu, tant en mon corps qu'en mon esprit, & me conseruer contre tous dangers, à ce que mon dormir mesme soit à la gloire de tō nom. Et pource que le iour ne s'est point passé, que ie ne t'aye offensé en plusieurs sortes, selon que ie suis vn poure pecheur: ainsi que tout est maintenant caché par les tenebres que tu enuoyes sus la terre, veuilles aussi enseuelir toutes mes fautes par ta misericorde, à fin que par icelles ie ne soye point reculé de ta face. Exauce moy, mon Dieu, mon Pere, mon Sauueur, par nostre Seigneur Iesus Christ: Amen.

FIN.

S'ENSVIT LA MANIERE

d'interroguer les enfans qu'on veut receuoir à la saincte Cene de nostre Seigneur Iesus Christ.

Et premierement le ministre demande,

EN qui croyez-vous, & en qui mettez-vous toute la fiance de vostre salut?
L'enfant.
Ie croy en Dieu le Pere, & en Iesus Christ son Fils, & au sainct Esprit: & n'espere salut d'ailleurs.
Le ministre.
Le Pere, le Fils, & le sainct Esprit, sont-ils plus d'vn Dieu?
L'enfant.
Non.
Le ministre.
Et quelle confession de Foy faictes-vous?
L'enfant.
Celle que l'Eglise Chrestienne a tousiours faicte, laquelle on appelle le Symbole des Apostres: qui est, Ie croy en Dieu le Pere, &c.
Le ministre.
Que contient-elle en somme?
L'enfant.
Que Dieu, qui est Pere de nostre Seigneur Iesus Christ, & consequemment de nous tous, par son moyen, est le commencement & cause principale de toutes choses, lesquelles il conduit tellement, que rien ne se fait sans son ordonnance & prouidence. Puis apres que Iesus

Christ son fils est descendu en ce monde, & que il a faict tout ce qui estoit requis pour nostre salut: & puis qu'il viendra derechef du ciel en Iugement, ou il est remonté, estant assis à la dextre du Pere: c'est à dire, qu'il a toute puissance au ciel & en la terre. Item, que le sainct Esprit est vray Dieu: car il est la vertu & puissance de Dieu, & imprime en noz cœurs les promesses qui nous sont faictes en Iesus Christ. Finalement, que l'Eglise est sanctifiée & deliurée de ses pechez par la grace de Dieu, & qu'elle resuscitera en la vie eternelle. Voila bresuemēt ce que i'en dy pour le present : car la chose est de grande importance.

Le ministre.

Faut-il seruir Dieu selon ses commandemens, ou selon les traditions des hommes?

L'enfant

Il le faut seruir selon ses cōmandemens, & non pas selon les commandemēs des hommes.

Le ministre.

Ou prenez-vous ces commandemens de Dieu?

L'enfant.

En plusieurs lieux de la saincte Escriture, & singulierement au vingtieme chapitre d'Exode: ou il est recité que Dieu luy-mesme les prononça à haute voix, disant, Escoute Israel, Ie suis le Seigneur ton Dieu, qui t'ay retiré hors de la terre d'Egypte, &c.

Le ministre.

Et les pouez-vous accomplir de vous-mesmes?

L'enfant.

Non.

Le ministre.

Qui est-ce donc qui les accomplit en vous?

L'enfant.

Le

DES ENFANS.

Le sainct Esprit.

Le ministre.

Et quand Dieu vous a donné son sainct Esprit, les pouez-vous parfaictement accomplir?

L'enfant.

Nenny pas.

Le ministre.

Et toutesfois Dieu maudit & rejette tous ceux qui ne parferont entierement ses commandemens.

L'enfant.

Il est vray.

Le ministre.

Par quel moyen donc serez-vous sauuez, & deliurez de la malediction de Dieu?

L'enfant.

Par la mort & passion de nostre Seigneur Iesus Christ.

Le ministre.

Comment cela?

L'enfant.

Pource que par sa mort il nous a rédu la vie, & nous a reconciliés à Dieu son pere. Et comme dit sainct Paul, est mort pour noz pechez, & est ressuscité pour nostre iustification. Rom. 4

Le ministre.

Et qui priez-vous?

L'enfant.

Dieu.

Le ministre.

Au nom de qui le priez-vous?

L'enfant.

Au nom de nostre Seigneur Iesus Christ, qui est nostre Aduocat & Intercesseur.

Le ministre.

Et comment est-ce que vous le priez?

L'enfant.

Comme nostre Seigneur Iesus nous a enseigné en l'oraison qu'il a faicte à ses Apostres pour toute son Eglise, en laquelle est contenu tout ce qui nous est expedient de demander à nostre bon pere Dieu: & se commence, Nostre Pere qui es és cieux, &c.

Le ministre.

Et ne nous est-il pas licite d'vser d'autres formes de prieres?

L'enfant.

Si est bien: mais il faut qu'elles se rapportent à ceste cy.

Le ministre.

Pourquoy?

L'enfant.

Pource qu'en icelle est contenu tout ce dequoy Dieu veut que nous le requerions.

Le ministre.

Combien y a-il de Sacremens en l'Eglise Chrestienne?

L'enfant.

Deux.

Le ministre.

Quels sont-ils?

L'enfant.

Le Baptesme & la saincte Cene.

Le ministre.

Quelle est la signification du Baptesme?

L'enfant.

Elle a deux parties. Car nostre Seigneur nous y represente la remission de noz pechez: & puis nostre regeneration ou renouuellemēt spirituel.

Le ministre.

Et la Cene, que nous signifie-elle?

L'enfant.

Elle nous signifie, que par la communication du corps & du sang de nostre Seigneur

gneur Iesus Christ noz ames sont nourries en l'esperance de la vie eternelle

Le ministre.

Qu'est-ce que nous representent le pain & le vin, qui nous sont donnez à la Cene?

L'enfant.

Ils nous representent que le corps & le sang de Iesus Christ ont telle vertu enuers noz ames, que le pain & le vin ont enuers noz corps.

Le ministre.

Entendez-vous que le corps de Iesus Christ soit enclos au pain, & son sang au vin?

L'enfant.

Non pas.

Le ministre.

Ou faut-il donc que nous cerchions Iesus Christ, pour en auoir la fruition?

L'enfant.

Au ciel, en la gloire de Dieu son pere.

Le ministre.

Quel est le moyen pour paruenir iusques au ciel, là ou Iesus Christ est?

L'enfant.

C'est la Foy.

Le ministre.

Il nous faut donc auoir vraye Foy, auant que nous puissions bien vser de ce sainct Sacrement.

L'enfant.

Ouy.

Le ministre.

Et comment pouuons-nous auoir ceste Foy?

L'enfant.

Nous l'auons par le sainct Esprit, qui habite en noz cœurs, & nous rend certains des promesses de Dieu, qui nous sont faictes en l'Euangile.

Le ministre.

INTERROGAT.

Or allez en paix, & que ce bon Dieu augmente de plus en plus ses graces en vous, & en nous tous ses enfans.

L'enfant.

Ainsi soit-il, par nostre Seigneur Iesus Christ, Amen.

www.ingramcontent.com/pod-product-compliance
Lightning Source LLC
Chambersburg PA
CBHW070439170426
43201CB00010B/1159